E.-B. LE BEUF.

DU COMMERCE

DE NANTES.

PARIS

GUILLAUMIN ET Cⁱᵉ, LIBRAIRES,
RUE RICHELIEU, 14.

1857.

DU COMMERCE

DE NANTES.

DU
COMMERCE
DE
NANTES.

SON PASSÉ — SON ÉTAT ACTUEL — SON AVENIR

PAR

E.-B. LE BEUF.

Favet Neptunus eunti.

OUVRAGE COURONNÉ
PAR LA SOCIÉTÉ ACADÉMIQUE DE LA LOIRE-INFÉRIEURE.

NANTES
IMPRIMERIE WILLIAM BUSSEUIL

1857

INTRODUCTION.

Dans la suite des temps, chaque siècle a eu son œuvre distincte à accomplir. A ceux-ci a été réservée la tâche de porter à des hauteurs prodigieuses les plus pures spéculations de l'esprit humain ; à ceux-là a été donné le pouvoir de changer profondément l'ordre politique et moral des peuples ; à quelques-uns enfin, est échue la mission, moins brillante peut-être mais peut-être aussi plus *humanitaire*, de travailler à la solution de ces problêmes de haute économie sociale qui touchent de si près à la vitalité des nations.

Le XIXe siècle est entré hardiment dans cette der-nière voie. Complexe dans ses manifestations intellec-tuelles et morales, il est *un* dans ses desirs d'agrandir le domaine des intérêts commerciaux, agricoles et industriels. Chaque jour, sous l'empire des progrès acquis, ce sont de nouvelles études, de nouvelles applications qui agrandissent et fécondent ce domaine — la vraie source de la richesse et du bien-être des peuples.

Si récemment la guerre secouait encore ses enseignes funèbres, leur sinistre éclat n'a pas été de longue durée. La marche incessante du progrès rendra, dans un avenir peu lointain, la guerre pour ainsi dire impossible. Les souhaits pacifiques de l'abbé de St-Pierre seront réalisés, et le seront grâce aux développements du commerce et de l'industrie. Ces deux ordres de manifestation de l'activité humaine créent, en effet, à chaque heure et créeront chaque jour davantage entre les peuples, au fur et à mesure de la marche du temps, des liens d'intérêts matériels et intellectuels tellement puissants que ces liens résisteront aux attaques envieuses de la diplomatie guerrière. Les seuls et véritables combats de l'avenir seront les expositions universelles — tournois cosmopolites où viendront se heurter et lutter de grandeur les productions agricoles, industrielles et commerciales de toutes les nations civilisées. Londres a donné le signal; — New-York et Paris l'ont entendu et répété; — la dernière de ces villes surtout — avec un caractère de solennité et d'éclat que n'oublieront de longtemps ceux auxquels il a été donné de pouvoir contempler les richesses de toute sorte que renfermait le palais des Champs-Elysés.

Qu'on nous permette à ce sujet quelques réflexions.

Les visiteurs de l'Exposition universelle de Paris restaient muets d'admiration devant cette immense variété de produits de toutes natures qui s'étalaient sous leurs yeux. Et cependant, combien y avait-il, même parmi ceux-là, qui tenaient et tiennent peut-être encore l'industrie et le commerce surtout à longueur de profonde répugnance.

Quand on étudie l'organisation des sociétés antiques, on comprend le profond mépris que les castes supérieures professaient alors pour le travail en général, puisque l'homme libre qui se livrait au commerce ou à l'industrie descendait par ce fait seul au rang de l'esclave.

Mais, en plein XIXe siècle, voir de pareilles idées s'émettre encore, n'est-ce pas un non-sens, un anachronisme, un crime de lèse-progrès ?

Pourtant, nous le répétons, ces idées logent toujours en un certain nombre de cerveaux, et quelquefois même chez les hommes que nos révolutions ont émancipés. Il n'est pas rare d'en rencontrer qui, parvenus depuis peu à la fortune, ne songent qu'à diriger les études de leurs enfants vers des positions qui leur semblent plus élevées dans l'échelle sociale que celles que donnent le commerce et l'industrie.

Et cependant qui, plus que le commerce, par

exemple, verse dans un pays le bien-être et la richesse? Qui procure à l'industrie des débouchés avantageux? Le commerce. Qui apporte à cette même industrie les matières premières qui lui sont indispensables? Le commerce.

Voyez ces hommes dispersés sur tous les points du globe et qui l'enlacent dans les réseaux de leurs relations. Celui-ci produit; celui-là échange. L'un construit les navires; l'autre les arme, les charge et engage sa fortune dans des expéditions lointaines; et sans autre lien entre eux que ces relations, ces hommes fondent la grandeur et la puissance des nations. Ils portent le pavillon de leur patrie dans toutes les mers. Sans eux l'Etat aurait à peine un budget et pas de flotte; les découvertes de la science demeureraient souvent sans application, et la vie des peuples serait oisive et alanguie. Et ce travail s'accomplit sans relâche. Les bourrasques politiques le troublent-elles un instant? il répare silencieusement ses brèches et recommence plus actif que jamais dès que le ciel est un peu rasséréné.

Qu'on ait peu ou point de sympathie pour le commerce, cela se conçoit. La diversité des aptitudes crée dans la ruche humaine le principe fécond de la division du travail. Mais d'un défaut de sympathie au dédain, au mépris, il y a loin, on en conviendra. Au reste, la marche naturelle des choses ne peut manquer de faire disparaître, avant peu, ces regrettables sentiments, des esprits qui les témoignent encore. On l'a dit déjà en tête de cette introduction, le XIX⁰ siècle est entré hardiment et largement dans la voie d'agrandir le domaine des intérêts agricoles, commerciaux et industriels, et l'avenir est à eux.

Où trouver une preuve plus puissante de l'attention continue que rencontrent actuellement les questions se rapportant aux développements du commerce que dans la foule de ces ouvrages que l'étude de leurs solutions inspire chaque jour : les uns purement de discussion et de théorie, les autres plus particulièrement consacrés à conserver le souvenir des fluctuations du commerce dans le passé ?

Ecrire une *Histoire générale du Commerce*, c'est entreprendre une tâche qu'ose à peine concevoir l'imagination la plus hardie, car elle exige, pour être menée à bien, une multiplicité de recherches et une variété de connaissances qu'il n'est que rarement accordé de pouvoir entreprendre et réunir.

Ecrire l'histoire du commerce d'un grand pays comme la France, par exemple, c'est aborder un travail bien moins vaste, il est vrai, mais dont les difficultés cependant ne laissent pas que d'être ardues et multipliées.

Nous nous sommes proposé, dans ce genre, un but bien plus modeste et cependant encore au-dessus de nos forces, le voici :

Rechercher dans le passé de la ville de Nantes

les actes les plus importants de sa vie commerciale ;
les coordonner et les juger ; dresser ensuite une
statistique aussi complète que possible de l'état actuel
de cette vie commerciale ; et enfin, nous aidant de
cette statistique et des leçons du passé, montrer à
quelles hautes destinées notre cité pourrait être appelée, par une intelligente direction de ses forces, —
tel est le cadre que nous avons essayé de remplir et
que nous avons rempli imparfaitement, sans doute ;
mais nous avons pensé que l'intérêt et l'actualité du
tableau rendraient indulgent pour l'insuffisance du
peintre.

Novembre 1856.

DU COMMERCE

DE NANTES.

PREMIÈRE PARTIE.

SON PASSÉ.

CHAPITRE Ier.

DES ORIGINES AU XVI° SIÈCLE INCLUSIVEMENT.

I.

Que dire de la fondation de Nantes ? à quelle époque convient-il de la faire remonter ? Question assurément fort brumeuse et dont nous laissons la solution à de plus érudits que nous. Un seul fait nous importe et nous le constatons : l'origine fort reculée de l'antique cité des Namnètes.

Qu'étaient les Namnètes ? à quelle race appartenaient-ils ? — Voici ce que M. Lejean dit à leur

sujet (1) : « Cette riche et grasse pleine d'alluvion qui
» court de la Bulgarie à la racine du Caucase, était
» habitée sept cents ans avant notre ère par une
» race farouche et sauvage que le contact de la
» molle Asie n'avait pu adoucir... On nommait ces
» barbares *Kimmerioï*, et dans leur idiôme national
» ils s'appelaient d'un nom presque semblable :
» *Cymru* , Kimris , branche de la race celtique.
» Or, il vint un temps, où des peuples finnois
» arrivèrent des steppes du Nord-Est, et balayèrent
» devant eux les Celtes du Pont-Euxin, à travers la
» vallée du Danube. Les fugitifs arrivèrent lentement
» vers les *Gaules habitées de temps immémorial par*
» *les Gaëls, leurs frères aînés. La grande masse des*
» *exilés s'établit dans les vallées de la Seine et de la*
» *Loire.* Un ban nombreux quitta les falaises de l'Ar-
» morique pour aller tenter fortune sur les rivages de
» la grande terre qu'on devait nommer plus tard l'*Ile*
» *aux vertes Collines.* A une époque postérieure, les
» peuplades de l'île de Bretagne viendront demander
» l'hospitalité à la rocheuse patrie qu'elles ont quittée. »
Voilà ce qu'étaient les Namnètes des temps primi-
tifs (2). Quant à ce nom de *Namnètes*, suivant Girard de
Cambridge et quelques autres, il dériverait du mot
celtique *nant* ou *nam* , qui signifie *cours d'eau*,
abondance d'eau , sans doute à cause du fleuve et des

----

(1) *La Bretagne, son histoire et ses historiens.*

(2) Les guerres et les invasions dont la Bretagne fut le théâtre, à une
époque postérieure, introduisirent dans sa population, des éléments nouveaux qui finirent par absorber presqu'entièrement l'élément primitif. On est
porté à croire cependant que les habitants des vallées de l'Arez en offrent
encore un spécimen vrai.

autres cours d'eau qui avoisinaient les premiers établissements de nos ancêtres.

César a parlé des Namnètes, mais sans nous apprendre quelles étaient leurs forces (1), ni quelle était leur ville principale. Claude Ptolémée, qui a vécu sous les empereurs Adrien et Antonin, lui donne le nom de *condivicnum* (*Namnetæ quorum civitas condivicnum*), ou, selon une autre leçon, *condivincum*. Gildas le Sage la nomme *Cantigvine* ou *Cantiguice*. A quelle époque exacte ces noms furent-ils remplacés par celui de Nantes ? On ne peut le déterminer sûrement. Suivant Travers, Grégoire de Tours et Fortunat qui vécurent vers la fin du VIe siècle, donnent constamment à notre ville, quand ils parlent d'elle, le nom de *Nantes*. D'un autre côté, on trouve aussi dans des chartes des VIIIe et IXe siècles les noms de *Cantigvine* ou de *Quantovic*, que l'on regarde généralement comme se rapportant à Nantes.

Quelques étymologistes, au lieu de voir dans ce dernier nom un dérivé naturel de *Namnètes* ou de *Nant*, en ont trouvé l'origine dans le bas-breton *Nau* (nef, navire). « Ce qui a fait donner à cette ville, » disent-ils, pour armes un navire. » Expilly, qui cite cette opinion, remarque, à ce propos, que Nantes, possédant un navire dans ses armoiries, a cela de commun avec quelques villes d'une grande célébrité, entre autres Rome, Athènes et Paris.

Quelle fut, dans les temps les plus reculés, la position topographique de Nantes? Albert de Morlaix avance que, primitivement, cette ville était située au delà de

____

(1) Au dire de M. Wallace, les Namnètes pouvaient former avant la conquête des Romains, une population de 3,000 individus environ.

la Loire, aux lieux occupés de nos jours par Rezé, et qu'elle fut rasée par J. César. Mais, selon Travers, aucun géographe de l'antiquité ne parle de ce fait. Au contraire, Pline, Strabon et Claude Ptolémée établissent d'une manière presque formelle que les Namnètes habitaient en deçà et non au delà de la Loire. M. Le Jean partage cette opinion. Dans une courte statistique de l'Armorique avant la conquête par les Romains, il s'exprime ainsi : « Au nord du » sol occupé par les Namnètes se trouvent des forêts » vierges et d'immenses marais dans les vallées de » Brivates (Méan) et de l'Heredis (Erdre). Assise au » confluent de trois fleuves ou plutôt dans l'angle » aigu formé par le Liger (Loire) et l'Heredis, » Condivicnum, leur métropole que d'autres nomment » aussi Cantiguice, est déjà une importante cité. Au- » dessous d'elle, le fleuve roule lentement vers la mer » et forme à sa large embouchure (douze milles du » Nord au Sud), d'innombrables îles aujourd'hui » réunies au continent. »

Quel était, à l'époque de la conquête des Romains, l'état du commerce de l'Armorique? S'il faut en croire Richer, Lejean et autres encore, ce commerce était presque tout entier entre les mains des Wenètes, qui étaient les Tyriens de la Gaule. Leur suprématie politique et commerciale englobait toute la partie occidentale de ce pays. Leurs légers navires aux voiles de peaux et aux câbles de fer avaient jeté, dit-on, d'innombrables colonies sur les rivages lointains de l'Atlantique (1).

(1) Suivant quelques historiens, les Phéniciens auraient abordé, à diverses reprises, aux rivages de l'Armorique. Nous citerons ce fait sans chercher à l'éclaircir.

Quelle était la part de Nantes dans ce commerce ? Selon Huet, qui appuie son opinion d'un passage de Diodore de Sicile, le commerce de l'étain se faisait alors en grande partie par cette ville qui communiquait avec Vannes par une route et avec le midi de la Gaule par deux autres routes, passant l'une par Bourges et l'autre par Bordeaux.

Nous ne ferons point ici le récit, tant de fois répété déjà, de la conquête de l'Armorique par Jules César. Les Armoricains veulent résister, ils sont écrasés dans un combat naval (1) livré devant l'île Vindilis (Belle-Ile).

Que devint Nantes sous la domination romaine ? quels furent ses développements commerciaux et topographiques ? On ne le sait au juste, mais il est permis de supposer que, sous l'influence des idées et des besoins nouveaux engendrés par les conquérants, cette ville acquit une plus grande importance. « Les » Romains, dit Huet, nous enseignèrent à nous servir » de la Loire, en établissant, sur ce fleuve, une sorte » de navigation régulière, pour approvisionner leurs » postes militaires ; Nantes leur servait de magasin » général. »

Ici se place naturellement l'occasion de parler de l'inscription votive découverte en 1580 (2) et qui a

____

(1) Une tradition rapporte que la flotte dont les Romains se servirent dans ce combat avait été construite sur le bord de la Loire, au-dessus de Nantes.

(2) Ce fut en creusant un fossé auprès de la tour joignant l'évêché que l'on découvrit, attachée à un vieux mur, la pierre sur laquelle se trouve cette inscription. En 1624, on transporta cette pierre à l'Hôtel-de-Ville, où elle se voit encore incrustée dans un mur. Il existe aussi, à la mairie, deux autres pierres sur lesquelles s'aperçoivent des inscriptions à moitié détruites.

excité, à tant de reprises différentes, l'émulation et la sagacité des archéologues. Voici cette inscription :

NVMINIB AVGVSTOR
DEO VOLKANO
M GEMEL SECVNDVS ET C SEDAT FLORVS
ACTOR VICANOR PORTENS TRIBVNAL CM
LOCIS EX STIPE CONLATA POSVERVNT (1).

Nous nous garderons bien de répéter ici toutes les interprétations auxquelles cette inscription a donné lieu. Albert de Morlaix, Moreau de Mautour, Travers, Ogée, Huet, Le Boyer, Guépin et d'autres encore en ont essayé des traductions plus ou moins heureuses. Voici celle qu'en a faite M. Dugast-Matifeux et que nous croyons très judicieuse :

Aux divinités de l'Empire. — Au Dieu Vulcain. M. Gemellus Secundus et C. Sedatus Florus, syndics (ou agents) des habitants des ports, ont élevé, de l'argent contribué, ce tribunal commun aux lieux.

Nous l'avons dit, et nous le répétons, nous passerons sous silence les différentes interprétations de cette inscription. Elles diffèrent beaucoup entre elles, surtout pour la traduction des premiers mots NVMINIB AVGVSTOR et DEO VOLKANO. On a discuté notamment, à perte de vue, sur le DEO VOLKANO les uns soutenant qu'il fallait dire *Volianus*, les autres *Boulianus*, quelques-uns *Bol Janus*, plusieurs enfin *Vol. Janus*. Tous les traducteurs s'accordent cependant pour

(1) Outre cette inscription, on a découvert à Nantes, à la suite de fouilles, des médailles de Claude, de Tibère, de César Auguste, de Commode, de Galba, etc., etc. (Guépin, *Histoire de Nantes*.)

reconnaître que cette inscription doit se rapporter à un lieu où l'on traitait des affaires de commerce, que ce lieu ou tribunal fut indiqué par un édifice particulier, par un temple ou même par une simple statue (1). Or, ce fait est le seul qui nous importe ; nous laissons aux érudits le soin d'éclaircir le reste.

II.

Quels étaient les aliments du mouvement commercial de Nantes sous les Romains ? sous quelle forme ce mouvement s'exerçait-il ? Nous l'avons déjà dit, on ne le sait au juste. Mais ce que nous pouvons faire pour combler cette lacune, c'est de jeter un coup-d'œil rapide sur les caractères généraux du commerce dans l'Antiquité et particulièrement chez les Romains. De cette façon, on pourra prendre au moins une idée succinte de la vie commerciale de cette époque.

Ce qu'il ne faut jamais oublier, quand on parle du commerce de l'Antiquité, c'est qu'il ne dépassa point une certaine limite de développement, borné qu'il était dans ses moyens d'action et la nature de ses achats.

En effet, ce commerce fut, avant tout, *un commerce de denrées* (2) et plutôt un commerce par terre

(1) Les faiseurs d'affaires se tenaient indifféremment, à Rome, autour de statues, dans le *forum* et dans le temple. On rendait également la justice dans les basiliques et sur les places publiques. Les tribunaux ou basiliques étaient construits de manière que les faiseurs d'affaires pouvaient s'y tenir sans gêner les plaideurs. (Vitruve.)

(2) Dans l'origine, le troc pour troc fut la seule forme de commerce employée. On échangeait le mouton contre l'armure, l'amphore contre le vêtement. Par la suite, on échangea les denrées contre des métaux, puis, plus tard encore, contre des monnaies. La création de la lettre de change a ouvert au commerce un horizon immense qui fut inconnu des Anciens.

qu'un commerce par mer. Au temps des caravanes, le transport des marchandises était nécessairement restreint dans des limites assez étroites, car ce genre de trafic exigeait un grand nombre de bêtes de somme et surtout de chameaux, et quelle que soit la force de ce dernier animal, elle est cependant trop bornée pour que le transport des marchandises ne s'en ressentît point. Cela explique pourquoi certains produits de l'Asie, comme le riz, le sucre et le salpêtre, ne pouvaient être transportés qu'en petites quantités, et pourquoi aussi les produits de peu de poids et de beaucoup de valeur, comme les aromates, les étoffes légères, les perles fines, les épices, etc., etc., formaient la base du commerce de cette période.

Plus tard, la navigation vint étendre le rayonnement des relations commerciales ; mais la navigation ne dépassa guère, dans l'Antiquité, ce que nous appelons le *cabotage*. Il n'en pouvait être autrement ; car, chez les Anciens, la construction des vaisseaux était imparfaite, et ils ignoraient quelques-uns des grands principes qui sont regardés aujourd'hui comme les premiers éléments de l'art du navigateur. Ils connaissaient, à la vérité, la propriété qu'a l'aimant d'attirer le fer, mais ils n'avaient pas découvert la propriété plus importante et plus merveilleuse qui le dirige vers le pôle. Les navigateurs de l'Antiquité n'avaient d'autres moyens de régler leur route que l'observation du soleil et des étoiles. Leur marche était, par suite, incertaine et timide ; ils se traînaient péniblement le long des côtes, ne se hasardant en pleine mer que quand ils avaient à éviter des courants dangereux, ou à accomplir quelques courts trajets.

Quand on jette les yeux sur la carte de l'Ancien-Monde, on aperçoit tout d'abord une mer imposante, la Méditerranée avec ses annexes, et la partie de l'Océan indien comprise entre la côte occidentale de l'Afrique et la presqu'île de l'Inde.

Par sa situation, la Méditerranée devait être et fut, en effet, le théâtre principal du commerce maritime ancien, car son étendue bornée et les nombreuses îles dont elle est parsemée en facilitaient singulièrement le parcours.

Dans l'Océan indien, la navigation était facilitée de même par le peu d'éloignement des côtes et aussi par les moussons que les marins, dès le temps des Romains, surent mettre à profit.

Sous les Romains, venus les derniers et riches de l'expérience de leurs prédécesseurs, le commerce acquit une vigueur et une activité qu'il ne connaissait point encore. Et cela se comprend, car la sécurité naissait de l'union et des communications régulières établies entre les diverses parties de ce vaste empire, dont la pensée et la direction émanaient de Rome seule : la navigation s'accrut, les échanges augmentèrent.

Le blé que l'on tirait en grandes quantités de l'Egypte et de quelques autres pays, le vin, l'huile, la soie, le coton, la laine fine, les épices, les aromates, les métaux, etc., etc., tels étaient les principaux objets sur lesquels portait le commerce des Romains. Selon Pline, le commerce de l'Inde seul faisait sortir chaque année, de l'empire, plus de 50 millions de sesterces (environ 9 millions de francs). De son côté, Strabon affirme qu'il partait annuellement, pour faire ce trafic, environ 120 vaisseaux du golfe arabique.

On sait aussi que les différentes provinces de l'empire entretenaient, avec l'Italie, des rapports plus ou moins suivis. Tacite dit que la Bretagne entrait dans ces rapports, principalement pour ses métaux.

Les lois commerciales en vigueur chez les Romains étaient assez nombreuses. Les unes concernaient l'organisation des corporations industrielles, les foires, les prix des marchandises ; les autres, le rôle des courtiers, l'affrètement des navires, les droits du capitaine, les douanes, etc., etc. Certains des principes établis par ces lois ont été légués par le droit romain à nos codes modernes.

Qu'on nous pardonne la longueur de cette digression, mais nous tenions à atteindre le but que nous avions posé : de donner une idée générale de la physionomie du commerce chez les Romains. Pourquoi faut-il qu'il ne soit pas possible de compléter ce rapide examen en y joignant des détails précis sur les formes que la vie commerciale affectait alors à Nantes. Malheureusement, nous le répétons, les documents font défaut, et il nous faut passer outre.

III.

Que dire de la Bretagne pendant les derniers jours de la domination romaine et les siècles qui suivirent ? A partir du Ve siècle, ce pays devint un immense champ de bataille où se heurtaient pêle-mêle des combattants de toutes nations. Et cependant, quelques écrivains ont découvert une organisation gouvernementale régulière dans ce chaos politique. Ces cinq

tiernats (1) toujours aux dents quand l'étranger n'in-
sultait pas la frontière; toute cette émigration bariolée
qui arrivait de la mer britannique sur ses *currachs* en
peaux de bêtes ; ces mille chefs accourant à la curée
et refoulant le Gallo-Romain dans l'intérieur ; cette
confuse mêlée dont nous parlions, et qui courait d'un
bout à l'autre de la péninsule armoricaine enserrant
dans ses replis, Danois, Germains, Frisons, Hiber-
niens, Alains, Bretons et Wisigoths (2) ; toutes ces
luttes fauves d'où ne sortit qu'après six cents ans de
désordres un pouvoir régulier, — tout cela a disparu,
chez ces écrivains, pour faire place à une suite non
interrompue de rois officiels, dont le premier est ce
Conan Mériadec, duquel on a fait un héros colossal et
qui ne fut, à ce qu'il paraît, que le mince roitelet
d'un petit canton de l'Armorique (3).

Puis, au IXe siècle, vinrent les luttes héroïques
de Nominoë et de ses successeurs contre les Francs et
les Normands. *La ruine arrivera de l'aquilon*, disait-
on à cette époque, et l'on voyait, en effet, des choses
étranges. Charlemagne ne venait que de mourir, et
déjà ces essaims de barbares qu'il avait refoulés par
de là l'Elbe se ruaient en foule sur l'Europe. La Bretagne et Nantes en particulier subirent je ne sais

____

(1) A partir du Ve siècle, la Bretagne se divisa habituellement en cinq principautés qu'aucun chef, jusqu'à Nominoë, ne réunit sous son pouvoir. C'étaient
les principautés de Léon, de Cornouaille, de Domnonée, de Vannes et de Nantes.

(2) C'est au Ve siècle que l'on place l'apparition des Saxons dans les îles
de la Loire. On est porté à croire que leur principal établissement était situé
dans les environs du Croisic. Leur croisement avec les femmes du pays a
produit cette population remarquable et robuste qui peuple le Pouliguen, le
bourg de Batz et les lieux environnants.

(3) G. Lejean, *La Bretagne, son histoire et ses historiens.*

combien d'invasions qu'accompagnaient toujours le meurtre, le pillage et l'incendie. Les Normands campèrent même, pendant un certain temps, sur les ruines de cette ville (dans les prés d'Anian), jusqu'au jour où Alain Barbe-Torte les en chassa et les mit en pièces. Durant ces luttes contre les ennemis de l'extérieur, de dévorantes anarchies intérieures embrâsaient souvent le pays. Enfin tout cela eut une fin. La question intérieure fut vidée dans les batailles de Conquereuil : les comtes devinrent ducs, et le XIe siècle s'ouvrit brillamment, pour nous, par l'unité.

On pense bien qu'il n'était guère question de commerce pendant ces longues et sanglantes mêlées. Aussi est-ce à peine si, en parcourant la période qui s'étend du Ve au XIIe siècle, nous aurons à noter quelques faits se rapportant plus ou moins directement à notre sujet.

Ainsi nous ne pouvons passer sous silence les travaux hydrauliques exécutés par l'évêque Félix, au VIe siècle.

Nous ne citerons point ici les vers de Fortunat, d'après lesquels on a pu se faire une idée de ces travaux. Ils se trouvent dans ses œuvres poëtiques, livre III, chapitre X.

Avant tout, il faut savoir qu'à cette époque les prairies de Mauve et de la Madeleine ne formaient qu'une seule et même prairie que la Loire baignait d'un côté et le Saïl de l'autre.

Félix joignit la Loire au Saïl et construisit une chaussée avec écluse et moulins, à l'entrée du canal de jonction. L'écluse et les moulins subsistaient encore au XIIe siècle.

Mais en faisant entrer les eaux de la Loire dans le lit du Saïl, on leur donnait une direction par suite de laquelle elles submergeaient toutes les parties basses de la ville jusqu'au rocher de Saint-Nicolas, toute la Fosse et la vallée de Chésine. L'évêque Félix fit alors abattre une partie du rocher de Miséri qui s'avançait vers le Sud, et construire, sur la droite de la Loire, une longue levée qui repoussa vers l'Ouest le fleuve uni au Saïl.

Travers ajoute que, par ces travaux, l'évêque Félix ouvrit de plus un passage, vers la Fosse, aux navires venant de la mer. — S'il faut en croire aussi cet historien, le même évêque aurait encore mené à bonne fin divers autres ouvrages, et notamment des chaussées avec moulins sur différents points de l'Erdre. Ces moulins, remarque Travers, rendaient au peuple le service de moudre presque continuellement pour sa nourriture, car on sait qu'à cette époque il n'y avait point encore de moulins à vent. L'usage n'en fut importé en France que vers le XIe ou le XIIe siècle, au retour des Croisades.

Au milieu des ravages des Normands et des luttes de toute sorte qui passaient et repassaient sur elle, la ville de Nantes, selon Huet et Guépin, trouvait cependant le moyen d'entretenir des relations commerciales avec les villes françaises du bord de la Loire. Huet avance même que les droits y-levés, à cette époque, à l'entrée et à la sortie des marchandises, étaient assez considérables pour suffire aux dépenses des chefs. Il ajoute que ce furent ces revenus qui enflammèrent la cupidité du comte d'Anjou, tuteur du fils du comte Alain, et qui le portèrent à assassiner son pupille pour s'emparer du comté de Nantes (1).

Au XII⁰ siècle environ, se rapporte la mise en vigueur des lois maritimes connues sous le nom de *Coutume d'Oléron*. Dans cette coutume, on avait pris pour base principale les usages observés par les Bretons et les Normands. Il existait déjà depuis longtemps, dans la Méditerranée, sous le nom de *Consulat des lois de la mer*, une sorte de code maritime semblable.

La *Coutume d'Oléron* réglait les devoirs du maître de la nef envers son chargeur et ses matelots ; dans quels cas et sur quels parages il devait prendre des *locmans*, sous peine d'être responsable des avaries ; comment il pouvait exiger le paiement de son fret ; comment il devait nourrir son équipage en mer et à terre ; combien de temps il pouvait séjourner dans un lieu pour décharger ; comment on devait s'entr'aider à la pêche du hareng et du maquereau, et dans ce cas comment les produits de la pêche devaient se partager.

Il fut aussi décidé que le droit de bris appartiendrait exclusivement au Prince ; que le droit de sauvetage serait du tiers lorsque les sauveteurs seraient obligés de se mettre en mer, et qu'on leur paierait leur travail seulement, dans les autres cas.

Peu après, sur les réclamations des habitants de la Guyenne, de l'Espagne et de l'Angleterre, qui protestaient contre le droit de bris et qui soutenaient que, par suite de la difficulté des côtes de la Bretagne,

---

(1) Le comté de Nantes, depuis le V⁰ siècle, comprenait habituellement un petit canton marécageux au-delà de la Loire, aux environs de Pornic ; le territoire de Guérande enserré entre les marais de la Brière, la Vilaine et la Loire ; enfin la ville de Nantes, quand lesBarbares ou les Francs le permettaient.

le vaisseau le plus favorisé devait venir en la possession du Duc en moins de deux ans, ce droit fut supprimé. On le remplaça par l'expédition de *briefs* ou *brieux*, licences délivrées pour une somme modique, et en vertu desquelles le navigateur pouvait fréquenter les côtes de Bretagne, sans craindre les vexations.

Cette disposition se trouve dans un réglement du XIIe siècle (peut-être du XIe), connu sous le nom de *Noblesses et Coutumes de Bretaigne*.

Au commencement du XIIe siècle, il se tint à Nantes (1127) un concile dans lequel on appela les foudres de l'anathème contre les pillards et ceux qui s'appropriaient le bris des vaisseaux et les dépouilles des naufragés. Cette fois, l'autorité morale de l'église intervint utilement dans les affaires séculières.

D'un document de la fin du XIIe siècle, il résulte qu'à cette époque, le comté de Nantes donnait environ 40,000 sous ou 730 marcs d'argent de revenu. Dans le même temps, la duchesse Constance vendit à la ville de Nantes, pour 5,000 sous, le droit qu'elle percevait sur la vente du vin. Le blé valait alors 6 sous 6 deniers le setier : le setier égale 1 hect. 50 litres environ.

Les quarante premières années du XIIIe siècle furent remplies par les discussions de Pierre de Dreux avec le clergé. Entre autres choses, il tenta d'imposer les salines de Guérande et de s'emparer du droit de vendre seul le sel à Nantes : privilége dont l'évêque était en possession. Philippe-Auguste intervint comme médiateur dans ce différent, et donna tort à Pierre de Dreux.

Ce prince, auquel on ne peut méconnaître de grandes qualités politiques et administratives, recula jusqu'où il existe actuellement, le lit de l'Erdre qui coulait auparavant sur la place du Change et dans la rue de la Poissonnerie. Il entoura aussi Nantes d'une ceinture de murailles et construisit, sur la Loire, deux ports dont l'un fut appelé *Port-Maillard*, du nom de l'architecte.

En 1225, Pierre de Dreux s'empara de Chantoceaux et en chassa le seigneur qui, depuis vingt-cinq ans au moins, pillait toutes les barques qui montaient et descendaient la Loire.

En 1260, l'évêque et le duc s'entendirent pour imposer deux deniers par livre sur toutes les marchandises vendues à Nantes. Le produit de cet impôt payé moitié par le vendeur et moitié par l'acheteur, devait être consacré à la réparation des ponts.

En 1275, le setier de blé valait 8 sous; le tonneau de vin, 13 sous, et le marc d'argent, 54 sous 7 deniers.

Quelques économistes, cherchant à comparer les prix anciens des denrées avec les prix actuels, ont proposé de prendre pour base le prix du blé, — soutenant que ce prix était une moyenne suffisante pour donner une idée de la valeur comparative de l'argent à différentes époques. D'après cette méthode, 8 sous, prix d'un setier de blé au XIIIe siècle, représenteraient fr. 35 de notre époque, — ces fr. 35 étant la valeur moyenne actuelle d'un setier de blé (1).

Une police de 1336 taxait le blé 14 sous le setier.

(1) L'appréciation de la valeur comparée de l'argent, entre des époques différentes, est, depuis longtemps, l'objet des recherches des économistes et des savants. Différents systèmes ont été tour à tour soutenus. Voici l'exposé des trois principaux :

1° M. Rossi et quelques autres ont déclaré qu'il leur semblait impossible qu'on put arriver à des évaluations exactes.

2° Quesnay, le *Journal Economique*, Adam Smith, le comte Germain Garnier, J.-B. Say, M. Cibrario et Du Mazet, ont trouvé, au contraire,

Dans ce temps, les bons ouvriers gagnaient **2** sous par jours « et avons ordonné (ajoutait cette police) » que tous les ouvriers de quelqu'onque ils soient, » commenceront leur journée à souleill levant et » acheveront à souleill couchant, sans exit. » Le duc et l'évêque nommèrent des commissaires chargés de constater les contraventions.

Durant les guerres sanglantes de Blois et de Montfort, le commerce de Nantes s'alanguit et périclita, car cette ville joua, dans ces guerres, un rôle singulièrement important. Notons, à ce sujet, une ordonnance de Charles de Blois, qui supprimait les droits de péage qui se percevaient sur chaque muid de marchandise entrant dans Nantes ou passant par les ponts.

Quelques documents de la fin du XIVe siècle nous apprennent quels étaient à cette époque les prix de divers articles. Nous donnons ici ces prix comme renseignements :

Cuivre............	la livre	3	sous	4 deniers
Le beurre........	—	»		6
Huile d'olive......	—	1		6
Chandelles	—	1		»
Pipe de vin d'Anjou.	la pipe	100	à	120 sous
Froment..........	le setier	14		
Seigle............	—	10		
Avoine...........	—	4	à	6

dans le prix du blé, en raison de sa fixité relative, une excellente mesure de la valeur de l'argent.

3° Enfin, MM. de Pastoret et Leber ont soutenu qu'il ne falloit pas avoir égard seulement au prix du blé, mais aussi à ceux des objets soit de première nécessité, soit de luxe, de même qu'aux prix des journées d'ouvriers.

Voir, à ce sujet, l'excellente dissertation placée par M. Pierre Clément, en tête de son ouvrage : *Jacques-Cœur et Charles VII.*

En prenant pour base les prix du blé , comme nous l'avons dit plus haut (14 sous et 35 fr.), on trouve qu'il faudrait multiplier les cours ci-dessus par 50 pour avoir leur valeur actuelle.

Rien de plus à dire du XIVe siècle.

Jusqu'à présent , nous n'avons pu encore donner une idée, quelque imparfaite qu'elle pût être , des relations commerciales de Nantes au moyen-âge. Huet et Guépin nous fournissent les documents nécessaires pour dresser un état de ces relations vers la fin du XIVe siècle. Suivant ces écrivains, ces relations étaient à la fois extérieures et intérieures. Par la Loire , Nantes commerçait avec tout le littoral de ce fleuve ; par la mer , il entretenait des rapports suivis avec le Danemarck, la Zélande , l'Allemagne , l'Angleterre , la Navarre, le Portugal , l'Espagne , la Savoie et le Levant.

Au Danemarck et en Zélande , les Nantais portaient des sels et des vins. Ils avaient même tant de crédit en ce dernier pays que , suivant Dom Maurice , les habitants de Midlebourg payèrent une rançon de 15,000 livres pour quelques navires nantais qui avaient été pris par des bâtiments ennemis. En reconnaissance, les Nantais payaient 3 sols pour cent du sel et 6 deniers par tonneau du vin qu'ils importaient en Zélande.

En Angleterre et en Irlande , les Nantais portaient des laines , des draps , des toiles, des vins, des fruits , des cuirs , des armures, des chevaux , etc. , etc.

Pour le Portugal et l'Espagne, les cargaisons étaient formées surtout de grains. Quand les navires poussaient jusque dans la Méditerranée, on y joignait des poissons secs. Les chargements de retour se composaient d'huiles, de vins, d'épiceries, de marchandises de l'Inde, de chevaux arabes et de chiens de chasse. Au dire de Huet, les relations commerciales de Nantes avec le Levant devaient dater du XIIIe siècle.

Suivant Guépin, dans les navires qui remontaient alors la Loire, on ne voyait point encore de trois-mâts, mais beaucoup de barques ayant une cabane à chaque extrémité, et quelques navires d'un plus fort tonnage employés aux voyages dans les autres contrées de l'Europe.

Au XIVe siècle, Nantes était le seul port de Bretagne qui fît un commerce un peu considérable, car l'industrie agricole occupait la grande masse des Bretons. Il existait alors dans les forêts de Teillé et de Juigné deux forges, mais l'exploitation en était sans doute imparfaite.

Résumons en quelques mots tout ce qui précède.

Avant la conquête de l'Armorique par les Romains, nous n'avons recueilli que quelques vagues indications. Pendant la durée de cette conquête, nos recherches n'ont abouti également qu'à des résultats de peu de valeur. Du Ve au XIIe siècle, nous avons noté quelques faits isolés; mais ces faits, sans corrélation entre eux, n'avaient pour la plupart qu'un rapport indirect avec notre sujet. Au XIIIe et au XIVe siècle, nos recherches ont été moins stériles, mais cependant les renseigments que nous avons réunis n'offrent rien de bien précis : ce sont de simples indications ne contenant aucun chiffre de nature à donner une idée nette des relations commerciales de Nantes à cette époque. Au reste, il ne faut point s'étonner de cette pénurie et de ce vague dans les renseignements. Les préoccupations des princes ne se tournaient guère, à cette époque, vers le commerce et l'industrie : la politique guerrière absorbait tout (1). Et puis, c'étaient des droits vexatoires de toute sorte, imposés et perçus le plus souvent sans propos ; un mépris profond pour le négoce et ceux qui s'y livraient ; des relations internationales à peine ébauchées ; des moyens de transport encore dans l'enfance et le peu de sécurité des routes exploitées par des seigneurs qui pillaient sans pitié les pauvres commerçants. Toutes ces conditions, jointes à d'autres qu'il serait trop long d'énumérer, ne composaient point au commerce une atmosphère favorable à ses développements. Il devait donc être et était en effet restreint dans des limites assez étroites, et on peut le caractériser par le titre de : *Cabotage des denrées de première nécessité*. Ce titre explique bien, à notre avis, la nature du commerce maritime d'alors, en spécifiant le genre des objets sur lesquels il portait principalement. Il y avait bien quelques exceptions sans doute, mais elles étaient peu nombreuses.

A la statistique du commerce de Nantes, à la fin du XIVe siècle, il n'est pas sans intérêt de joindre quelques détails sur la situation topographique et physique de cette ville vers la même époque. Ceux qui nous

----

(1) Il est juste cependant de ne pas passer sous silence l'influence heureuse exercée par les croisades sur le commerce et l'industrie. Cette influence eut, il est vrai, des résultats plus féconds pour le midi de l'Europe en général ; mais il est permis de croire cependant qu'elle ne fut pas sans se faire sentir quelque peu en Bretagne. Ainsi il est bon d'y rattacher l'origine des relations de Nantes avec la Méditerranée.

Au point de vue politique, les résultats amenés par les croisades ne furent pas moins importants, puisqu'elles favorisèrent l'émancipation des communes et préparèrent les progrès du Tiers-État.

sont demeurés sont incomplets sans doute, mais ils sont suffisants néanmoins pour donner une idée approximative de la physionomie que présentait Nantes alors.

L'enceinte de murailles dont Pierre de Dreux l'avait entourée et qui en déterminait les contours principaux, partait du château pour arriver à la porte Saint-Pierre, puis de là passait à côté de la motte Saint-André et suivait ensuite, en quelque sorte, le cours de l'Erdre, pour venir se terminer au Bouffay, laissant en dehors les rues actuelles des Carmes et de la Poissonnerie. Le quartier Saint-Nicolas, appelé alors Bourg-Main, était également entouré de fortifications. Une demi-lune qui a subsisté jusqu'en 1755, défendait le Port-Maillard. Ce port était joint au boulevard par un pont couvert d'un ballet d'ardoises.

Les ponts, construits tous en bois, étaient protégés par la tour de Pirmil. Celui de la Poissonnerie était connu sous le nom de *Rote Chalandière*. On y avait établi des moulins à eau.

La Basse-Rue-de-la-Boucherie se nommait rue de la Guesnerie ; celle de la Clavurerie, rue du Bourgmain ; celle des Halles, rue de la Mercerie ; celle des Carmes, rue de l'Echellerie ; celle des Carmélites, rue Saint-Gildas, etc., etc.

La place Saint-Pierre était un cimetière planté d'arbres.

Le marché se tenait sur la place du Change. On y arrivait par une porte située près de l'église Saint-Saturnin.

On comptait à Nantes plusieurs hôpitaux : ceux de Toussaint, sur les Ponts ; de Notre-Dame-de-Pitié, dans la rue du Port-Maillard ; de Saint-Jean, près les Cordeliers ; de Sainte-Catherine, en Erdre ; de Saint-Julien, de Notre-Dame, hors des murs, et de Saint-Lazare, sur les Hauts-Pavés.

Autour de la ville, il existait beaucoup de vignes : à Richebourg, à Saint-André, à Saint-Clément, sur la motte Saint-Nicolas, etc., etc.

Les maisons, entassées les unes sur les autres, ne présentaient que des ouvertures basses et rétrécies par lesquelles l'air pénétrait à peine... Une population nombreuse se pressait dans des rues étroites, sales et tortueuses. Des immondices de toute nature encombraient la voie publique et créaient des causes permanentes d'insalubrité, en corrompant une atmosphère déjà viciée par l'agglomération des habitants et le peu d'aération des communications. Aussi verrons-nous, durant le seizième siècle notamment, des épidémies nombreuses frapper à coups redoublés sur une population que n'émondaient plus les guerres des âges précédents.

Il existe encore dans quelques-unes des vieilles rues de Nantes, des maisons appartenant au XV° siècle. Mais le nombre en diminue tous les jours, et l'on doit savoir gré au docteur Guépin d'avoir eu l'ingénieuse idée de conserver, par la gravure, dans son *Histoire de Nantes*, la physionomie curieuse et intéressante que présentaient encore, il y a vingt ans à peine, certaines rues de cette ville.

Au XV° sièce, les marchands occupaient principalement le rez-de-chaussée des maisons. Avant la démolition récente de la vieille rue de la Poissonnerie, on y voyait encore des boutiques propres à donner une idée des magasins de cette époque.

On a vu, dans le tableau que nous avons tracé des relations de Nantes vers la fin du XIVe siècle, que le commerce s'exerçait alors dans des limites assez bornées, et nous avons essayé de déduire les raisons principales de ce défaut de développements. Pour l'industrie, son domaine était alors plus circonscrit encore que celui du commerce. La masse des Bretons, comme nous l'avons dit, se livrait à l'agriculture, et en dehors d'elle peu d'efforts étaient tentés. L'industrie, comme le commerce, s'exerçait exclusivement sur les objets de première nécessité.

Sous l'action de la marche générale du progrès, nous verrons ce domaine s'agrandir peu à peu. Dès le XVe siècle, que nous allons parcourir, cet agrandissement sera sensible. Il sera gêné quelque temps encore, cependant, par le défaut de prévision des siècles précédents, mais une stabilité plus grande réduira bientôt cet obstacle à néant.

IV.

En 1402, la duchesse Constance, veuve de Jean IV, concéda aux bourgeois de Nantes le privilége de percevoir, sa vie durante, deux sols par muid de blé, de sel et autres marchandises passant sous les ponts, qui devaient être réparés avec le produit de cet impôt.

En 1407, le duc Jean V octroya, par lettres patentes, aux habitants de la même ville, le droit de tenir une foire franche par chaque année. Elle commençait au 1er janvier et durait quinze jours.

En 1412, la Loire, dit Ogée, déborda si considérablement que Nantes fut « à deux doigts de sa perte.

» Quelques personnes périrent dans les eaux qui em-
» portèrent des barques chargées de marchandises. »

En 1420, se placent des ordonnances du duc Jean
V, accordant aux bourgeois de Nantes divers priviléges,
sans doute pour les récompenser de l'avoir soutenu
dans sa lutte contre les Penthièvre (1).

Ces ordonnances exemptaient de tous droits les blés
importés à Nantes, dans certains cas, des autres ports
de Bretagne, et modéraient de beaucoup les impôts
perçus sur les marchandises venant par la Loire.

Elles réduisaient aussi les droits de sortie sur les
vins, afin que les marchands Nantais pussent soutenir
la concurrence des Rochelais.

Jusqu'alors on avait perçu 6 deniers par livre sur
les laines, épiceries et merceries, tant à l'importation
qu'à l'exportation. Les ordonnances du duc Jean IV
décidaient que désormais il ne serait plus perçu que
10 deniers par balle de laine à l'entrée, et 10 deniers à la sortie ; que les merceries et les épiceries
ne paieraient plus, tant à l'entrée qu'à la sortie, que
5 sols par balle.

Enfin, elles supprimaient les douanes de Saint-
Nazaire, et soumettaient les marchandises à un seul
droit de 5 sols par charge, payables lors de l'embarquement à Nantes. Il faut dire qu'on s'était aperçu
que, pour éviter les *devoirs et trépas* de Saint-Nazaire,

(1) Dans l'histoire de Nantes, se rencontrent à chaque page des ordonnances,
des édits, des lettres-patentes concernant la levée de certains impôts temporaires. — Nous n'en citerons que les principaux, nous réservant au reste de
consacrer un chapitre ultérieur à l'appréciation de l'organisation financière
(octrois, douanes), qui fonctionnait à Nantes dans les temps qui ont précédé
la Révolution de 1789.

les marchands transportaient par terre les toiles, draps, mercerie, etc., à la Rochelle où les Espagnols venaient les acheter.

Jean V accorda encore aux bourgeois de Nantes, le droit d'élire dix ou douze d'entre eux qui auraient tout pouvoir de veiller aux affaires de la ville. C'était un immense pas fait vers une municipalité régulière.

En 1427, ce prince rendit un arrêt qui défendait aux marchands forains, dont la concurrence ruinait les Nantais, de venir vendre en ville les autres jours que le samedi.

En 1428, il conclut avec Alphonse, roi de Castille, un traité de commerce destiné à sanctionner et à régulariser les relations qui existaient entre Nantes et la côte Nord de l'Espagne. Par une des clauses de ce traité, l'évêque de Nantes était investi du pouvoir consulaire vis-à-vis des Espagnols établis dans cette ville. C'est un fait assurément digne de remarque.

Ce traité fut l'origine d'une confrairie commerciale connue sous le nom de *contractation*, dont nous reparlerons plus tard.

En 1449, les revenus de la ville s'élevèrent à 5,096 livres et les dépenses à 4,074 livres.

Dès le milieu du XVe siècle, Nantes était déjà le centre d'affaires assez importantes avec l'Espagne. Nous trouvons dans un document publié dans les *Archives Curieuses* de Verger, des détails très-intéressants sur la manière dont se traitaient ces affaires vers 1470.

Ainsi les habitants de Fougères amenaient à Nantes la plus grande partie des draps qu'ils fabriquaient ; et avec le produit de leur vente, ils achetaient des balles de laine venant d'Espagne. Ces draps étaient parfois emplettés par des marchands du Poitou.

Les habitants de Vitré, de la Guerche, de Lohéac, de Saint-Méen agissaient de même. Ils apportaient à Nantes les *canevas* qu'ils fabriquaient, pour les troquer contre des laines d'Espagne.

Les fabricants de toiles de St-Brieuc, de Quintin, de Lamballe, de Moncontour venaient également à Nantes pour y vendre leurs marchandises aux Espagnols. Ces ventes s'élevaient chaque semaine à environ 16 charges de la valeur de 100 liv. chacune.

La Basse-Bretagne envoyait aussi à Nantes beaucoup de ces toiles qu'on appelait *Craez*; Rennes, Dinan, Bain et autres villes, des draps ; la Normandie (Rouen, St-Lô, etc.), également des draps; le Maine et Laval, des toiles blanches larges ; les marchands de Saint-Aubin, d'Aubigny et autres lieux, des coutils ; les Anglais, des draps de plusieurs sortes. Il venait encore des draps du Poitou, de Morlaix, de Lannion, de Tréguier, de Château-Gontier, etc., etc.

Presque toutes ces marchandises étaient vendues aux Espagnols, auxquels on achetait, par contre, des laines, comme nous l'avons déjà dit, de la cire, des figues, des raisins, du fer, de l'acier et autres articles qu'ils apportaient de leur pays. La vente des laines, en particulier, pouvait s'élever de 5 à 6 mille balles par an (1).

On voit que nous étions fondé à avancer que Nantes était déjà, vers le milieu du XVᵉ siècle, le centre

(1) Verger, t. 3, p. 41. — Nous voyons dans ce même document qu'il existait même une ordonnance d'après laquelle les Espagnols ne pouvaient conduire leurs laines ailleurs qu'à Nantes pour les vendre.

d'affaires assez importantes avec l'Espagne. Nous aurons occasion de reparler , à différentes reprises , des relations qui ont existé jusqu'en 1752 entre Nantes et la côte Nord de ce pays.

En 1472 , le duc François II permit à la communauté de la ville de percevoir un denier par livre sur toutes les marchandises qui entraient à Nantes, et 2 sous par muid sur toutes les denrées mesurables. Cet impôt était destiné à entretenir les fortifications.

Sous François II , Landais, son ministre , travailla de tout son pouvoir à favoriser le développement du commerce et de l'industrie en Bretagne. Des alliances utiles à la province furent contractées , notamment avec la Hanse-Teutonique. A cette époque, les blés se plaçaient avec avantage dans le Nord de l'Espagne.

François II conclut aussi avec les rois de Danemarck et d'Angleterre deux traités qui ne doivent pas être passés sous silence (1478).

Par le traité conclu avec le roi de Danemarck, celui-ci s'engageait à favoriser de toutes manières les opérations commerciales des Bretons , à traiter le duc en bon allié , et à lui fournir des secours en cas de besoin.

Par le premier article du traité formé avec le roi d'Angleterre , il était permis à tous marchands, tant Anglais que Bretons , d'aller et de venir librement eux et leurs facteurs , d'Angleterre en Bretagne et *vice versâ*. Les marchandises principales dénommées au traité étaient : les laines , les draps , les toiles , les vins , les fruits , les cuirs , les harnais , etc. , etc.

D'autres articles du même traité réglaient les rapports des marins avec les maîtres d'hôtelleries , les armes que pouvaient porter les matelots, les provisions, etc.

Trop intelligent pour ne pas comprendre l'influence de l'industrie, Landais, comme nous l'avons dit, fit tous ses efforts pour la faire prospérer en Bretagne. Par ses conseils, le duc fit venir de Florence des ouvriers en soie et les établit à Vitré. Plus tard, une autre fabrique considérable de tapisseries fut fondée à Rennes, également par ses soins.

Landais, comme on le sait, périt dans la lutte qu'il engagea contre la noblesse (1485). François II mourut peu de temps après (1487), et à partir de sa mort la Bretagne ne vécut pas longtemps d'une vie indépendante. Le 6 décembre 1491, la duchesse Anne, fille de François II, se maria avec Charles VIII, et ce mariage fut la consécration légale des tentatives de la France pour s'emparer de la Bretagne. Cependant l'acte de réunion ne fut consommé qu'en 1532, par un édit de François Ier, enregistré à Paris et au conseil de la Province.

Des lettres-patentes de Charles VIII, de 1491, confirmèrent aux habitants de Nantes tous les priviléges qui leur avaient été précédemment concédés.

En 1493, le même roi étant à Nantes, fit promulguer des lettres-patentes dont voici en abrégé la teneur :

« Charles, par la grâce de Dieu, roy de France, à » tous ceux qui ces présentes lettres verront, salut !

» Reçu avons humble supplicacion de nos très chers » et bien-amez les bourgeois, manans et habitants de » nostre ville de Nantes contenant que auparavant

» les guerres et divisions qui puis cinq ou six ans
» ont eu cours en nostre pays et duché de Bretaigne,
» plusieurs marchands de la nation d'Espaigne avaient
» en icelle ville et forsbourg de la Fosse, une estappe
» et bourse vulgairement appelée : *la Bourse et Es-*
» *tappe d'Espaigne*; mais obstant leu guerres et leu
» siége mis devant la d. ville furent la pluspart des
» maisons des d. marchans espaigneulx abatues et
» brûlées et n'avaient leur accès pour y conduire et
» y faire leur fact et exercice de marchandise, par
» l'occasion de quoy ils se distrahirent de la d. ville
» et se retirèrent en nostre ville de la Rochelle où
» ilz ont tousjours depuis entretenu leur bourse et
» estappe...

» Et pour ce que à présent, moyennant la grâce
» de Dieu, nostre pays et duché de Bretaigne est en
» bonne paix, les dits marchans de la dite nacion
» d'Espaigne ont grant désir et vouloir de retourner
» en la d. ville et y tenir leur estappe et bourse,
» ainsi qu'ils faisaient paravant la translation faite de
» la d. bourse en nostre ville de la Rochelle, comme
» dit est, ce que ils n'oseroient, ne vouldroient faire
» sans nos congiez et licences, à ceste cause les d.
» supplians nous ont fait réquérir leur octroyer sur
» ce nos lettres, savoir faisons............. par l'advis
» et délibération des princes et seigneurs de nostre
» sang et gens de nostre conseil, donné permis et
» octroyé, donnons, permettons et octroyons de grâce
» espéciale et auctorité royale que doresnavant les
» marchans de la d. nacion d'Espaigne preissent et
» leur loisent en la d. ville de Nantes et forsbourgs
» d'icelle leur d. bourse et estappe aux privilèges et

» franchises telz et semblables et en la forme et ma-
» nière qu'ils les avaient auparavant les d. guerres et
» translation d'icelle bourse, si donnons en mande-
» ment par ces mesmes présentes....
» Donné à Nantes, le XXIXe jour de décembre,
» l'an de grâce mil CCCC quatre-vingt et treize et de
» nostre règne le ungzeisme. »

Ce fut l'année suivante que, suivant Guépin et Ogée, se forma entre des négociants de Bilbao et de Nantes la confrairie commerciale connue sous le nom de *contractation*. Cette confrairie avait un tribunal réciproque en forme de juridiction consulaire. Un marchand de Bilbao, qui se trouvait à Nantes, avait le droit d'assister à ce tribunal avec voix délibérative, et *vice versâ*. Dans le commencement, cette singulière société commerciale eut même des navires à elle. A Nantes, elle tenait ses assemblées aux Cordeliers, où elle possédait même une chapelle pour accomplir ses cérémonies religieuses. Il existait à l'Hôtel-de-Ville de Nantes un registre de ses délibérations (1).

C'était par suite de ces relations intimes, que les laines d'Espagne étaient admises à Nantes moyennant un très léger droit, et que les toiles de Bretagne étaient traitées sur le même pied à Bilbao.

En 1494, Charles VIII, sur la demande des habitants de Nantes, transféra dans cette ville la foire dite de l'*Apparition*, qui se tenait auparavant à Lyon.

---

(1) Suivant Expilly, la *contractation* n'aurait existé qu'à partir de 1601. Ce fut en 1732, à la suite d'un mandement de l'évêque touchant certains droits dus aux fabriques et aux prêtres des paroisses, que cette coufrairie commerciale fut dissoute.

Pour attirer plus sûrement à cette foire les marchands d'Espagne, de Portugal, d'Angleterre et de Flandres, on exempta les marchandises de tous droits, tant à l'entrée qu'à la sortie.

Selon Huet, les navires employés pour le commerce en Bretagne, au XVe siècle, ne dépassaient guère 80 tonneaux. Les plus grands vaisseaux de guerre étaient de 400 tonneaux environ.

Vers la fin du XVe siècle, le froment valait environ 26 sous le setier ; le seigle, 22 sous ; le bois à brûler, 2 à 3 s. la demi-charretée ; le suif, 8 deniers la livre ; la chaux, 7 à 9 s. la pipe ; l'huile de noix, 2 sous le pot ; les ardoises, 2 sous le cent ; les souliers, 3 s. 5 d. la paire. Les ouvriers gagnaient de 2 à 4 sous.

A la même époque, les tailleurs, les cordonniers, les pâtissiers, formaient à Nantes des corporations, avec statuts et priviléges. Dès ce temps, on brûlait des vins dans cette ville. Il y existait une chaudière montée dès 1499, quinze ans avant que Louis XII eût permis aux vinaigriers de Paris de distiller.

A la fin du XVe siècle, Nantes possédait un revenu de 5,760 livres environ.

Voici maintenant quelques détails sur les étoffes en usage alors.

Le drap d'or se vendait 90 livres l'aune ; les qualités les plus inférieures ne valaient pas moins de 65 livres. Nos marchands le tiraient d'Italie. On s'en servait pour faire des manchons, pour orner les épées des grands aux jours de cérémonie, et pour former le siége des princes.

Pour faire les broderies des robes et des écussons, on se servait de canettes de fil d'or et d'argent de

Venise, qui coûtaient 40 sous pièces ou 48 livres la livre en poids.

Le drap d'écarlate coûtait 20 livres l'aune. Deux aunes et demie suffisaient pour un habit de duc ou de baron. Les hermines et fourrures, dont la consommation était fort grande au XVe siècle, se payaient 10 livres la douzaine.

Le velours noir coûtait 15 livres l'aune. Il servait à faire des robes, des chapeaux, des carreaux, et à border le drap d'or dans une foule de circonstances. Les robes de velours étaient souvent fourrées et ornées d'hermines.

Le damas venait de la ville dont il portait le nom et valait 8 liv. l'aune. On l'employait fréquemment pour robes ou pour carreaux. Les ecclésiastiques en faisaient aussi une grande consommation pour leurs ornements d'église. L'évêque de Nantes reçut, lors de l'enterrement du duc François II, une mître en damas blanc dont l'étoffe avait coûté 6 livres.

Parmi les autres étoffes de soie, nous citerons encore le satin qui servait aussi à faire des robes, des écussons, et qui coûtait 10 livres l'aune, et le taffetas qui ne coûtait que 5 livres l'aune. La soie pour franges se vendait 24 livres la livre.

Parmi les étoffes de laine dont les grands seigneurs faisaient usage, se trouvaient des draps de 15, de 12, de 10, de 5 et de 4 livres l'aune. Le bougran était très-employé pour doublures ; la première qualité se payait 10 sous.

Un étoffe appelée blanchet servait à habiller les pauvres aux enterrements ; elle coûtait 20 sous l'aune.

Nous avons dit précédemment que les marchands,

au moyen-âge, occupaient habituellement les rez-de-chaussées dans les maisons. Les sculptures de ces maisons leur servaient fréquemment d'enseignes. Longtemps l'apothicairie située près des Changes, n'eût d'autre annonce qu'un pileur triturant ses drogues dans un mortier. La maison des Enfants-Nantais nous offre encore un specimen du genre.

Le mariage de la duchesse Anne avec Charles VIII fut, avons-nous dit, la consécration légale des tentatives de la France pour s'emparer de la Bretagne. Ces tentatives, au reste, ne pouvaient manquer d'avoir tôt où tard un heureux résultat. La Bretagne, dès le XV⁰ siècle, tenait à la France par trop de liens pour que cette dernière ne parvint pas à l'absorber un jour. C'était de Paris que Nantes et Rennes recevaient la science et la vie ; c'était avec les riverains du haut de la Loire que les Nantais faisaient la majeure partie de leur commerce. Nantes était encore l'une des villes du devoir, comme Lyon, Marseille et Bordeaux. — Nul ne pouvait être reçu compagnon et par suite obtenir la maîtrise, s'il n'avait fait son tour de France et séjourné quelque temps dans la première ville de la Bretagne. De cette situation particulière, naissait une unité de mœurs qui créait entre ce pays et la France mille points de contact. Ajoutons que Nantes et Rennes dépendaient de Tours pour le spirituel ; que la langue française était parlée dans une grande partie du territoire breton ; qu'un bon nombre de seigneurs bretons se trouvaient propriétaires en France, tandis que des gentilshommes français possédaient des terres bretonnes, et l'on comprendra que nous ayons pu dire, quelques lignes plus haut, que les tentatives de la France, pour s'emparer de la Bretagne, ne pouvaient manquer d'avoir tôt ou tard un heureux résultat.

V.

Marquons un temps d'arrêt au seuil du XVIe siècle, pour jeter un coup-d'œil rapide sur les causes de la révolution qui s'accomplit alors dans le monde commercial.

Ces causes, chacun les a nommées déjà, ce sont : l'usage de la boussole, la découverte de l'Amérique et le voyage de Vasco de Gama aux Grandes-Indes par le cap de Bonne-Espérance.

L'usage ou l'invention de la boussole attribuée à Flavio Gioïa, bourgeois d'Amalfi (1305), fit peu à peu sortir la navigation des limites forcées dans lesquelles elle était renfermée. Les bâtiments ne furent plus réduits à suivre les côtes ; ils se lancèrent hardiment en pleine mer et, sur la foi de leur nouveau guide, ils voyagèrent bientôt avec une précision et une sécurité dont on n'avait point encore l'idée. Le goût des découvertes, alimenté par quelques récits merveilleux de voyages aventureux, prit soudainement une large place dans les préoccupations des nations maritimes d'alors. Quelques-unes d'entre elles firent des tentatives plus ou moins heureuses. Mais les Portugais se placèrent promptement à la tête de ce mouvement par leurs voyages d'exploration sur la côte occidentale de l'Afrique (de 1411 à 1486). Six ans après, Christophe Colomb découvrait l'Amérique (12 oct 1492), et enfin, en 1498, Vasco de Gama jetait l'ancre devant Calicut, après avoir hardiment contourné le cap de Bonne-Espérance.

Dès-lors, et par la force même des choses, le commerce changea de forme et de routes. Depuis la chûte de l'Empire Romain, la Méditerranée avait été la seule voie usitée pour le trafic de l'Europe avec les Indes Orientales. Quelques villes maritimes, comme Venise et Gênes, devaient à ce trafic leurs richesses et leur grandeur. La découverte de l'Amérique et surtout le voyage de Vasco de Gama portèrent à cette grandeur un coup mortel.

Au Nord, tout le commerce de cette époque était pour ainsi dire entre les mains de la ligue hanséatique. Ces événements ébranlèrent fortement le monopole qu'elle avait su acquérir. Le rayon du monde commercial se trouvait tellement agrandi qu'elle était impuissante à l'englober dans ses mains. Des nations nouvelles se levèrent, jeunes et vivaces, pour parcourir et fertiliser les routes nouvelles ouvertes. L'Espagne et le Portugal au Midi, la Hollande et l'Angleterre au Nord, tels furent les peuples que vit grandir l'ère d'accroissement dans laquelle entrait le commerce.

Des colonies se fondèrent, entraînant avec elles le bouleversement des idées commerciales jusqu'alors acceptées. Pour l'Espagne et le Portugal, ces colonies ne furent qu'un élément temporaire de grandeur; pour la Hollande et pour l'Angleterre surtout, elles devinrent les bases d'une puissance commerciale et maritime qui, abaissée depuis pour la première, ne s'est point encore arrêtée pour la seconde de ces nations.

La France, dont les villes commerçantes méridionales comme Montpellier, Marseille, etc. perdirent quelque importance aux découvertes dont nous venons de parler, ne prit qu'une part tardive au magnifique mouvement commercial qui les suivit. Au XIV° et au XV° siècle, quelques expéditions maritimes isolées se firent en son nom (1), mais elle en était encore aux tâtonnements, quand d'autres nations récoltaient déjà les fruits de leurs entreprises. Les hommes de génie cependant ne manquèrent pas à la France : Henri IV, Richelieu et Colbert consacrèrent successivement à l'élévation de sa grandeur commerciale et maritime, de larges et laborieuses veilles ; malheureusement leurs efforts n'amenèrent pas les résultats qu'ils en espéraient.... Mais n'anticipons pas sur l'avenir. Nous ne sommes encore qu'au XVI° siècle : voyons ce qu'il produisit pour la ville de Nantes.

VI.

A partir du XVI° siècle, la vie commerciale de Nantes se fond pour ainsi dire dans la vie commerciale de la France entière. De là, la nécessité, pour nous, de faire de temps à autre quelques excursions dans le

---

(1) En 1364, quelques marchands dieppois commerçaient à la côte de Guinée.

En 1402, Jean de Bethencourt, baron normand, s'empara des îles Canaries, et les garda pendant vingt ans au nom de la France.

Des origines au XVI° siècle, l'histoire commerciale de notre pays n'offre au reste que fort peu de pages intéressantes L'une des plus dignes d'attention est sans contredit la vie de Jacques Cuer ou Cœur, qui symbolise d'une façon remarquable le mouvement du commerce en France durant le XV° siècle.

Voir Ch. Gouraud : *Histoire de la politique commerciale de la France.*

Voir P. Clément : *Jacques Cœur.*

domaine de l'histoire générale de cette vie commerciale ; ces excursions étant utiles, dans certains cas,
pour faire comprendre la valeur des fluctuations du
commerce de Nantes (1).

Durant le XVIe siècle et les premières années du
XVIIe, cette ville fut décimée par les disettes et les
épidémies. La communauté de la ville lutta courageusement contre ces maux ; mais malheureusement les
moyens de répression mis à sa disposition ne pouvaient
dépasser l'esprit de l'époque et se trouvaient, par
suite, bien insuffisants. Il faut lire l'énumération de
ces moyens dans les annales du temps ; ils décèlent
parfois une ignorance et une superstition qui confon-
dent. Peu à peu cependant cette ignorance et cette
superstition s'amoindrirent sous l'action du progrès :
d'excellentes mesures de salubrité et de prévoyance
publiques furent prises, et luttèrent efficacement contre
ces épidémies et ces disettes.

Il est facile au reste de se rendre compte de la fré-
quence des épidémies qui désolaient Nantes à cette
époque. La position de cette ville au bord de rivières,
les inondations de la Loire souvent renouvelées, les
marécages de l'Erdre, la douve Saint-Nicolas, les
mauvaises dispositions intérieures des maisons, l'étroitesse des rues dans lesquelles l'air circulait à peine,
l'entassement de la population, enfin la situation pré-
caire de la majeure partie de cette population étaient
autant de sources et de causes puissantes d'insalubrité.

(1) En ce qui concernait certaines parties de l'exercice du commerce, notamment pour les douanes, Nantes conserva jusqu'en 1789, quelques usages particuliers ; mais ici il n'est cas que de la vie commerciale prise à son point de
vue le plus général et le plus élevé.

Le desséchement des marécages de l'Erdre, l'élargissement des rues, une police meilleure, l'excellente position de nouveaux quartiers firent peu à peu disparaître ces causes d'insalubrité et combattirent avec succès le retour des épidémies.

Voici maintenant la série des événements les plus remarquables se rapportant à notre sujet.

En 1508, des lettres-patentes de la reine Anne confirmèrent, pour 10 ans, les priviléges des habitants de Nantes pour la perception de certains droits dont le produit devait être appliqué aux fortifications. Il existe, en 1516, des lettres-patentes de François Ier, prolongeant encore de dix ans les mêmes priviléges.

En 1532, comme nous l'avons fait déjà remarquer, eut lieu l'adjonction définitive de la Bretagne à la France.

En 1543, le denier pour livre produisit 1,100 livres et le droit de méage, 3,963 livres.

En 1549, on entreprit la construction du quai Maillard, et les marchands d'Orléans offrirent d'y contribuer pour 2,000 livres. Quelques années auparavant on avait commencé un quai sur la Fosse.

En 1554, Jean Cornichon établit, pour la première fois à Nantes, un bureau de poste qui devint royal en 1568. Il partait régulièrement un courrier tous les lundis pour Paris. Auparavant on n'avait de communications avec la capitale de la France que par occasions ou par messages envoyés exprès.

Une note de la même année nous apprend que le commerce de la draperie roulait sur environ 225 balles par an.

Des lettres patentes d'Henri II, de 1555, confirmè-

rent, pour 4 ans, aux bourgeois, manans et habitants de Nantes le privilége de percevoir « le droit de *méage*
» qui est de 2 sols par muid de sel, blé, vin et autres
» denrées mesurables montant et descendant la rivière,
» et aussi un denier appelé communément denier par
» livre, qui a coutume de se lever sur le bétail entrant
» à Nantes, etc., etc. » Le produit de ces deniers devait être appliqué aux fortifications de la ville.

En 1556, les habitants de Nantes adressèrent au roi une supplique contre les prétentions du comte de Sanzai, gouverneur de la ville, qui voulait soumettre à des droits arbitraires, tous les navires qui entraient en Loire ou qui en sortaient.

Nous insérons ce document en entier (1) en en rajeunissant un peu le style et la tournure pour en rendre la lecture moins pénible, car il contient sur le commerce de Nantes, au milieu du XVIe siècle, les détails les plus intéressants.

« Si le sieur de Sanzai, disaient les suppliants,
» exerce ce droit de visite, il en retirera seul le profit
» et causera même un grand dommage aux deniers
» des fermes du roi et aux habitants de Nantes. —
» Ce droit de visite (*la dicte visitation*) ajoutaient-ils,
» sera bientôt, dans tous les cas, de nul profit, parce
» qu'il est évident que si l'on charge les marchandises
» amenées, tant d'amont que d'aval, par navires ou
» bateaux par marins de diverses provinces, de quel-

(1) Nous l'empruntons aux Archives Curieuses de Verger. T. 1, pages 342, 343 et suivantes.

» ques impositions inaccoutumées, aussitôt ces marins
» se tourneront vers d'autres villes, Bordeaux, La
» Rochelle ou Rouen, où ce droit de visite ne se
» pratique pas, où ils pourront, par suite, faire des
» affaires plus avantageuses qu'à Nantes.

» Ou bien, si certains étrangers sont contraints de
» se soumettre à ce droit, ce sera leur fournir l'occa-
» sion d'agir de même dans leurs pays, où ils pourront
» percevoir sur les navires de grosses impositions ; de
» même encore, si on charge de ces droits de visite
» les blés et les vins qui viennent de Blois, de l'Anjou
» et autres contrées du royaume, blés et vins qui ont
» payé le *debvoir d'entrée* en Bretagne et qui ne doi-
» vent plus que *trois deniers monnoie* par tonneau pour
» le *debvoir d'issue et les briefs*, les marchands seront
» tellement dégoûtés qu'ils ne reviendront pas à Nantes
» une seconde fois. Par suite, les habitants seront
» excessivement privés, car ces marchands amènent
» diverses espèces de vivres, blés, poissons, chairs,
» et ces vivres sont utiles, non-seulement aux Nantais,
» mais aussi aux habitants des autres villes sises sur
» la Loire.... Ensuite de tous ces inconvénients les
» fermes de la prévôté, ports, havres et traites dimi-
» nueraient de plus de 40,000 liv. par an.

» En effet, pour le sel, en particulier, il arrive à
» Nantes, par an, 5 ou 6,000 *vaisseaux* venant des
» marais de Guérande et de la baie. Ce sel doit le 40ᵐᵉ
» au roi, soit environ 20 sols par navire ou barque,
» et aussitôt son arrivée, il est vendu aux fournisseurs
» des greniers et magasins à sels pour la France. Dans
» ce cas, il est perçu à la prévosté environ 105 sols
» par muid, et aux greniers du roi 45 liv. par muid...

» Le droit de visite, établi en sus de ceux déjà exis-
» tant, sera donc fort lourd, et le sel viendra à
» Nantes en moins grandes quantités. Et les mar-
» chands des pays d'Amont qui viennent dans cette
» ville amener du vin et avec l'espoir d'y charger du
» sel pour le mener aux magasins du roi, seront obligés
» de s'en retourner à vide, et par suite les greniers
» et magasins seront dégarnis.

» Et ces visites ne sont pas rendues nécessaires par
» l'expédition de marchandises prohibées, comme
» armes et munitions de guerre, car ces objets, de
» même que les salpêtres, sont en bien plus grandes
» quantités et à bien meilleur marché en pays étran-
» gers.

» Il est de même présumable que les harnais, cottes
» de mailles, piques, lances, javelines, épées, halle-
» bardes, et autres *bâtons de guerre*, se font à meilleur
» marché et en plus grandes quantités dans les pays
» de l'empereur ; car en temps de paix, les sujets
» dudit empereur en amènent au port de Nantes,
» ainsi que des aciers, des fers et des cuivres. On ne
» porte jamais non plus d'or de France en Espagne,
» car il y est moins cher qu'en France....

» Ainsi, tous les objets prohibés sont, on le voit,
» à meilleur marché et en plus grandes quantités dans
» les pays de l'empereur qu'en France.

» En outre, il est véritable qu'à cause des imposi-
» tions énormes que le roi lève en ladite ville de
» Nantes, beaucoup de marchands ont cessé d'y venir.
» Si ces *traictes et debvoirs* ne s'y levaient pas, *attendu*
» *la situation de cette ville et rivière de Loyre, par*
» *laquelle facillement on pourrait et à peu de frais mener*

» *marchandises et toutes provisions partout le païs de*
» *France*, les autres devoirs que le roi lève pour les
» congés par la Loyre doubleraient de moitié. Au
» contraire, si on charge les marchandises de plus
» grands droits, ce sera chasser les marchands qui
» viennent encore à Nantes et qui iront à la Rochelle
» et autres villes, où on ne paie rien au roi ou du
» moins peu de chose.

» Or, il est à considérer que le trafic cessant, les
» navires bretons cesseront d'aller par tous pays,
» mener et ramener des marchandises sur lesquelles
» le roi perçoit de gros droits; alors les maîtres de
» ces navires seront contraints de les laisser sur la
» vase et n'en feront plus construire de neufs, comme
» cela se fait tous les jours en Bretagne. En cas d'hos-
» tilité, ces navires s'arment en guerre, et protégent
» les côtes contre les ennemis qui, sans cela, pour-
» raient descendre à terre et piller le pays.

» Quant aux abus, le roi a établi un contrôleur à
» 1,200 liv. par an, et des aides pour visiter les na-
» vires venant d'amont et d'aval, afin qu'aucune mar-
« chandise prohibée ne puisse sortir de ce pays.

» En outre, il y a un receveur et un receveur aux
» tailles, aux appointements de 4 et 500 liv. par an,
« qui prennent aux marchands, pour chaque *brevet*
« qu'ils expédient, 2 sols 6 deniers.

» Il est à noter que les navires, après avoir été
» *despeschez*, visités, avoir acquitté les devoirs qu'ils
» doivent à la prévôté et retiré leurs brevets et acquits,
» quittent le port avec la marée pleine, etc., etc.

» A cause des nouveaux subsides que l'on veut ainsi
» rétablir, tout le monde fuira le port de Nantes,

» comme c'est déjà arrivé en raison *du debvoir dé ga-*
» *belle, subsides et subjections* que l'on a voulu, depuis
» vingt ans, imposer sur le sel. Auparavant l'établis-
» sement de ces gabelles, il s'enlevait tous les ans
» pour 500 mille écus de sel, et à présent il n'en est
» guère enlevé pour plus de 10 milles (1). Le roi y
» perd, par suite, plus de 50,000 liv. par an, et ses
» sujets en souffrent tellement, que tel qui avait au-
» trefois 500 liv. de revenu dans les marais salants
» n'en a plus aujourd'hui que 150 liv.

» Les étrangers auxquels on menait auparavant
» ledit sel, vont le chercher eux-mêmes maintenant
» en Portugal, en Andalousie et ailleurs, où on en
» fait aujourd'hui plus qu'en France et à prix plus
» réduits.

» Les navires qui portaient du sel aux étrangers
» amenaient en retour des fers, des cuivres, de l'étain,
» du plomb, des cires, du sucre, du poivre et toutes
» sortes d'épiceries et de drogueries, des laines, des
» aciers, des cuirs, des poissons, et en général toute
» sorte de marchandises qu'ils avaient troquées contre
» leur sel et sur lesquelles le roi prenait de gros devoirs
» d'entrée ; mais tout ce trafic a cessé aujourd'hui. »

Cette supplique se terminait par quelques autres
considérations étrangères à notre sujet. Elle était signée
Loriot ou *Mariot*

Ceux qui la liront, reconnaîtront sans peine avec
nous, nous en sommes convaincu, qu'elle méritait bien

---

(1) Deux espèces d'écus avaient alors cours à Nantes : l'écu au soleil qui
valait 48 sous, et l'écu pistolet (monnaie d'Espagne) qui valait 46 à 47 sous. Le
marc d'argent était estimé 14 l. 5 s.

les honneurs de l'*in-extenso* que nous lui avons donnés. Les documents aussi explicites que celui-ci sont trop rares pour qu'on ne leur fasse pas bon accueil quand on les rencontre, surtout dans l'espèce, où les matériaux sont loin d'être abondants, même au temps où nous sommes arrivé.

Cette supplique, comme nous l'avons dit, contient des renseignements très intéressants sur l'exercice du commerce à Nantes au milieu du XVIe siècle. On n'aura pas été sans remarquer ceux concernant la nature des relations commerciales de cette ville à cette époque, les droits perçus sur certaines marchandises, l'importance du trafic du sel et enfin l'appréciation du rôle de la Loire, comme artère de navigation. Cette dernière est frappante par sa justesse. N'est-il pas remarquable que, trois cents ans avant nous, on comprît aussi judicieusement une question longtemps capitale au point de vue du rayonnement commercial de Nantes. Il nous faudra désormais avancer de près d'un siècle pour la trouver aussi nettement envisagée, et cette fois, ce sera par Richelieu.

Le comte de Sanzai répondit à cette supplique des habitants de Nantes, en maintenant toutes ses prétentions. Dans sa réponse, le commerce est qualifié de *sordide négociation*.

Des lettres patentes de 1559, citées par Mellinet (tome III), donnèrent gain de cause aux habitants. Les démêlés du comte de Sauzai avec les habitants de Nantes réclameraient un volume pour être scrupuleusement narrés. — On comprend que nous n'avons ni l'occasion ni la prétention de traiter, dans notre travail, cette page contentieuse de notre histoire locale.

La même année, d'autres lettres patentes, données
à Blois par François II, créèrent la Mairie de Nantes.
« Voulons, disaient ces lettres, qu'ils (les bourgeois,
» manants et habitants de Nantes) puissent eslire,
» avoir et choisir entre eux, ung maire d'an en an,
» et dix échevins de trois ans en trois ans, par les-
» quelz les affaires communes de ladite ville seront
» doresnavant conduicts, dirigez, traictez, pollicez et
» gouvernez. »

En 1563, on commença la construction en pierre
des ponts. En 1564, fut créé le Tribunal de Commerce
ou consulat, par un édit de Charles IX, du 27 novembre de cette année. D'après cet édit, la ville de
Nantes devait élire cinquante notables bourgeois, sur
lesquels elle choisirait « ung juge marchand, deux
consuls seulement. » Le juge devait prêter serment
devant le Parlement (1).

Aux premières élections, pour la Mairie et le Tribunal
de Commerce, Geoffroy Drouet, sieur de l'Angle, fut
élu maire ; Mathieu Vivien, juge, et Guillaume
Poulain et Charles Chrétien, consuls.

Le sieur de Sanzai, qu'on trouvait sur la brèche
chaque fois qu'il s'agissait de contestations, tenta
de s'opposer à l'exécution des lettres patentes portant création de la Mairie. — Quelques autres oppositions de certains employés du roi surgirent également ; mais toutes furent rejetées par des lettres
patentes de Charles IX, données à Cholet, en octobre
1565.

La même année, Charles IX vint à Nantes, et le

____

(1) En 1722, le nombre des consuls fut porté à quatre.

lendemain de son arrivée, alla dîner chez **André Rhuiz**, riche négociant d'alors.

On doit à ce négociant deux actions dont le souvenir mérite d'être conservé.

En 1571, les galères du roi occupaient le port de Nantes. Les équipages n'étaient pas payés, et la ville invitée à fournir au général des galères la somme nécessaire, se trouvait dans le plus grand embarras. Ce fut André Rhuiz qui vint à son aide, et qui versa au général des galères 4,500 écus d'or. En 1580, le même négociant prêta encore à la ville 800 écus d'or (1).

On croit que c'est lui qui fit bâtir la maison aux tourelles qui se voit à l'entrée de la Fosse.

En 1573, les Nantais furent obligés d'armer 4 vaisseaux que leur demandait M. de Bouillé, pour le service du roi. Il est assez curieux de connaître en quoi consistait l'armement de ces navires et le prix qu'il coûta. En voici la note que nous empruntons aux *Archives Curieuses* de Verger :

Gages d'équipage.......	1600 liv.	» s.	
18 barriques bœuf salé..	292	»	
614 livres lard salé....	123	»	
30 pipes de vin nantais..	583	»	
9400 livres de biscuit, à.	21	6	le ℔
3 barriques vinaigre....	24	»	
6 barriques poisson salé..	42	»	
300 livres de beurre, à..	15	»	le ℔
Du suif, à...........	»	3	la liv.

____

(1) Suivant quelques économistes, l'écu d'or valait alors 10 livres.

347 livres de plomb en
table à............. 8 liv. 10 s. le %

Pour bois de chauffage,
escuelles , clous...... 35   11

Pour les poudres, balles,
boulets , etc........ 676   ”

Pour l'enseigne aux armes
de la ville 56   ”

Ces quatre navires devaient aller trouver l'armée navale du roi devant la Rochelle.

En 1574, le 9 août, fut promulguée à Nantes, une ordonnance de police qu'il est intéressant de mentionner.

D'après cette ordonnance, il était défendu à tous les marchands d'ouvrir leurs boutiques et d'exposer aucune marchandise « *jours de dimanches et festes sollempnelles* » *de Nostre-Dame, d'apostres, évangélistes et autres festes* » *deffendues par l'Eglise* » à peine de confiscation desdites marchandises et d'une amende de 20 liv. pour la première fois, de 50 liv. pour la seconde et de 100 liv. pour la troisième.

Il était également défendu aux habitants des environs d'apporter à Nantes , durant ces mêmes jours, aucune espèce de denrée ou marchandise, et aux Nantais d'acheter de ces denrées ou marchandise , sous peine des mêmes amendes et confiscations (1).

Un pareil fait se cite sans commentaires. Il porte en lui-même son enseignement , et prouve que la question de la fermeture des boutiques le dimanche n'est pas nouvelle.

_____

(1) Voir Verger, *Archives Curieuses*. T. 1 , page 354.

En 1574, de nouvelles contestations s'élevèrent encore entre le sieur de Sanzai et la Mairie, touchant certains droits de juridiction. Le sieur de Sanzai fut enfin rappelé deux ou trois ans plus tard.

En 1576, le bureau de ville adressa au roi une supplique pour lui signaler les mauvais traitements faits, en Espagne, aux Bretons, et réclamer son intervention pour les faire cesser.

Dans cette supplique (1), on trouve que de toute antiquité l'or, l'argent, les mors, les armes et les chevaux étaient les seuls objets prohibés à la sortie, en Espagne, mais que depuis quelque temps on y avait ajouté les maroquins, les draps de soie, les laines, les chapeaux, etc., etc., enfin en général toutes les marchandises qui se pouvaient tirer d'Espagne, à l'exception des fers, aciers et oranges, marchandises de peu de valeur.

« De plus, disaient les suppliants, au mépris des
» conditions contenues dans les derniers accords, on
» a surchargé de deux écus par balle les marchandises
» amenées par les Bretons.
» On a fait publier aussi par toutes les villes mari-
» times commandement à tous les marchands étran-
» gers, aussitôt leur arrivée, de manifester par devant
» un notaire, le juge du lieu étant présent, toutes et
» chacune des marchandises par eux amenées, et
» fournir, pour leur valeur, caution riche et demeu-
» rant dans lesdites villes pour répondre : 1° de la

(1) Nous en devons la communication à l'obligeance de M. de Girardot, secrétaire général de la Préfecture.

» vente ; 2° des personnes auxquelles elle sera faite ;
» 3° des deniers en provenant ; 4° et des retours en
» marchandises (1). »

Les suppliants se plaignaient aussi de ce que des Es
pagnols obtenaient facilement, à Nantes, des lettres de
naturalisation, et faisaient par suite le commerce d'Espagne avec de grands avantages ; puis ne tenant aucun
compte du serment prêté, retournaient ultérieurement
dans leur patrie avec les capitaux qu'ils avaient gagnés.
Ils monopolisaient ainsi les affaires avec l'Espagne.

Nous trouvons encore dans cette supplique que,
chaque année, il était exporté pour l'Espagne, de la
Bretagne, de l'Anjou, de Laval et du Maine, pour
environ 100,000 livres de toiles.

Les marchands de Nantes demandaient, en terminant,
qu'il ne fût plus accordé de lettres de naturalisation
qu'à des étrangers mariés à une Française, en ayant des
enfants et demeurant en France depuis deux ans au
moins, comme cela se pratiquait en Espagne ; — que
les maîtres des navires étrangers ne pussent charger
qu'au refus des maîtres des navires français, prévenus

(1) Voici en substance l'ordonnance dont il était parlé :

Commandement aux étrangers, arrivant à Bilbao, de manifester leurs chargements d'une manière exacte, et aux juges d'en faire sérieuse vérification ; de
vérifier encore les prix auxquels ces chargements étaient vendus, et la manière
dont les étrangers employaient l'argent provenant de cette vente.

Commandement aux étrangers arrivant dans une ville avec de l'argent destiné
être employé en achats de marchandises, d'aller déclarer aux juges de cette
ville la somme dont ils étaient porteurs et de quelle manière ils voulaient l'employer. Ordre au juge de surveiller cet emploi, et l'embarquement des marchandises achetées.

Dans le cas de fraude, les étrangers ou leurs cautions devaient être châtiés.

(*Ordonnance du 15 octobre 1566.*)

par une publication de trois jours; — et qu'enfin le roi voulût bien défendre aux Espagnols de se choisir un consul de leur nation comme ils le faisaient, car ce consul favorisait de toutes manières ses nationaux.

Peu après, des lettres patentes du roi supprimèrent ce consulat.

En 1578, le maire et les échevins de la ville, ne se contentant pas de leur supplique au roi, écrivirent à l'alcade de Bilbao pour le prier de protéger les marchands Bretons contre les exactions du juge audit lieu, faisant valoir que ces exactions pourraient bien pousser les Bretons à chercher un port où le commerce fut plus agréable.

En 1581, les chantiers de galères et autres navires qui se trouvaient sur le Port-au-Vin furent reportés sur l'autre rive dans l'île Gloriette. La place du Port-au-Vin fut grandement accrue du côté de la rivière, le quai fut refait et l'on y établit une cale.

Plusieurs pièces du même temps nous prouvent qu'à cette époque les commerçants du bord de la Loire et ceux qui faisaient usage du fleuve comme moyen de transport, se réunissaient de temps à autre à Blois, Tours ou Angers, pour discuter leurs intérêts communs. C'est là un fait remarquable et qui méritait d'être signalé (1).

(1) Plus tard, suivant Savary, les mêmes marchands formèrent une Compagnie à laquelle Louis XIV accorda des statuts. Cette Compagnie était chargée de tenir, en tout temps, le fleuve en bon état de navigation, de faire exécuter les arrêts et réglements touchant la navigation, de veiller au curage, au nettoyage, etc., etc. Pour couvrir ces dépenses, il était accordé à *la Compagnie des marchands fréquentant la Loire* un tarif de droits qu'elle percevait sur les marchandises qui passaient par le fleuve. Ces droits étaient connus sous le nom de *boëtes.* Nous n'avons pas retrouvé la date de la dissolution de cette Compagnie, mais nous avons eu sous les yeux un gros volume in-12, composé uniquement, d'arrêts de toutes sortes rendus pour ou contre elle. Les derniers étaient des premières années du XVIIIᵉ siècle.

L'année 1589 nous rappelle le peu de protection accordée, au XVI° siècle, à l'industrie. Jean Ferro ou Ferra, *gentilhomme verrier*, qui avait obtenu la permission de fonder à Nantes une verrerie, fut expulsé de cette ville, sous prétexte qu'il faisait renchérir les combustibles. Il y rentra en 1598, par autorisation d'Henri IV. Le verre valait alors 4 s. 6 d. le pied carré.

En 1590, le duc de Mercœur, qui occupait la ville pour la Ligue, rendit une ordonnance établissant les droits qui devaient être levés sur les marchandises « qui (dit l'ordonnance), seront menées et conduites » par terre et en amont la ripvière de Loyre et par » terre du costé de Poictou. »

Par pipe de vin d'un crû hors le comté de Nantes.............	1 liv.	10 s.
Par barrique de harengs........	»	15
Même droit par mille de harengs sortant par terre pour le Poitou.	»	15
Par futaille d'huile de baleine et de morue........	»	15
Par futaille d'huile d'olive.......	1	10
Par charge d'épiceries, comme canelle, poivre, muscades, etc..	2	»
Par charge de sucre fin.........	2	»
— de cassonade........	1	»
Par millier de fil.............	2	»
— de brai, résine ou goudron.......................	»	11
Par millier de morues vertes.....	1	»
— de morues parées.....	»	11
— d'oranges ou citrons...	»	5

Les deniers provenant de ces droits devaient être employés tant pour la conservation, fortifications et réparations de Nantes qu'à l'acquit des dettes créées pour frais de guerre (1).

Un réglement curieux signala l'année 1594 (2). Il prescrivait tout ce qui concernait la police de la ville et du comté Nantais. Après les défenses de vendre à boire et à manger les fêtes et les dimanches pendant les heures d'offices, etc., etc., venait une fixation des prix de main-d'œuvre à laquelle les ouvriers étaient obligés de se soumettre, sous peine d'amende et de punition corporelle en cas de récidive. Cette police parquait les ouvriers de tous les états dans leur profession sans qu'il leur fût permis d'en sortir. Les maçons et les charpentiers gagnaient quelquefois jusqu'à 10 sous, les manœuvres de 2 à 6 s. Cette somme leur permettait d'acheter plus d'objets de première nécessité que nos ouvriers d'aujourd'hui avec leurs salaires de 2, 3 et 4 francs (3).

Nous voyons encore dans cette police que les bouchers et les boulangers devaient être approvisionnés pour trois mois. Des peines très sévères punissaient les bouchers qui vendaient de mauvaise viande, ou les boulangers qui livraient un faux poids.

Cette police réglait encore les prix que pouvaient demander les hôteliers aux voyageurs et aussi taxait tous les objets susceptibles de l'être. Ainsi les souliers

(1) Verger, *Archives Curieuses*. T. 1, p. 242.

(2) Guépin, *Histoire de Nantes*. Page 268.

(3) En prenant pour termes de comparaison les prix du blé, 1 et liv. fr 35, on trouve que 2 sous de 1594 représentent fr. 3 50 d'aujourd'hui, et 6 sous, fr. 10 50.

de maroquin à deux semelles de 9, 10, 11 et 12 points ne devaient pas se vendre plus de 52 sous, et les souliers de veau à deux semelles plus de 24 sous. Les bottes de vache grasse de deux pieds et demi de hauteur étaient tarifées à 2 écus.

Voici les prix de quelques autres objets à la fin du XVIe siècle (1) :

Beurre la livre	» liv.	1 s.	6 d.
Charbon, la charreté...........	»	36	»
Une pipe de chaux......15 s. à	»	16	»
Chandelle, la livre.............	»	2	»
Cerises, la livre	»	»	2
Fagots, le millier	»	47	»
Fer forgé, la livre	»	1	»
Froment, le setier (prix variable)			
de.................1 liv. à	2	6	»
Farine de froment, le boisseau...	»	4	6
Le cent de morue.............	2	10	»
OEufs, la douzaine.....4 den. à	»	1	»
Poulet........................	»	»	9
Raisins secs, la livre	»	»	10
Sel, le quartaut...............	»	»	10
La pipe de vin nantais... 4 liv. à	7	»	»
— de vinaigre...	4	»	»
Le veau, le quartier .....5 s. à	»	8	»
Le mouton, dº.................	»	6	»

En 1597, la cherté des blés fut très grande : le froment valut jusqu'à 22 livres le setier.

(1) Verger *Archives Curieuses.* T. 3, page 94.

En 1598, Henri IV vint à Nantes où sa présence mit fin à la Ligue. Il y signa le fameux édit de Nantes qui reconnaissait aux calvinistes le droit d'exercer leur culte.

Cet acte important clôt, pour nous, la série des faits se rapportant au XVIe siècle — faits plus nombreux que ceux des siècles précédents, mais qui n'offrent point encore cependant cette exactitude et cette précision nécessaires aux documents appelés à servir de termes de comparaison dans une statistique. Il nous faudra aller jusqu'à la fin du XVIIe avant d'en recontrer de cette sorte, et quand nous disons de cette sorte, il ne faudrait point entendre cependant que ces documents présenteront un ensemble et des divisions nettement indiqués et formulés, mais ils seront en grand progrès sur leurs prédécesseurs, en ce sens que les chiffres y seront plus nombreux, et qu'en statistique le chiffre est le mot par excellence.

A la fin du XIVe siècle, nous avons résumé en quelques mots les faits les plus saillants de l'histoire du commerce de Nantes depuis les origines jusqu'à cette époque. Notre moisson était pauvre. Quelques indications vagues, éparses çà et là, — c'était tout. Depuis, l'horizon s'est un peu éclairci, nos recherches ont été plus fructueuses, et nous avons recueilli divers documents intéressants. Ces documents, nous venons de le dire, n'offrent point toute l'exactitude et toute la précision désirables, mais tels qu'ils sont cependant, ils forment un ensemble dout il est utile de faire ressortir l'importance et la signification. Agir de même à la fin de chacun des chapitres de ce travail, ce sera poser des jalons dont le faisceau présentera le résumé des diverses phases du commerce de Nantes et des progrès qu'il aura acquis.

Des origines au XIVe siècle, avons-nous dit, nous n'avons eu à signaler que des faits sans suite et en particulier quelques renseignements sur les relations commerciales de Nantes à cette époque. Ces relations, comme on l'a vu, étaient à la fois intérieures et extérieures. Par la Loire, Nantes commerçait avec tout le littoral de ce fleuve ; par l'Erdre (1), la Sèvre (2) et les communications routières, avec toute la Bretagne et les provinces avoisinantes ; par la mer, il entretenait des rapports plus ou moins suivis avec le Danemarck, l'Allemagne, l'Angleterre, la Navarre, le Portugal, l'Espagne, la Savoie et le Levant. Les marchandises sur lesquelles roulaient ces rapports étaient principalement les vins, le sel, les grains, les épiceries, etc., ce qui nous les a fait caractériser par le titre de : *Cabotage des objets de première nécessité.*

Au XVe siècle, nous avons rapporté plusieurs documents prouvant que les affaires de Nantes, avec l'Espagne en particulier, étaient alors importantes, et qu'elles devinrent même la source d'une confrairie commerciale connue sous le nom de *contractation*, et formée entre des marchands de Bilbao et de Nantes, confrairie qui subsista jusqu'en 1732.

Enfin, au XVIe siècle, après une courte dissertation sur la révolution qui allait s'accomplir dans le monde commercial, par suite de la découverte de l'Amérique et

______

(1) La rivière d'Ardre (Erdre) bonne et commode, principalement pour apporter les bleds et les vins. (d'Argentré : *Histoire de Bretagne.*)

(2) Les *Chroniques Annaulx* font foi qu'en 1438, la Sèvre était navigable jusqu'à Clisson.

de la nouvelle route des Indes, nous avons eu occasion de citer en entier une pièce de la plus haute valeur pour notre sujet : la supplique adressée par les habitants de Nantes au roi, contre le sieur de Sanzai, leur gouverneur. Cette supplique, comme nous l'avons déjà dit en la jugeant, est pleine de renseignements intéressants sur le *faict* du commerce à Nantes, au milieu du XVI° siècle. Nous y avons noté en première ligne une appréciation fort sensée du rôle de la Loire comme artère de navigation. Elle prouve que les relations de Nantes n'avaient guère changé depuis la fin du XIV° siècle, mais qu'elles s'étaient agrandies sous l'empire des progrès généraux.

A côté de ces pièces importantes, il nous a été possible de citer un certain nombre d'autres faits moins considérables, mais ayant aussi leur valeur relative, tels que la conclusion de traités de commerce, l'érection du Tribunal de Commerce, celle de la Mairie, l'établissement d'un service de postes avec Paris, celui de deux foires importantes, des ordonnances de levées d'impôts, des mesures de salubrité, des agrandissements topographiques, etc., etc.

En ce qui concerne les faits des deux derniers ordres, les améliorations vont se multiplier de plus en plus ; et nous cesserons désormais d'en tenir note, à moins qu'elles ne s'offrent avec un caractère trop particulier pour être passées sous silence. Le commerce et l'industrie suivront de même un mouvement d'agrandissement que nous étudierons scrupuleusement, en ne laissant échapper aucun renseignement de nature à jeter quelque lumière sur ses diverses phases, et notre tâche, au reste, nous sera rendue plus facile par l'abondance des matières et l'authenticité des documents.

CHAPITRE II.

XVII° SIÈCLE.

I.

En 1603, il vint un assez grand nombre de Portugais s'établir à Nantes. Ils y furent très-mal accueillis. On craignait sans doute qu'ils ne se livrassent au commerce et ne fissent, par conséquent, concurrence aux négociants de la ville qui était en relation avec l'Espagne et le Portugal. On intrigua donc pour les faire renvoyer ; mais Henri IV refusa de souscrire à ces menées, et, cette fois, faisant du despotime au profit de la liberté, déclara qu'il prenait ces Portugais sous sa protection et leur permit de rester à Nantes autant qu'ils le voudraient.

L'année suivante (1604), le roi fit savoir aux négociants de Nantes qu'il était sur le point de conclure un traité avec le roi d'Espagne, et qu'ils pouvaient immédiatement expédier leurs navires pour ce pays.

En 1608, Henri IV établit un impôt de 3 deniers par livre tournois sur les marchandises qui entraient dans le port de Nantes et qui en sortaient. Quelques habitants trouvant cet impôt vexatoire, refusèrent de s'y soumettre et en traduisirent les fermiers devant le présidial. Le bureau de ville eut peur et prit une décision contraire à cet acte ; mais le roi était déjà informé de l'opposition qui avait surgi : par ordonnance du **17** juin de cette même année, il ôta à la ville la jouissance des octrois qui étaient son principal revenu, puis il ordonna au maire de se rendre à la cour. Celui-ci réussit à justifier son administration : la ville rentra dans la possession de ses octrois, mais le présidial fut sévèrement blâmé. Un arrêt du conseil d'Etat cassa la procédure faite à cette occasion, et il lui fut défendu d'en faire de semblables à l'avenir.

D'après nos annales, il n'y avait alors à Nantes qu'un seul fabricant d'eau-de-vie. Il se nommait Bernard.

En **1617**, les Turcs, dont la marine est aujourd'hui si faible, enlevèrent trois vaisseaux nantais à l'embouchure de la Loire. Des réclamations furent adressées au roi pour qu'il voulût bien prendre des mesures propres à réprimer cette piraterie.

En **1620**, eut lieu une importante délibération de la communauté de la ville. « Considérant, disait » cette délibération, que le commerce par la Loire » est tellement ruiné par les droits de toute sorte et » les vexations des seigneurs riverains, que les marchands ont meilleur temps à aller s'approvisionner » à La Rochelle et à transporter leurs marchandises » par terre, arrête qu'il sera nommé dans le sein de » la communauté, un député qui se réunira aux » députés des autres villes sur la Loire, pour demander les liberté et franchise du commerce par » ce fleuve. » **M.** Grandamy, conseiller du roi, secrétaire et auditeur de ses comptes en Bretagne, fut nommé député (1).

(1) *Archives Curieuses* de Verger.

Vers 1626, le cardinal de Richelieu descendit à Nantes, avec le roi, pour dissiper ce qui pouvait rester en Bretagne de la faction des Vendôme qui venaient d'être arrêtés à Blois, tenir les Etats de la province, et se saisir de la personne d'un autre agent de cabales, nommé Chalais (Henri de Talleyrand, sieur de). Tandis que son procès s'instruisait au château (1), Richelieu goûtant un peu de repos, s'occupait des vrais intérêts du pays. Retiré dans une maison de campagne nommée La Haye, située en Sainte-Luce, non loin de Chassais, l'ancienne maison de plaisance des évêques de Nantes, à deux lieues de cette ville ; et pénétré du grand principe que l'association multiplie les forces, il préparait et jetait les bases d'une première Compagnie des Indes. Profitant de sa présence sur les lieux, et voulant utiliser sa bonne volonté, plusieurs particuliers dont nous ne connaissons que les noms, Guillaume de Bruc et Jean-Baptiste Duval seulement, d'après quelques pièces, et en outre le Mareschal et Montmor, d'après le *Mercure Français*, lui avaient soumis le projet d'une vaste société commerciale tant par mer que par terre, et dont le siége serait au hâvre du Morbihan, en Bretagne. Le cardinal qui voyait dans de pareilles combinaisons, le meilleur moyen de vivifier la navigation et le commerce (2), accueillit immédiatement la proposition.

(1) Voir à ce sujet le travail de M. Grégoire, inséré dans la *Revue des Provinces de l'Ouest*, volume de 1854.

(2) Il avait pris, depuis quelque temps, le titre de *Grand Maître, Chef et Surintendant général de la navigation et du commerce de France*, charge qui fut l'origine de nos ministères actuels du commerce et de la marine.

Les statuts ou articles en furent discutés et arrêtés en Conseil d'Etat, et, pour leur imprimer le caractère gouvernemental, Richelieu s'occupa, dans son loisir, à les formuler en édits royaux qui furent expédiés sur le champ aux concessionnaires, et ne tardèrent même pas à être imprimés, pour réaliser plus vite le fonds social et en faire connaître les vraies dispositions qu'on dénaturait à plaisir (1). Avant d'arriver à l'examen de ces édits, qu'il nous soit permis de jeter un coup-d'œil en arrière et de résumer brièvement la situation du commerce de la France au moment où Richelieu cherchait ainsi à lui donner un plus grand essor par la création des compagnies commerciales.

Nous avons dit précédemment que la France n'avait pris qu'une part tardive au magnifique mouvement commercial qui suivit les découvertes maritimes de la fin du XVe siècle, détournée qu'elle en fut durant la première moitié du XVIe siècle par les guerres d'Italie, et durant la seconde moitié par les guerres de religion. Cependant quelques explorations maritimes, entreprises en son nom pendant ces luttes sanglantes, ne furent pas sans succès. Ainsi, en outre du Brésil, que les Bretons et les Normands soutenaient avoir trouvé avant Améric Vespuce, l'an 1504, les Basques, les Bretons et les Normands découvrirent la côte des Morues dite le Grand-Banc. En 1520, trois frères nommés Parmentier, étant partis de Dieppe à l'aventure, abordèrent à Fernambouc où ils chargèrent de riches marchandises. Les mêmes

(1) Dugast-Matifeux, *Le Commerce honorable et son Auteur*, Annales de la Société Académique de Nantes, vol. de 1854.

firent encore un voyage à la côte de Guinée, au cap
de Bonne-Espérance et aux Moluques. En 1524, Jean
Vezarani, florentin, envoyé par François Ier, découvrit la côte d'Amérique, depuis le cap Breton jusqu'à
la Floride et à la Virginie. Dans le même temps, les
capitaines Guérard et Roussel, de Dieppe, abordèrent
au Maragnan. Dix ans plus tard, Jacques Cartier
découvrit le Canada, où un établissement fut fondé
ultérieurement par le sieur de Roberval, gentilhomme
picard. Deux essais de colonisation tentés par l'amiral
de Coligny, l'un au Brésil en 1557, et l'autre à la
Floride en 1564, ne réussirent point, mais laissèrent
cependant une impression morale profonde (1). Le
gouvernement n'accordait à cette époque, aux opérations commerciales, qu'une attention médiocre, absorbé
qu'il était, nous le répétons, par des préoccupations
politiques sérieuses (2).

(1) Voltaire, *Essai sur les Mœurs*, t. 6, p. 172.

(2) Voici au sujet de l'action gouvernementale extérieure sur le commerce à
cette époque, une lettre curieuse écrite par l'amiral de Coligny aux consuls
de la Bourse de Nantes :

« Messieurs, le roy m'ayant commandé d'adviser aux moyens de rendre le
» traffic et commerce qui se faict par la mer, libre et asseuré, et empescher les
» pirateries et larcins qui s'y comettent contre ses subjects, je ne me suys
» pas contenté, pour le désir que j'ay de satisfaire aux commandements de
» Sa Majesté et mesmes en une si bonne occasion important le bien de son
» service, avec l'utilité et prouffict de ses subjects, d'en prendre l'avis des
» capitaines et aultres personnes estans près de moy, n'y d'en escrire à Messieurs
» les vis-amyraulx pour m'envoyer le leur et de ceux qui sont près d'eux,
» mais ay bien voulu en faire des despesches à ceulx des bourses des villes
» de ce royaume qui peuvent avoir interest et qui, par ce moyen, seront
» bien aises de s'estendre et mettre en devoir d'y trouver quelques bons
» expédientz. Et d'autant que je vous tiens de ce nombre là, je vous ay bien
» voulu faire la presente pour vous prier, Messieurs, et surtout que vous
» congnoissiez que cela vous importe, de vouloir appeller avecques vous ceulx

A Henri IV était réservé la gloire de marcher le premier dans une voie féconde où Richelieu, plus tard, le suivit hardiment. Il avait déjà restauré l'industrie, l'agriculture et les finances de la France. Il n'était pas moins désireux de constituer à son pays une marine qui lui manquait. Il commença, pour y arriver, par ordonner à Sully de faire faire une visite générale des ports du pays, principalement de ceux de l'Océan, depuis l'embouchure de la Seine jusqu'à celle de la Charente. On répara ce qu'on put trouver de galères dans ces ports ; on en mit sur les chantiers de nouvelles. Tout le cabotage du royaume était aux mains des étrangers : Italiens, Espagnols, Anglais, Hollandais, Anséates. Henri IV frappa tous leurs navires d'un droit d'ancrage dont il affranchit les nationaux, et il donna un édit dans lequel il prodigua les privilèges à tous

« que vous penserez y pouvoir apporter quelque bonne ouverture, pour
» ensemblement dresser des mémoires bien amples de ce qui vous semblera
» convenable et bon de faire là dessus et me les envoyer incontinant par l'ad-
» dresse de monsieur de Biere, présent porteur, qui vous informera plus am-
» plement de l'intention de sa dite Majesté et mesme sur ce faict, afin que
» les ayant avec les autres que l'on me fera tenir des autres endroitz, je puisse
» sur le tout, avec d'autres que j'y appelleray des mieulx cognoissans dont je
» me pourray adviser, en tirer ce qui se trouvera de meilleur pour servir à
» la seureté du dit traffic et pourvoir à ce que telles pilleries n'arrivent plus.
» En quoy vous vous povez asseurer que je me feray de ma part tous les bons
» offices, ayant votre bien et soulagement en aussi grande recommendasion
» qu'autre de ce royaume. Et en ceste volonté, supplieray Dieu vous avoir,
» Messieurs, en sa sainte garde. De Chastillon, ce VIIe jour de novembre 1571.
   » Votre bien bon amy,

                              » CHASTILLON.
   » A Messieurs les prieur et consulz de la Bourse de Nantes. »
   (Archives de la Mairie de Nantes. — Lettre citée par M. Dugast-Matifeux,
dans son *Etude sur le commerce honorable*, Annales de la Société académique, année 1854.)

les Français qui relèveraient le pavillon marchand national.

En outre, il avait trop d'esprit pour ne pas avoir été frappé de l'influence de la fondation de colonies lointaines, sur le développement du commerce maritime. L'Espagne et l'Angleterre lui donnaient des exemples dont il devait profiter.

Des aventuriers de courage, excités par ses faveurs, allèrent, sous la conduite de De Monts, remonter le Saint-Laurent. Un peu plus tard, Champlain, à la tête d'une petite compagnie de Dieppois, construisit sur les rives de ce même Saint-Laurent, quelques cabanes autour desquelles s'éleva, avec le temps, Québec, la future capitale de l'Amérique française.

On doit encore à Henri IV un contrat de constitution de compagnie pour le commerce des Indes, soit par le Nord, soit par le Sud. Sa mort interrompit l'exécution de ce projet.

De la mort d'Henri IV à l'avènement de Richelieu comme premier ministre, s'étendit une période de complète stagnation commerciale, durant laquelle n'eurent lieu que quelques expéditions isolées (1617 et 1619).

En 1624, époque de l'avènement de Richelieu comme premier ministre, la création d'une marine était, on le peut dire, un vœu national en France. Les efforts d'Henri IV avaient été interrompus par sa mort avant d'avoir pu amener de grands résultats, et faute de flotte marchande et militaire, nous ne pouvions ni entreprendre nos transports, ni défendre nos côtes. Les Anglais, Hollandais, Espagnols, Italiens continuaient à faire tout notre cabotage. Puis, chaque jour, sans qu'il fût possible de faire autre chose que de vaines représentations, c'était à Londres, à Amsterdam, à Lisbonne, à Venise, à Gênes, de nouvelles vexations, de nouvelles avanies pour nos marchands. Les pirates, sur les côtes de Normandie, de Provence et de Bretagne, étaient devenus d'une insolence sans pareille. Ils pénétraient jusque dans l'intérieur des terres, enlevant hommes, femmes, enfants et bestiaux. Les Barbaresques étaient, à vingt et trente lieues dans l'intérieur de la Provence, un sujet de terreur. Ajoutez qu'en certains parages, les riverains ne se faisaient pas faute de prendre part à ces déprédations du littoral et de les aggraver par une connivence publique avec les pirates étrangers. Tout cela soulevait l'opinion publique, et c'était un cri, de Calais à Toulon, qu'il fallait « courir sus aux » voleurs qui bouclaient les mers. (1) »

L'âme de Richelieu vibrait à l'unisson de ces patriotiques sentiments, et vibrait d'autant plus qu'il avait apprécié notre magnifique topographie maritime et les ressources immenses du pays. « Il semble, » disait-il, que la nature eût voulu offrir l'empire de » la mer à la France. »

Pénétré de ce sentiment, il aborda avec sa résolution et sa netteté d'esprit ordinaires, l'entreprise si difficile de créer la marine marchande et militaire de notre pays.

Il commença par ordonner, comme l'avait fait déjà Henri IV, une inspection générale de notre double

(1) Pour le tableau de ce triste état, voyez : Richelieu, Mémoires, t. XXIII, p. 256, et l'*Histoire de la politique commerciale de la France*, de Ch. Gouraud, t. I.

littoral de l'Océan et de la Méditerranée. Les inspecteurs avaient commission de visiter tous les ports, d'y faire inventaire des navires, de dresser une statistique de la population maritime, et de rétablir partout où ils le trouveraient tombé en désuétude, le droit d'ancrage établi par Henri IV.

L'inspection terminée et les documents qu'elle avait amenés remis entre les mains de Richelieu, il en fit sortir une suite de mesures intelligentes, au moyen desquelles les marines militaire et marchande prirent promptement un rapide essor. La Manche, l'Océan et la Méditerranée furent nettoyés des pirates qui les infestaient, et les bâtiments de guerre eurent ordre d'escorter les bâtiments marchands et de leur prêter aide et secours en toute occurrence.

On a vu que les inspecteurs envoyés par Richelieu avaient eu ordre de rétablir partout le droit d'ancrage sur les navires étrangers. Peu de temps après, et quand Richelieu jugea que la marine nationale devenait assez nombreuse pour suffire aux besoins du commerce, il défendit absolument, sous peine de confiscation, de charger ou de fréter aucun navire étranger, soit pour le cabotage, soit pour l'exportation. Pour faciliter la construction des grands navires de commerce, il fit délivrer en don, aux armateurs, des quantités considérables de bois pris dans les forêts de la couronne. Il permit à la noblesse de faire le commerce de mer sans déroger, et promit « de protéger » et desfendre et accroître de privilèges et faveurs » spéciales » tous ceux qui se livreraient « à la » navigation et marchandise, en la manière qu'ils » verraient bon estre. »

Sur la meilleure manière de faire le grand commerce, Richelieu avait des idées très-fortes et très-arrêtées que lui avait suggérées l'exemple de l'Angleterre et de la Hollande, et qu'il s'efforça tant qu'il pût de faire passer dans les mœurs commerciales de son temps : c'était les idées de formation de grandes compagnies et d'établissements de colonies lointaines.

« Pour se rendre maître de la mer, disait-il, il
» faut voir comme nos voisins s'y gouvernent, faire
» des grandes compagnies, obliger les marchands d'y
» entrer, leur donner de grands privilèges, comme ils
» font ; faute de ces compagnies et pour ce que chaque
» petit marchand trafique à part de son bien, et par-
» tant, pour la plupart, en des petits vaisseaux assez
» mal équipés, ils sont la proie des princes nos alliés,
» parce qu'ils n'ont pas les reins assez forts, comme
» aurait une grande compagnie (1). »

Ce qui précède nous ramène tout naturellement aux édits de formation de la Compagnie du Morbihan ; nous disons aux édits, car il y en eût deux : l'un du mois de juillet, l'autre du mois d'août 1626. Le second est la reproduction du premier, corrigé, revu et augmenté. Nous donnons en entier la teneur de ce second édit, estimant que c'est une pièce trop importante de notre histoire commerciale (l'édit est daté de Nantes) pour que nous la mutilions dans une analyse nécessairement incomplète. Nous extrayons

(1) *Mémoires*, t. XXIII, et aussi l'ouvrage de M. Gouraud déjà cité, t. I, p. 193 et suiv.

cette teneur de l'étude déjà citée, de **M. Dugast
Matifeux**, *Le Commerce honorable et son Auteur*, qui
l'a lui-même emprunté à l'exemplaire imprimé du
temps, appartenant aux archives de la mairie de
Nantes et peut-être unique.

Disons, pour l'intelligence du texte qui va suivre,
que le préambule du premier édit contenait que les
propositions agréées par le roi, pour l'établissement
d'une grande compagnie de commerce, lui avaient été
faites par Guillaume de Bruc et Jean-Baptiste Duval,
« tant en leurs noms qu'ayant charge et pouvoir
» spécial d'autres personnes, faisant le nombre de
» *cent*, associés pour ledit commerce... »

Cette explication fournie, nous citons :

« Louis, par la grâce de Dieu, roi de France et
» de Navarre, à tous présents et à venir, salut :
» L'accroissement des Etats et monarchies, l'établis-
» sement assuré de leur grandeur, leur conservation
» contre les desseins que l'ambition et la malice des
» hommes forment à leur ruine, n'a point de plus
» assuré fondement que dans le soin particulier que
» les rois apportent à l'emploi et occupation de leurs
» sujets, aux choses honnêtes et profitables. Toutes
» lesquelles qualités se rencontrent au commerce et
» trafic par mer et par terre qui a principalemeut flori
» en notre royaume et qui a présent semble recevoir
» quelque altération à cause de la piraterie, les
» particuliers marchands n'étant pas assez forts pour
» résister, ni assez riches pour supporter les pertes
» qui arrivent par ces dépradations ou par les nau-
» frages : nous avons très volontiers entendu aux

« propositions et offres pour l'établissement du com-
» merce général tant par mer que par terre, au Levant,
« Ponant et voyages de longs cours, qui nous ont été
» faites par nos chers et bien amés de la compagnie
» appelée de Morbihan ; et après avoir exactement
» et mûrement examiné lesdites offres par personnes
» intelligentes et expérimentées au fait dudit com-
» merce, les avantages et commodités de plusieurs
» demandes exposées par icelles : SAVOIR faisons que
» de l'avis de la reine, notre très-honorée dame et
» mère, de notre très-cher frère le duc d'Orléans,
» premiers officiers de notre couronne, et autres
» grands et notables personnages de notre conseil
» et de notre grâce spéciale, pleine puissance et
» autorité royale, nous avons, par le présent édit,
» perpétuel et irrévocable, confirmé et approuvé,
» confirmons et approuvons pour toujours la Société
» et Compagnie des cent associés, faisant profession
» de la religion catholique, apostolique et romaine,
» à nous proposée pour ledit commerce général, par
» mer et par terre, dedans notre royaume, pays,
» terres et seigneuries de notre obéissance, et dehors,
» Levant, Ponant et voyages de long-cours, sous les
» conditions, priviléges et immunités, franchises et
» libertés ci-après déclarées.

PREMIÈREMENT.

» Lesdits cent associés, l'un pour l'autre et un seul
» pour le tout, sans division ni discussion de biens ni
» de personnes, seront tenus, dans les six mois du
» jour de l'enregistrement des présentes, faire ledit
» établissement du commerce général, de toutes

» sortes de marchandises, tant par mer que par terre,
» Levant, Ponant et voyages de long-cours. Et
» pour y donner commencement, feront un fonds
» de la somme de 1,600,000 livres, qui demeurera
» pour toujours, sans pouvoir être séparé, diminué
» ni pris par ceux de ladite Société ni leurs ayants-
» cause, auquel fonds nous permettons qu'il soit
» ajouté, par chacun an, par ladite Compagnie, pour
» l'accroître et augmenter, la moitié des profits que
» ladite somme apportera. Au nombre desquels cent
» associés, nul étranger et non regnicole ne pourra être
» reçu ni admis, s'il n'a lettres de naturalité bien et
» dûment vérifiées ; et ne pourront lesdits associés
» faire commerce ni trafic de marchandises prohibées
» et défendues, ni icelles transporter hors notre
» royaume.

II.

» Ledit fonds de 1600 mille livres, sera employé,
» savoir : 400 mille livres au moins à la construction
» et équipage de vaisseaux, armes et équipage en
» guerre et marchandise, comme il appartient, et
» prêts à faire voile dans six mois, du jour qu'ils
» seront mis en possession du lieu de leur demeure
» ci-après déclaré. Dans lequel temps, ils fourniront
» l'état de la dépense de ladite somme de 400 mille
» livres, employée à l'achat desdits vaisseaux, desquels
» vaisseaux une partie sera laissée dans le port de
» Morbihan pour la conservation d'icelui, et le surplus
» dudit fonds sera employé à l'établissement dudit
» commerce, achats et paiements des fonds de terre
» ci-après déclarés, des marchandises, constructions
» de maisons, magasins et autres dépenses à ce

» nécessaires : duquel emploi lesdits associés feront
» apparoir, et en bailleront autre état au surintendant
» général dudit commerce dans un an, du jour dudit
» établissement.

III.

» Pour faciliter auxdits associés et Compagnie de
» Morbihan, le moyen d'exercer ledit commerce, nous
» leur avons par ces présentes fait et faisons don du
» havre de Morbihan, rivières de Vannes et Auray,
» tombantes dans ledit havre, îles et îlots qui se
» pourront rencontrer en l'étendue de banlieue dudit
» Morbihan, laquelle banlieue sera mesurée tant du
» côté d'Auray que de Rhuis, à prendre à la pointe
» du port de Navalo autrement dit Morbihan, pour
» y faire leur siége et demeure perpétuelle, avec
» pouvoir d'y édifier et construire une ville pour
» la sûreté de leurs personnes, biens et commerce,
» et de prendre les terres des particuliers proprié-
» taires, qui se trouveront dans l'enclos et enceinte
» de ladite ville seulement, en payant au préalable
» auxdits propriétaires et seigneurs desdites terres
» le prix qu'elles se trouveront valoir et qu'elles
» seront estimées et appréciées, en présence de
» notre procureur-général, ou son substitut des
» lieux, par des experts et gens à ce connaissant,
» dont les parties conviendront, ou à faute de ce
» faire, seront pris d'office par conseillers et commis-
» saires de notre dit Parlement de Rennes à ce faire
» députés, ou juges royaux des lieux, desquels les
» appellations qui s'interjetteront de leur jugement et
» exécution de leur commission, ressortiront en notre
» dit Parlement.

IV.

» Permettons outre à ladite Compagnie desdits
» cent associés, de retirer en notre nom le domaine
» de Rhuis et de Muzillac, remboursant aussi au
» préalable avant qu'entrer en possession ceux qui
» le tiennent par engagement, tant du sort principal
» des sommes qu'ils ont actuellement payées en nos
» coffres, ou qui auront tourné à notre profit, que des
» loyaux coûts, frais et mises ; lesquels domaines nous
» avons, dès à présent, délaissé à ladite Compagnie,
» pour les tenir à perpétuité à pur féage noble, à
» la charge d'en faire la foi et hommage, bailler aveu
» en notre Chambre des Comptes, à chaque mutation
» de roi, et pour en payer, par chacun an, trois
» cents livres de rente ; outre, avons par ces présentes
» affranchi et affranchissons ladite ville et faubourgs
» de tous fouages, crues, taillon, impôts et billots,
» et généralement de toutes impositions mises et
» à mettre.

V.

» Pour la sûreté desquels lieux ne sera par nous
» ni nos successeurs rois, établi aucun gouverneur,
» lieutenant, capitaine, autre que celui de la Société,
» qu'il nous plaira choisir sur le nombre de trois qui
» nous seront présentés, de deux ans en deux ans,
» par ceux de ladite Compagnie, certifiant le grand-
» maître qu'ils sont de la Société.

VI.

» Donnons semblablement pouvoir à ladite Société,
» d'établir en ladite ville de Morbihan un collége duquel

» le principal, régents et professeurs seront de la
» religion catholique, apostolique et romaine, sans
» ne pouvoir admettre d'autres, et de faire tenir
» imprimerie, avec les droits et priviléges dont jouis-
» sent les imprimeurs de notre bonne ville de Paris,
» lesquels ne pourront imprimer livres prohibés et
» défendus, ni aucuns nouveaux, sans priviléges de
» nous, vérifiés en notre Parlement. Comme aussi
» leur avons donné pouvoir de fabriquer navires,
» vaisseaux, fondre canons et balles, faire poudres,
» salpêtres, et autres ustensiles nécessaires à la guerre
» et commerce, dont ils seront tenus d'envoyer un
» état, par chacun an, au superintendant dudit com-
» merce, et sans qu'ils en puissent vendre aux infi-
» dèles et ennemis de l'Etat.

VII.

» Avons octroyé et octroyons, établi et établissons,
» en ladite ville du Morbihan et banlieue d'icelle,
» un marché public par chacune semaine, et deux
» foires franches de quinzaine chacune, aux saisons qui
» seront jugées les plus convenables par le super-
» intendant du commerce, lesquelles toutefois ne
» pourront être établies aux jours que celles de Vannes
» et d'Auray se tiennent ; déclarant toutes marchan-
» dises qui y seront apportées, vendues, achetées,
» rapportées et non vendues, franches de toutes aides,
» subsides, impositions mises et à mettre ; ensemble
» de tous barrages, travers, péages, chaussées,
» truaiges ou acquits, vieux et nouveaux, et autres
» redevances quelconques : voulons que les marchands
» venant et amenant leurs dites denrées et marchan-

» dises, soit par eau ou par terre, jouissent desdites
» exemptions et franchises, tant durant lesdites foires
» que quinze jours avant le cours de chacune, et
» quinze jours après.

VIII.

» Pourront, en outre, ceux de ladite Société, tenir
» banque ouverte, et avoir correspondance pour cet
» effet, au dedans et au dehors de notre royaume,
» et y avoir facteurs et correspondances pour vendre
» et acheter en gros, sans êtres sujets aux visitations,
» ni même prendre congé ni permission des gou-
» verneurs de nos provinces, places fortes, lieutenants
» auxdits gouvernements, ni maîtres et gardes des
» ports et havres, ponts, passages, ou autres quel-
» conques, pour entrer, sortir, vendre ou acheter; à
» la charge néanmoins que leurs ballots et marchan-
» dises seront scellés du sceau de ladite Société, et
» pourront être visités par nos fermiers pour le
» paiement de nos droits accoutumés, et qu'ils ne
» pourront trafiquer de marchandises prohibées et
» défendues par les lois de notre royaume (1).

IX.

» Et davantage, par la démission de notre cousin le
» duc de Montmorency, de la charge d'amiral de
» France, Guyenne et Bretagne, en nos mains, il
» nous est nécessaire d'y pourvoir, selon que l'utilité
» publique, la nécessité de nos affaires et le bien de

(1) On lit, en marge de l'article, ces mots d'une écriture du temps, « sans
» qu'ils puissent être exempts des droits et devoirs de villes. » .

» nos sujets le requièrent, nous avons dès à présent
» supprimé et éteint pour toujours, la charge d'amiral
» de France, Bretagne et Guyenne, avec les gages et
» appointements qui lui étoient attribués, et qu'il
» avoit accoutumé de recevoir en notre épargne, qui
» demeureront par ce moyen éteints et supprimés,
» voulons néanmoins que les ordonnances, droits et
» avantages de l'amirauté subsistent en leur force
» et vigueur, afin que, sous notre autorité, celui qui
» aura la direction du commerce, le puisse plus
» facilement avancer, établir et continuer en notre
» royaume, et pour cet effet nous y avons attribué et
» attribuons les droits d'amirauté, d'ancrage et
» autres établis par nos ordonnances, ou par les édits
» vérifiés en nos Cours souveraines, et qui avoient
» accoutumé de se prendre et lever en notre province
» de Bretagne, afin qu'il les fasse percevoir et employer
» sous notre autorité, selon que le bien de notre
» service le requerra, sans toutefois qu'il puisse être
» rien innové en la perception desdits droits, desquels
» la connaissance demeurera comme par ci-devant
» aux juges royaux des lieux, et par appel en notre
» dit Parlement de Rennes.

X.

» Ordonnons que pour ceux de ladite Société,
» toute sorte de justice et juridiction civile et crimi-
» nelle sera gratuitement exercée en ladite ville de
» Morbihan, sur toutes personnes demeurant en
» ladite ville et faubourgs, soit qu'ils soient étrangers
» ou regnicoles, hors et excepté sur les privilégiés et
» pour les cas royaux, pour raison de quoi l'ordonnance

» et coutume de Bretagne seront gardées. Et que
» ladite juridiction et justice civile et criminelle soit
» comme dit est et gratuitement exercée sur ceux de
» ladite Compagnie, leurs facteurs, commis et
» commissionnaires, en quelque lieu qu'ils soient,
» tant sur mer que sur terre, et ce pour raison des
» contrats et autres actes passés (1), délits et crimes
» commis dans ladite ville et banlieue; et qu'à
» l'instruction des procès criminels il y ait un gradué,
» et trois gradués aux jugements; lesquels gradués
» seront de ladite Compagnie ou résidant en ladite
» ville, ou les lieux plus proches d'icelle, et que de tous
» les jugements, tant civils que criminels, il puisse
» y avoir appel, lequel ressortira et se relèvera en
» notre dit Parlement de Rennes, et néanmoins
» qu'en matière civile les jugements s'exécuteront
» jusqu'à la somme de cinq cents livres par provision
» baillant caution, nonobstant et sans préjudice de
» l'appel : enjoignons à tous huissiers et sergents
» d'exécuter les jugements émanés de ladite Société,
» ensemble tous les actes, traités et contrats passés
» en ladite ville et faubourgs.

XI.

» Voulons que pour l'exercice de ladite justice en
» ladite ville et faubourgs, lesdits associés nous
» présentent jusqu'au nombre de dix personnes de

---

(1) On lit en marge, avec renvoi : « Parce qu'au cas qu'ils soient trouvés
» en tout autre lieu, ils seront justiciables tant en civil qu'en criminel, des
» juges des lieux, sans qu'ils puissent se prévaloir d'aucun autre privilége,
» ains demeurant au droit commun, ni qu'il soit besoin d'avoir aucun
» gradué de leur compagnie pour assister au jugement. »

» leur Compaguie, qui feront ladite justice pendant
» deux ans, et qu'ils élisent pour greffier deux
» personnes d'entre eux, propres et capables pour
» exercer ladite charge de greffier, pendant ledit temps
» de deux ans, lesquels juges et greffier ainsi élus et
» par nous agréés, prêteront le serment entre les
» mains du super-intendant général dudit commerce ;
» et afin qu'il puisse toujours y avoir esdites charges
» des juges expérimentés et informés des procès
» encommencés hors leur temps, sera par chacun au
» fait élection de cinq desdits juges, et d'un greffier,
» qui exerceront avec les cinq et le greffier de la
» précédente élection, ainsi qu'il se pratique en
» l'élection des échevins de notre bonne ville de Paris.
» Et étant très-important et nécessaire pour la conser-
» vation dudit établissement, que ladite justice
» s'exerce en la forme par nous ordonnée, sans qu'il
» y soit innové ni changé, ne pourront les charges
» de ladite justice être mises ni créées en titre
» d'office, ni entrer en aucune vénalité.

XII.

» Donnons en outre pouvoir à ceux de ladite Société
» d'avoir et tenir, sous notre nom et autorité, un
» petit sceau, pour mettre et apposer sur tous les
» jugements qui seront donnés par lesdits juges,
» sur tous contrats entre particuliers, trafics et affaires
» de ladite Société, passés en ladite ville et banlieue,
» lequel sceau sera déposé entre les mains de tel,
» qui sera nommé par chacun an, par le super-
» intendant dudit commerce, sans qu'il puisse prendre,
» ni exiger aucun droit ni émolument pour ledit sceau.

XIII.

» Octroyons et accordons tant auxdits cent associés
» desquels à présent est composée ladite Compagnie,
» soit qu'ils soient ecclésiastiques, gentilshommes
» d'extraction, nobles ou privilégiés, qu'aux autres
» qui entreront en ladite Compagnie et mettront
» en vade leur argent ou autres choses équipolentes,
» qu'ils ne seront et ne pourront être censés ni réputés
» faire acte dérogeant à noblesse ni à leurs qualités
» et priviléges; et quant à ceux desdits cent asso-
» ciés lesquels ne seront d'extraction noble, nous
» voulons qu'ils jouissent des priviléges de noblesse,
» ne faisant aucun acte y dérogeant, pourvu qu'ils
» aient maison en propre en ladite ville et faubourgs;
» et que ceux qui auront leurs pères, aïeuls ou
» bisaïeuls en ladite Société, et ne seront séparés
» avant leur décès, partagent noblement, et soient
» censés et réputés d'extraction noble.

XIV.

» Lesdits cent associés, pour pouvoir acquérir ledit
» privilége de noblesse et autres au commencement
» qu'ils entreront en ladite Société, et à chaque
» mutation, se feront enrôler en un rôle qui sera
» registré au greffe de notre dite Cour de Parlement
» de Rennes, sous peine de déchoir desdits droits et
» priviléges.

XV.

» Pourra ladite Compagnie user du droit de
» représailles envers et contre tous étrangers, après
» toutefois qu'elle en aura fait plainte au surintendant

» général dudit commerce, et reçu l'ordre de nous,
» par lequel ordre seulement ils pourront user dudit
» droit de représailles, après qu'ils auront présenté
» les lettres d'ordre ou de représailles en notre dite
» Cour de Parlement de Rennes (1).

XVI.

» Et pour la commodité du trafic et décharge des
» marchandises qui seront voiturées d'un port à autre
» de notre royaume, seront établis dans les ports et
» havres des gardiens et dépositaires des marchandises,
» qui auront le soin de prendre et recevoir des maîtres
» des navires les marchandises qu'ils auront voiturées
» et conduites dans leurs vaisseaux ; desquelles
» marchandises lesdits gardiens et dépositaires se
» chargeront et bailleront certificat auxdits maîtres de
» navires, ou autres ayant charge d'eux dans lesdits
» vaisseaux, et paieront lesdits gardiens et dépositaires
» le fret du port et voiture desdites marchandises, qui
» leur sera rendu par les propriétaires d'icelles, et
» outre, pour leur peine et vacation, un sou pour
» livre, du prix que se montera ledit fret, ou autre tel
» droit qui sera arbitré avec les marchands.

XVII.

» Pour fournir aux peuplades et conquêtes desdits
» pays, que ladite Compagnie pourra conquérir, nous
» leur permettons et leur sera loisible tirer hors notre
» royaume, tous ceux qui désireront et voudront aller

(1) On lit encore, en marge de l'article, ces mots écrits de la même main : « Parce que leurs biens seront sujets aux dommages qu'en recevroient les mêmes marchands, par les querelles qu'ils feroient avec les étrangers. »

» volontairement auxdites conquêtes et peuplades
» enrôler et armer, comme aussi tous mandiants
» valides et vagabonds de tous sexes et âges, que les
» officiers des lieux où ils seront trouvés, étant requis
» par aucuns de ladite Compagnie, pour assistance
» et main forte, jugeront être tels et propres aux
» armes et travail; enjoignant nosdits juges de forcer
» et contraindre lesdits vagabonds par emprisonne-
» ment de leurs personnes, à se ranger et se laisser
» conduire par ceux de ladite Compagnie, pour servir
» aux affaires dudit commerce, où ils les jugeront être
» propres, et à la charge toutefois à ceux de ladite
» Société de déférer aux appellations qui seront inter-
» jetées de nosdits juges royaux, et de bien user
» desdits mandiants valides et contraints, desquels
» soldats mandiants et contraints ils demeureront
» responsables civilement.

XVIII.

» Pour faciliter auxdits associés et compagnie, les
» moyens et autorité nécessaires pour l'établissement
» dudit commerce général, et choses susdites, nous
» avons iceux associés et compagnie pris et mis,
» prenons et mettons en notre protection et sauvegarde
» spéciale, tant en général qu'en particulier, pour les
» défendre et garder, comme nos bons et loyaux
» sujets, envers et contre tous; et ce faisant, voulons
» et nous plaît que lesdits associés et compagnie de
» ladite ville et banlieue de Morbihan, conquêts,
» vaisseaux, marchandises et autres choses apparte-
» nant à ladite Compagnie, en exécution des présentes,
» ne soient sujettes ni dépendent que de nous et dudit

» surintendant, et non des gouverneurs, grand maître
» de l'artillerie, maître des ports ou autres personnes :
» et que les prises qui seront faites seront présentées
» devant nos juges des lieux, auxquels la connaissance
» en appartient, pour être jugées suivant l'ordon-
» nance, et par appel en notre dite Cour de Parlement
» de Rennes, et demeurera la Société responsable
» civilement de l'abus qui pourroit être fait auxdites
» prises.

XIX.

» Pour ce que, par ci-devant, il a été fait plusieurs
» propositions aux feus rois nos prédécesseurs et à
» nous, pour établir d'autres compagnies sur le fait
» du commerce, sur lesquelles ont été octroyées nos
» lettres de privilége, sans que nous en ayons ni nos
» sujets ressenti aucun effet, nous avons icelles lettres
» révoqué et révoquons au cas qu'elles n'aient été
» registrées où besoin étoit, ni exécutées.

XX.

» Et d'autant que l'expérience nous fait connaître
» que toutes nouvelles entreprises, quelque bonnes et
» utiles qu'elles soient, esquelles plusieurs sont
» intéressés, demeurent ordinairement sans effet,
» sans passer plus outre que la proposition, si elles
» ne sont conduites et soutenues par des personnes
» d'autorité, intelligentes, expérimentées, portées
» d'affection au bien public et douées d'une singulière
» probité ; considérant que toutes ces louables quali-
» tés résident en la personne de notre très-cher cousin
» cardinal de Richelieu, nous avons par ces présentes,
» créé, institué et établi, créons, instituons et

» établissons notre dit cousin cardinal, grand maître
» et surintendant général dudit commerce, auquel
» nous avons donné et donnons tel pouvoir et autorité
» qu'il est requis, pour rétablir le commerce dans
» cetui notre royaume, icelui avancer et faire subsister
» par bon ordre, et par toutes sortes d'établissements
» à ce nécessaires, avec charge et pouvoir exprès de
» faire exécuter le contenu des présentes, icelles faire
» inviolablement garder et observer.

XXI.

» Promettons en bonne foi et parole de roi, avoir
» pour agréable, tenir ferme et stable, toutes les
» choses par nous promises et accordées par ces pré-
» sentes, à condition que lesdits associés et compagnie
» exécuteront et accompliront de leur part ce qui les
» concerne. Si nous donnons en mandement, à nos
» amés et féaux conseillers, les gens tenant notre
» cour du Parlement de Bretagne à Rennes, Chambre
» de nos comptes, trésoriers de France, et généraux
» de nos finances, établis à Nantes, et à tous nos
» justiciers et officiers qu'il appartiendra, que celui
» notre édit ils fassent lire, publier, et registrer, et
» du contenu en icelui laissent jouir et user pleine-
» ment et paisiblement lesdits cent associés et compa-
» gnie, en général et en particulier, sans y apporter
» aucune modification ni restriction, nonobstant
» quelconques édits, ordonnances, mandements,
» défenses et lettres à ce contraires; et d'autant que
» lesdits cent associés pourroient avoir affaire des
» présentes en plusieurs et divers lieux, nous voulons
» qu'au vidimus d'icelles, duement collationnées par

— 82 —

» l'un de nos amés et féaux conseillers et secrétaires,
» foi soit ajoutée comme au présent original. En
» témoin de ce, nous avons fait mettre notre sceau
» auxdites présentes, sauf en autres choses notre droit
» et l'autrui en toutes.

» Donné à Nantes, au mois d'août, l'an de grâce
» mil six cent vingt et six, et de notre règne le
» dix-septième.

» Signé   LOUIS.

» Et plus bas, par le roi :

» POTTIER.

» Et scellé du grand sceau de cire verte, à lacs de
» soie rouge et vert. »

Que devint cet édit remarquable pour le temps et
empreint, certainement, de l'esprit des fondations
durables ? Son exécution se brisa contre la résistance
égoïste de la haute magistrature bretonne, combinée
avec les préjugés de caste et les intérêts de clochers
froissés. Il ne fut jamais confirmé, ni approuvé par le
Parlement. Voici ce qu'on lit, au reste, à ce sujet, dans
les *Mémoires* de Richelieu, par Petitot :

« Il y a un troisième édit, dit-il (en parlant des édits
» présentés au Parlement après le séjour du roi à
» Nantes), qui est celui du Morbihan, que toute la
» France recherche, que tous les étrangers redoutent et
» dont l'exécution seule est capable de remettre le
» royaume en sa première splendeur.

» Cet édit était pour l'établissement d'une compagnie
» de cent associés pour le commerce de toutes sortes de
» marchandises, tant par mer que par terre, en

» Ponant, Levant et voyages de long-cours, par
» lequel ils faisaient fonds de seize cent mille livres,
» avec la moitié des profits de ladite somme pour
» l'augmenter continuellement.

» Ils devaient faire le siége de leur Compagnie à
» Morbihan qui est un des plus beaux ports du
» monde, où le roi leur permettait de bâtir une ville
» avec beaucoup de priviléges..... Le bruit de cet
» établissement alarmait déjà les Anglais et Hollan-
» dais qui craignirent que le roi, par ce moyen, se
» rendit bientôt maître de la mer. L'Espagne n'avait
» pas moins peur pour ses Indes.

» Le Parlement qui, selon les privilèges de la
» province, ne doit vérifier aucun édit que les Etats
» ne l'aient approuvé, leur renvoya celui-ci, pensant
» qu'ils le refuseraient; mais eux, qui sont composés
» de trois corps, les deux principaux desquels sont
» l'Eglise et la Noblesse qui n'ont point d'intérêt que
» celui du public et la grandeur de l'Etat, trouvèrent
» cet édit si avantageux, que non seulement ils le
» reçurent, mais députèrent vers le roi pour lui en
» rendre grâces.

» Le Parlement en fut si offensé qu'il leur témoigna
» que dorénavant il ne leur enverrait plus demander
» leur avis, puisque, ne s'étant pas voulu contenter
» de le lui mander, ils s'étaient avancés jusque là que
» de l'avoir approuvé et envoyer en remercier le Roi,
» et, en effet, ne voulurent jamais vérifier, empêchant
» seuls un si grand bien pour le dommage qu'il leur
» semblait recevoir de la distraction des causes de cette
» compagnie, qui leur eussent apporté de grands
» profits. »

A l'appui de cet extrait des *Mémoires* de Richelieu, M. Dugast, dans l'étude déjà citée, a inséré quelques pièces inédites qui ont naturellement leur place dans cet ouvrage. La première en date est une lettre adressée au procureur syndic de la ville de Nantes, par le substitut du procureur syndic des Etats de Bretagne, sur la marche à suivre pour s'opposer à l'exécution de l'édit relatif à l'établissement du commerce au hâvre du Morbihan ; elle est ainsi conçue :

« Monsieur,

» Je vous envoie ce messager exprès pour vous
» donner avis que la Cour doit délibérer, lundi pro-
» chain sans remise, sur l'édit du Morbihan, et que
» j'ai appris qu'outre l'opposition de messieurs des
» Estats, il est à propos que les communautés les
» plus intéressées en cet établissement, s'émeuvent
» pour l'empêcher ; et pour ce que la vôtre est l'une
» de celles qui en recevroient davantage d'incommo-
» dité, je crois que vous viendrez, ou quelque autre
» de votre corps, dans ce temps-là, pour y apporter
» l'ordre nécessaire. Cependant, vous serez informé
» de la teneur dudit édit par le double que je vous
» envoie, avec l'ordonnance de mesdits sieurs des
» Estats sur ce sujet, suivant laquelle je vous fais cette
» dépêche, et vous supplie de me croire toujours,
» comme je suis, votre très-humble serviteur,

» CORVILLON ,
» *Substitut de M. le procureur syndic des Estats.*
» A Rennes, ce 8 mars 1627. »

Cette lettre qui semble avoir été une sorte de cir-

culaire, fut suivie d'une requête adressée au **Parlement**
par les villes de Nantes, Rennes et Saint-Malo. La voici :

« A nos Seigneurs de Parlement,
» Supplient humblement les nobles bourgeois et
» habitants des villes de Nantes, Rennes et Saint-Malo,.
» Disant que, sur l'avis donné en l'assemblée des
» gens des trois Estats de ce pays de plusieurs novallités
» préjudiciables à la province, et singulièrement de
» l'establissement de certaine société et compaignie
» de commerce au hâvre de Morbihan par édit parti-
» culier de cet effet, il aurait été conclu en l'assemblée
» desdits Estats, qu'il serait en leur nom, et par leur
» procureur syndic, envoyé copie dudit édit à mes-
» sieurs les prélats, chapitres principaux, de la
» noblesse et aux communautés, pour voir ce que se
» trouverait contraire aux droits, franchises et libertés
» de la province, pour, à la prochaine assemblée,
» prendre telle résolution qu'ils voiroient estre à faire,
» et au cas qu'avant ladite assemblée, ledit traité fût
» présenté en la Cour, charger leur procureur syndic
» de requérir la surséance de la vérification, jusqu'à
» ce que le tout eût été représenté auxdits Estats,
» ensuite de laquelle résolution, et sur ce que la
» vérification d'icelui édit et establissement aurait été
» poursuivie, le procureur syndic desdits gens des
» Estats auroit, par requête présentée à cette fin,
» requis la surséance de ladite vérification jusqu'à ce
» que ledit édit eût été représenté et vu en l'assemblée
» prochaine, qui se tiendra, d'autorité du roy desdits
» Estats, et, ce pendant, formé opposition contre la
» vérification et outre, aurait ledit procureur syndic,

» ou ceux qui agissent en son absence, envoyé depuis
» peu aux suppliants copie dudit édit et establissement
» de ladite Compagnie de commerce au Hâvre et environ
» de Morbihan, par la vue et lecture duquel encore
» que les suppliants et un chacun reconnoissent sen-
» siblement que telle novallité traîne avec soi des
» ruines et préjudices insupportables, à quoi il sera
» impossible d'apporter ci-après le remède, si elle
» demeurait autorisée ; en quoi l'intérêt du général
» de la province, des communautés et des particuliers
» est tellement mêlé, qu'à peine se peut-il disjoindre
» et séparer, si bien qu'en une affaire de ce poids et
» de cette conséquence, ils sont en la recherche et
» disquisition des mémoires et instructions qu'ils
» peuvent fournir en ladite assemblée prochaine des-
» dits Estats, en l'endroit de la représentation et
» examen qui s'y doit faire d'icelui édit, suivant même
» les priviléges accordés à la province de temps en
» autre, où ils espèrent faire voir à l'œil et toucher
» au doigt qu'il ne s'est oncques présenté novallité
» de conséquence plus fâcheuse et ruineuse que celle-
» là ; en sorte qu'il ne se peut faire que la bonté du
» roy les éconduise des supplications qu'ils lui pour-
» ront faire sur ce sujet. Mais d'autant que les
» suppliants ont eu avis, il y a peu de jours, qu'on
» devoit délibérer sur ledit establissement, ils ont cru
» être obligés de joindre leur requête avec celle desdits
» gens des Estats, ne se pouvant faire que les membres
» ne se ressentent de l'affliction et incommodité du
» corps, et, ce faisant, de requérir comme ils font ;
» ce considéré,

» Vous plaise, nos seigneurs, voir l'ordonnance

» desdits Estats ci-attachée, ordonner que ledit édit
» sera représenté et vu en leur assemblée prochaine,
» qui sera convoquée d'autorité de Sa Majesté ; qu'il
» sera jusques à ce, tardé de délibérer sur la vérifica-
» tion d'icelui, et ce pendant, recevoir l'opposition
» formelle que font les suppliants contre ladite vérifi-
» cation, exécution dudit édit et tout ce que se
» pourroint faire en suite et conséquence d'icelui, et
» de ladite opposition leur décerner acte, et ferez
» bien. »

Aussitôt après la réception de cette requête, et d'une
autre présentée par la ville de Hennebon, le Parlement
rendit l'arrêt suivant, autorisant la communication de
l'édit aux gens des trois Etats de la province et aux
procureurs syndics des quatre villes opposantes, ce
dont celles-ci n'avaient guère besoin puisqu'elles en
avaient déjà reçu copie par l'intermédiaire du substitut
Corvillon :

Extrait des registres du Parlement.

« Ont été vues, chambres assemblées, les lettres
» patentes du roy, en forme d'édit, données à Nantes
» au mois d'août 1626, signées Louis, et plus bas,
» par le roy POTIER, et scellées du grand sceau de
» cire verte à lacs de soie verte et rouge, par lesquelles
» Sa Majesté établit, approuve et confirme une société
» de cent associés au port de Morbihan, en cette
» province, pour le commerce général par mer et par
» terre, dedans et dehors le royaume, Levant, Ponant
» et voyages de long-cours, sous les conditions,
» priviléges, immunités, franchises et libertés déclarées

» par ledit édit, ainsi qu'il est plus à plein contenu
» par icelui ; trois requêtes du procureur syndic des
» gens des trois Estats en ce pays, tendantes à avoir
» communication dudit édit, et d'être reçus opposants
» à la vérification d'icelui ; ordonnance desdits gens
» des Estats, du 19 mai audit an, attachée auxdites
» requêtes ; deux autres requêtes, l'une présentée par
» les bourgeois et habitants des villes de Nantes,
» Rennes et Saint-Malo, et l'autre par les bourgeois
» et habitants de la ville de Hennebon, à ce que ledit
» édit soit vu et représenté en la prochaine assemblée
» desdits gens des trois Estats, qui sera convoquée
» d'autorité de sa dite majesté, et jusques à ce, qu'il
» soit tardé de délibérer sur la vérification d'icelui ;
» cependant recevoir leur opposition formelle contre la
» teneur et exécution, et leur en décerner actes ;
» conclusions de l'avocat-général du roi.
» Et sur ce délibéré, a été arrêté que ledit édit sera
» représenté aux gens des trois Estats de ce pays en
» leur prochaine assemblée, pour eux ouïs, et lesdits
» habitants de Nantes, Rennes, Saint-Malo et Henne-
» bon, être ordonné ce qu'il appartiendra. Ce pendant,
» ledit procureur des Estats et ceux desdites commu-
» nautés pourront prendre communication et copie
» dudit édit, par les mains du greffier.
» Fait en parlement, à Rennes, le 15 mars 1627.
» MONNERAYE. »

Après avoir dressé subrepticement toutes ces oppositions de clochers, le Parlement renvoya, d'après le droit public de la province, l'édit du Morbihan aux Etats qui se réunirent de nouveau à Nantes, sur la fin de l'année suivante, espérant qu'ils l'enterreraient pour lui. Mais ceux-ci, trompant son attente, arrêtèrent, après en avoir délibéré :

« 1° Que par leurs députés Sa Majesté seroit très-
» humblement remerciée de l'établissement désigné
» audit Morbihan, et suppliée qu'en continuant ses
» bienfaits à la province, pour y autoriser d'autant
» plus le commerce, de leur donner déclaration, par
» laquelle unissant d'effet, comme de situation, la com-
» munauté de Morbihan aux droits de la province, il
» fût dit que la communauté seroit obligée d'assister
» à la tenue des Etats par ses députés, et représentée
» par une des communautés de ladite province ;
» 2° Que les cent associés ne pourront prétendre
» aucun commerce prohibitif aux autres villes et habi-
» tants de la province, soit de denrées ou de lieu,
» dedans ou dehors le royaume ;
» 3° Que les défenses de commerce qu'il plaira
» faire à Sa Majesté, selon les occurrences, seront
» publiées et observées audit Morbihan, tout ainsi
» qu'aux autres ports et havres du royaume ;
» 4° Que la juridiction spirituelle demeurera à
» l'évêque diocésain, et la juridiction temporelle des
» terres concédées auxdits associés, outre l'enclos dudit
» Morbihan, demeurera sujette aux juges ordinaires,
» dont les choses relèvent ; et, pour l'appel, au pré-
» sidial de Vannes et Parlement de Rennes, comme
» il est accoutumé. Et pour l'enclos des faubourgs de
» la ville, distrait par l'édit de la juridiction ordinaire,
» les juges dont ils relevoient en seront indemnisés
» par Sa Majesté, ou lesdits associés ;

» 5° Que, lors de l'établissement, les originaires de
» la province seront préférés, voulant être du nombre
» des associés portés par l'édit, sans que néanmoins
» aucuns des non-originaires de ladite province en
» puissent être exclus, après y avoir été admis lors
» dudit établissement ;

» 6° Et M. le cardinal de Richelieu supplié, au
» nom de la province, qu'ainsi qu'il a contribué
» ses conseils et ses soins pour ledit établissement
» de Morbihan, dont il sera très-humblement remercié,
» qu'il lui plaise faciliter l'obtention de la présente
» déclaration.

» Fait en l'assemblée des Etats, le 27 janvier
» 1628 (1). »

Nous avons vu plus haut, par les paroles de Richelieu lui-même, comment le Parlement reçut cette délibération des Etats. Jamais, nous le répétons, il ne voulut vérifier ni enregistrer les édits, réduisant ainsi à néant une pensée qui, menée à bonne fin, fut sans doute devenue pour la province une source de prospérité et de grandeur.

L'échec de la Compagnie de Morbihan ne découragea pas cependant Richelieu, à ce qu'il paraît, car il fit approuver par le roi diverses autres associations commerciales, comme la *Compagnie de la nacelle de Saint-Pierre fleurdelysée* (2), la *Compagnie pour l'île Saint-Christophe*, etc., etc.

(1) Le *Mercure Français*, tom. XIV, pag., tom. 140-42.

(2) Les statuts de cette compagnie se trouvent dans les *Mémoires* de Mathieu Molé, publiés récemment.

II.

Le blé fut très cher à Nantes en 1630. Son prix s'éleva jusqu'à 18 livres le setier. Le bureau de la ville obtint d'en importer jusqu'à concurrence de 500 tonneaux. Il fit aussi marché avec un individu qui devait en fournir 2,000 setiers. L'année suivante, les prix continuèrent à se maintenir très élevés. Le pain de seigle se vendait jusqu'à 2 sous la livre, prix excessif pour l'époque.

Richelieu avait sans doute conservé de grandes idées sur la Bretagne et sur Nantes en particulier, — idées que d'incessantes préoccupations politiques l'empêchèrent de mûrir et de formuler en projets, — car en 1632 il se fit donner par lettres patentes le gouvernement de cette province. Les termes de ces lettres patentes sont intéressants à connaître ; les voici :

« Louis, par la grâce de Dieu, etc., etc., Nostre
» province de Bretaigne estant la plus propre et la
» plus commode pour le trafic et commerce de mer
» avec toutes les parties de la terre, cette considération,
» entre autres, nous a convié à en donner le gouver-
» nement à nostre très-cher et très-amé cousin le
» cardinal de Richelieu, duc et pair de France, par
» les conseils et ministères duquel nous avons dessein
» de restablir un jour ledit commerce avec une
» puissance maritime convenable à la dignité de nostre
» couronne, grandeur et richesse de cest état, ayant
» à cest effet cy-devant establi nostre cousin grand

» maître, chef et surintendant de la navigation et
» commerce de France où il a apporté déjà des ordres
» qui donnent très-bon commencement à ce dessein ;
» l'exécution duquel désirant promouvoir et lui rendre
» d'autant plus facile, nous avons eu agréable, avec
» le gouvernement de ladite province qu'il ait encore
» celui des nos villes et chasteau de Nantes, *laquelle*
» *estant située assez proche de la mer et en la rivière*
» *de Loyre, est plus propre qu'aucune autre de la*
» *province à establir un grand commerce au bien et*
» *advantage de nostre royaulme qui en pourra tirer de*
» *grandes commodités par le moien de ladite rivière*
» *de Loyre, même pour les villes les plus éloignées de*
» *la mer*, etc., etc. Signé Louis. (2 mars, 1632) (1). »

Quelques jours après, le 8 mars, d'autres lettres
patentes accordèrent au cardinal le droit de résigner le
gouvernement de la Bretagne en faveur d'une autre
personne qui commanderait en son nom. Richelieu
choisit messire de la Porte, marquis de la Meilleraye.

On aura remarqué, sans doute, le rôle important
que les lettres patentes citées quelques lignes plus
haut assignaient à la Loire. Voilà la seconde fois que
nous trouvons ce rôle apprécié de la même façon. La
première fois, c'était dans la supplique adressée au
roi, en 1556, par les habitants de Nantes, contre les
exactions du sire de Sanzai, commandant de la ville.
Nous aurons encore occasion, avant peu, de signaler
une autre appréciation du même genre.

Par une pièce appartenant à l'année 1634 et

(1) *Preuves* de Travers.

citée dans les *Archives Curieuses* de Verger, nous voyons qu'à cette époque les navires qui remontaient la Loire subissaient toutes sortes de vexations de la part de certains riverains et notamment à Port-Launay.

En 1635 fut publiée la défense de ne mettre en mer aucun bâtiment à moins qu'il ne fût armé. La même année, on établit une poste aux lettres avec deux courriers par semaine pour Paris. Les lettres furent taxées, celles de demi-feuille à 2 sous, d'une feuille à 3 sous et les paquets d'une once à 5 sous. Le sieur Morin, entrepreneur de cette poste, reçut de la ville 800 livres à titre d'encouragement.

Beaucoup de Portugais venaient à cette époque chercher fortune à Nantes, comme sous le règne de Henri IV. Il y eut à leur occasion, en 1636, une émeute sérieuse que le bureau de ville eut beaucoup de peine à réprimer. Les Nantais, poussés sans doute par quelques influences occultes, en étaient venus à considérer commes volées les richesses que les Portugais se procuraient par leur industrie, et voulaient les chasser de la ville, — C'était une singulière façon de comprendre la liberté du commerce.

En 1643, le pain de fleur de froment valait 2 sous et demi la livre, celui de méteil 1 sous et demi et celui de seigle 1 sous 4 deniers. La communauté de ville fit acheter des blés à Dantzick pour amoindrir la disette et les revendit à prix coûtant. Le froment valait alors 13 à 14 livres le setier.

C'est vers la même année que fut commencé la construction de la première bourse. L'adjudication en fut donnée à un nommé Élie Brosset, moyennant .

8,300 livres (1). Ces travaux, en s'exécutant, excitèrent encore les négociants à former une société de commerce sur un plan conforme à celui de la compagnie du Morbihan. Des conférences eurent lieu entre eux et le maréchal de la Meilleraye, leur gouverneur, qui conservait toutes les traditions de Richelieu, et ne demandait pas mieux que de revenir à la charge une seconde fois.

On arrêta que la compagnie prendrait pour titre le nom même du bâtiment qui s'élevait et qu'elle s'appellerait *Société de la Bourse commune de Nantes*. Le maire de la ville, Christophe Juchault des Blotreaux, qui était en même temps président de la chambre des comptes de Bretagne, et le sous-maire Julien Gauvain de la Jousselinière, riches marchands, acceptèrent d'en être directeurs, et le maréchal se chargea d'obtenir pour elle le concours et l'approbation du gouvernement. En conséquence, des lettres-patentes du roi furent expédiées portant permission aux officiers et nobles de faire, avec les marchands, société en la ville de Nantes pour le commerce, sans déroger à leurs droits et privilèges. Sur la représentation qui en fut faite au bureau de ville, le 6 mars 1644, on ne prit à leur égard aucune résolution, craignant sans doute que le

---

(1) M. Hawke a dessiné, pour l'*Histoire de Nantes* de M. A. Guépin, les restes de cette bourse qui se trouvaient dans la cour d'une maison de la rue de la Fosse.

Jusqu'en 1640, Nantes, quoique déjà fort commerçant, n'avait point encore d'hôtel des marchands.

On est porté à croire, suivant une inscription citée par Fournier : *Histoire lapidaire de Nantes*, que la Bourse construite en 1641 fut agrandie en 1668. Fournier donne également dans son ouvrage l'inscription se rapportant à la première Bourse construite par Elie Brosset.

Parlement se refusât à les enregistrer. On se borna simplement à en décerner acte, puis on arrêta : « Que de la part de la ville, la vérification en serait sollicité au Parlement, et que, pour cette cause, on députerait noble homme Jean Callo, sieur de la Ramée, avocat en la cour, procureur syndic de ladite ville. »

Voici d'après Huet de Coetlisan, quels étaient en substance les statuts de cette société (1).

« Le nombre des actionnaires était illimité, et
» ceux des villes étrangères pouvaient y être admis.
» La Société devait durer 20 ans et être administrée
» par neuf directeurs, un caissier et un teneur de livres,
» nommés par la Compagnie. Tout intéressé pour
» 3,000 livres avait voix délibérative, et toute ville
» ou communauté qui s'était rendue actionnaire pour
» 60,000 livres pouvait avoir un représentant qui
» jouissait de l'autorité d'un directeur. Les directeurs
» étaient exclusivement chargés de toutes les affaires ;
» ils ne pouvaient, pour leur propre compte, faire en
» même temps les mêmes expéditions que faisait la
» Compagnie, ni employer les vaisseaux de leurs
» collègues que pour les voyages de Terre-Neuve. Enfin
» le dividende devait être constaté quatre ans après
» l'établissement ; la moitié des bénéfices seulement
» répartie ; l'autre moitié accroissait le capital ; et
» depuis cette première répartition, les profits devaient
» se partager tous les deux ans. »

On voit que cette compagnie était un calque fidèle

(1) Recherches économiques, p. 186.

de la conception de Richelieu. Le maréchal et ses associés avaient purement et simplement superposé leur étoffe à la forme du cardinal. Mais ce qui était arrivé au plan de Richelieu arriva également au projet du maréchal de la Meilleraye. En effet, le solliciteur Jean Callo s'en revint de Rennes comme il était allé ; et à la date du 19 novembre 1645, le bureau de ville arrêtait d'envoyer un nouveau procureur syndic pour voir s'il serait plus heureux. « Noble homme Louis Coupperie , sieur des Landes, » fut choisi à cet effet. Ce nouveau député échoua comme son devancier ; et devant ce mauvais vouloir persistant du Parlement, le bureau de ville, dans une assemblée extraordinaire tenue le 23 décembre 1645, se détermina à se passer de lui en recourant au Grand Conseil. La délibération qui motiva cet arrêté est trop caractéristique pour être omise :

« Sur ce qui a été représenté à l'assemblée par M. le
» Maire, que le Roi, ayant accordé à la communauté
» de Nantes, par lettres patentes données à Paris au
» mois de janvier 1644, le pouvoir de faire une
» société et compagnie pour exercer la navigation et le
» commerce et permis aux officiers et nobles d'y entrer
» sans préjudicier aux priviléges accordés à leurs
» conditions et qualités ; lesquelles lettres patentes
» auraient été ci-devant présentées au parlement de
» ce pays, pour y être vérifiées, suivant l'attribution
» lui faite par lesdites lettres, ce que ledit parlement
» aurait refusé par son arrêt du 8 avril 1644, depuis
» lequel S. M. a envoyé au Parlement ses lettres
» portant jussion de vérifier lesdites lettres patentes

» du mois de janvier 1644, qui furent présentées au
» Parlement, en la séance d'août 1644, lequel fit
» refus d'opiner sur icelles, et depuis, le roi ayant
» envoyé lettres de casse adressantes audit Parlement,
» afin de l'obliger de passer outre à la vérification
» desdites lettres patentes, il a éludé l'intention de
» S. M. pour un arrêt de renvoi du 15 février du
» suivant semestre, au moyen de quoi, Monseigneur
» le maréchal de Meilleraye, notre gouverneur, à la
» prière de ladite communauté de Nantes, aurait pris
» la peine d'obtenir lettres de S. M. portant adresse
» au Grand Conseil pour la vérification d'icelles; c'est
» pourquoi mondit sieur le Maire a représenté à
» l'assemblée qu'il est à propos de délibérer sur cette
» affaire et de donner une procure à un procureur du
» Grand Conseil pour solliciter la vérification desdites
» lettres patentes, si l'assemblée le juge utile et
» expédient.

» Et l'affaire mise en délibération, et sur ce ouï le
» procureur syndic, de l'avis commun de ladite
» assemblée a été résolu et arrêté de requérir et
» demander à nos seigneurs du Grand Conseil la
» vérification desdites lettres patentes, et, pour cet
» effet, elle a institué et institue pour procureur
» M..., procureur au Grand Conseil, avec tous
» pouvoirs pertinents quant à ce promettant avoir
» agréable ce qui sera fait et géré par ledit procu-
» reur, etc. »

Ces lettres patentes ayant été enregistrées au grand
conseil, le 30 janvier 1646, conformément au vœu du
bureau de ville et du commerce de Nantes, elles

furent enfin consignées et déposées dans les archives de la mairie, le 10 juin suivant.

On ne connaît pas bien toutes les vicissitudes de *la société de la Bourse commune de Nantes*. On sait cependant, par Dufresne de Francheville (1), que le maréchal de la Meilleraye en devint ouvertement le chef et qu'elle fit, pendant près de 10 ans (de 1654 à 1664), le commerce avec Madagascar, ayant succédé, dans tous ses droits, à la compagnie fondée, en 1642, par le capitaine Ricaut.

Le retour d'un des vaisseaux que cette société avait expédié pour Madagascar, coïncida avec l'établissement de la grande Compagnie des Indes-Orientales de Colbert, et fournit aux partisants de cet établissement une raison de fait puissante.

« En ce temps-là, dit l'académicien Charpentier (2), » un vaisseau venant de Madagascar était abordé en » Bretagne, au Port-Louis. Ce vaisseau, qui appartenait » au maréchal de la Meilleraye, était parti de la » rivière de Nantes le 29 mai 1663, et après avoir » heureusement fait son voyage, était revenu le 18 » mai 1664, n'ayant employé que onze mois et vingt « jours depuis son départ jusqu'à son retour. Il était » chargé de quantité de cuirs, de cire et de bois » d'ébène ; il avait aussi apporté quelques pierreries, » et de tous les hommes de l'équipage, il n'en était » mort qu'un seul. » Les syndics de la Compagnie des Indes firent appeler à Paris, le capitaine de ce

(1) *Histoire de la Compagnie des Indes.*

(2) Relation de l'établissement de la Compagnie pour le commerce des Indes-Orientales.

navire, le sieur de Quercadio, et en eurent toutes
sortes de renseignements sur l'état de Madagascar. Ils
l'engagèrent même ultérieurement au service de la
Compagnie.

III.

Le mauvais vouloir qu'avait montré le Parlement à
l'endroit de la *Société de la Bourse commune de Nantes*,
à l'époque de son établissement, n'avait pas été sans
lui susciter, on le pense bien, de nombreuses inimitiés.
L'égoïsme de la robe, les préjugés de la noblesse,
les jalousies de clochers, l'antipathie de la concurrence
se liguèrent en effet contre elle. Une sorte de manifeste
anonyme fut même publié et répandu. Il blâmait l'entreprise, cherchant à mettre en lumière tous les
désavantages qu'elle pouvait présenter à un certain
point de vue. Il importait d'y répondre : l'ouvrage
connu sous le nom de *Le Commerce honorable* (1)
naquit de cette pensée. A diverses reprises déjà, nous
avons fait des emprunts à une étude érudite et con-
sciencieuse que ce livre, fort remarquable pour son
temps, a inspirée à M. Dugast Matifeux. Nous pensons
aussi, comme M. Dugast, que ce livre mérite d'être
plus connu qu'il ne l'est, sans doute à cause de son
excessive rareté, et nous avons jugé qu'un rapide
coup d'œil analytique jeté sur lui ne serait point

---

(1) *Le Commerce honorable ou considérations politiques contenant les
motifs d'honneur et de profit qui se trouvent à former des compagnies de
personnes de toutes conditions pour l'entretien du commerce de mer en France,*
composé par un habitant de la ville de Nantes. — Nantes, Guillaume
Le Monnier, 1646.

déplacé dans ce travail, — d'autant plus que la publication de ce livre se rattache à une page intéressante de la vie commerciale de Nantes.

Le Commerce honorable se divise en trois parties.

Dans la première, l'auteur expose l'état général du commerce français à cette époque et en dresse une sorte de statistique (3) ; il le montre presque tout anéanti et tiré de la main des nationaux par leur incurie. Il rapporte les causes principales et les effets de ce désordre ; les causes provenant de notre nonchalance et de la vigilance des étrangers. Or, cette nonchalance tient, dit-il, à ce que « les François se » sont, de très-long-temps, formé une mauvaise idée » du commerce, qu'ils considèrent comme le partage » des âmes basses et l'objet de l'avarice plutôt que » de la générosité des hommes... »

Dans la seconde partie, l'auteur cherche à relever l'esprit et le cœur des Français, par de généreux motifs, pour rétablir leur grand négoce, c'est-à-dire la marine marchande et le commerce maritime. Il tire ses arguments de considérations remarquables sur l'influence qu'exerce le commerce sur les progrès de la puissance des Etats, des sciences et des arts, citant à l'appui de sa thèse quelques traits de l'histoire du commerce dans l'antiquité. Cette seconde partie se termine par une énumération fort bien entendu et très-intéressante des avantages de la France sur les autres pays de l'Europe, pour le commerce maritime, et par un historique curieux des succès obtenus par les Français dans les voyages et conquêtes de mer.

---

(3) Nous aurons avant peu occasion de faire un emprunt à cette statistique.

Dans la troisième et dernière partie, l'auteur propose les moyens généraux et certains de restauration du commerce national. Le principal est l'établissement des sociétés et bourses communes de négoce, — ce qu'on appellerait de nos jours l'association des hommes et des capitaux. Il prouve par des citations que cet établissement de sociétés de commerce ne sera que la fidèle exécution d'ordonnances royales et d'articles votés par les États Généraux. Faisant ensuite l'application de ses idées à la Bretagne et à Nantes en particulier, il fait ressortir tous les avantages et commodités qui s'y trouvent pour établir une société de ce genre. Réfutant enfin le libelle anonyme dont nous avons parlé, il s'efforce de démontrer que la liberté du commerce en Bretagne sera non-seulement maintenue, mais plutôt rétablie et fortifiée par la Compagnie et Bourse commerciale de Nantes, — que la vente des produits et denrées sera plus lucrative, et que toutes les villes et bourgades de la province tireront de grands profits du commerce par son intermédiaire.

C'est cette dernière partie surtout qui fourmille de renseignements précieux concernant la Bretagne, son commerce et son industrie. Entre autres choses, nous avons remarqué en première ligne la description des avantages de la ville de Nantes pour le commerce, et cette description, on le comprend, avait sa place marquée dans notre ouvrage. La voici :

« Celui qui considérera la situation de la ville de
» Nantes avouera facilement qu'elle a des commodités
» non pareilles pour exercer le commerce tant en
» dedans que hors du royaume; elle est placée non

» loin du grand océan qui par son flux et reflux quo-
» tidien envoye ses eaux jusque dans les fossés de ses
» murs, semblant se venir offrir au service de ses
» habitants et les convier à bien user de cette commo-
» dité pour la navigation L'embouchure de son canal
» est la porte la plus grande, la plus commode et
» la plus proche que les marchands étrangers aient
» pour entrer dans la France et y faire leur commerce ;
» elle est comme au milieu de l'Espagne et de
» l'Angleterre, pouvant aller de l'une à l'autre en
» moins de vingt heures de temps ; et, de toute sorte
» de royaumes voisins et étrangers, on y aborde
» facilement. D'autre part, elle est située sur le bord
» de la Loire qui contribue notablement à la commo-
» dité du trafic. Car, à l'aveu de tout le monde, c'est
» le plus beau fleuve de la France ; c'est le plus large
» en son lit, le plus long en son cours et sur lequel
» on peut aller à la voile dans le royaume plus de
» cent soixante lieues.

» La Loire sort du haut Vivarez, près de Rientort
» et passe par le Velay près du Puy, vient à Forest,
» à Montbrison, puis à Roanne, Nevers, la Charité,
» Gien, Orléans, Blois, Amboise, Tours, Saumur,
» le Pont-de-Cé, Ingrandes, Ancenis et à Nantes,
» puis se dégorge dans la mer... Il est facile de voir
» qu'elle a communication avec les plus grandes et
» meilleures provinces du royaume. Car, première-
» ment, dès les fossés de Nantes, elle reçoit du côté
» du Poitou la Sèvre et du côté de la grande terre de
» Bretagne, l'Erdre, *l'une et l'autre portant de grands*
» *bateaux* avec toute sorte de marchandises. A une
» lieue et demie d'Angers, elle reçoit la rivière du

» Maine qui passe à Angers et puis au-dessus se fourche
» en trois branches, dont l'une vient du bas Maine
» et en retient le nom ; la seconde forme une assez
» forte rivière appelée Sarthe, qui arrose le haut Maine,
» et le troisième bras prenant le nom de Loir traverse
» le milieu de l'Anjou prenant naissance dans le Ven-
» domois. De sorte que par le moyen de ces trois
» rivières, le fleuve de Loire communique ses mar-
» chandises dans ces trois belles provinces : le Maine,
» l'Anjou et le Vendomois.

» A **Saumur**, les deux rivières du Toué et de la
» Dive, s'unissant et se déchargeant en Loire, donnent
» communication et commerce par bateaux de la ri-
» vière de Loire en tout le pays de Montreu-Bellay et
» de Thouars. A Montsorreau, la Loire reçoit la rivière
» de Vienne qui, par l'union qu'elle a avec le Clain,
» qui passe par Poitiers, et le Vuicon qui sort du
» Limousin, et la Creuse qui vient des confins du
» Berry, donne commerce avec ces belles et bonnes
» provinces : le Poitou et le Limousin. Un peu plus
» haut la Loire reçoit la rivière de l'Indre qui, tra-
» versant partie de la Tourraine, conduit dans le
» milieu du Berry d'où elle sort. A **Tours**, le Cher
» s'unit au fleuve de Loire et donne liberté de com-
» merce avec tout le reste de la Tourraine.

» A **Briare**, proche Gien, par le moyen du canal
» qu'on y a fait, on a donné communication au
» fleuve avec la Seine ; on a ouvert aussi le chemin à
» un des plus grands commerces de la France, par-
» ticulièrement à cause de la communication de la
» ville de Paris qui consomme tant de fruits et de
» denrées.

» A Nevers se fait l'union de l'Allier avec la Loire,
» et finalement, sa source et son commencement
» n'étant éloignés que de douze lieues de Lyon et du
» fleuve du Rhône, on reçoit et on envoie facilement
» les marchandises de l'Orient dans toutes les villes
» et provinces voisines de la Loire...

» Ajoutez pour l'accomplissement de tant de belles
» commodités qu'a la ville de Nantes pour l'exercice
» du commerce au dedans et au dehors du royaume,
» l'abondance des bois qui se trouvent dans le pays
» ou qui peuvent facilement y être amenés pour bâtir
» des vaisseaux. Aussi savons-nous que, de tout
» temps, on y bâtit, on y a bâti très-grand nombre
» de vaisseaux et les plus beaux de France. Sous le
» règne de François Ier, le vaisseau extraordinairement
» grand, nommé le *Non-Pareil*, y fut construit ; sous
» Henri II, les deux plus grands vaisseaux qui furent
» en France de ce temps-là, nommés le *Grand-*
» *Caraquon* et le *Grand-Henri*, y furent aussi bâtis.
» Et sous le roi Louis XIII, d'heureuse mémoire,
» dans Indret, petite île formée au milieu de la Loire,
» à une lieue et demie de la ville de Nantes, on a bâti
» seulement une douzaine de vaisseaux de guerre...
» Et tous les jours les marchands y en font bâtir
» avec une grande facilité et commodité des choses
» nécessaires.

» Il faut ajouter une autre chose à tant de belles
» commodités qu'a la ville de Nantes pour l'exercice
» du commerce, qui y est, que le débit de toutes
» sortes de marchandises, mais particulièrement des
» quatre principales que les étrangers emportent de
» la France, qui sont : le blé, le vin, le sel et les

» toiles, est plus grand, plus facile et plus universel
» à Nantes qu'en aucun autre lieu de la France. Les
» vins y descendent d'Orléans, Blois, de l'Anjou,
» du Poitou et de la Bretagne en très grande abon-
» dance. Les vins et les toiles s'y apportent de tous
» côtés ; le sel s'y fait et s'y trouve en grandes
» quantités ; toutes autres sortes de denrées et de
» manufactures s'y peuvent débiter. Dans d'autres
» villes de France, il y a abondance de l'un et disette
» de l'autre. La Rochelle et Ré chargent le sel, mais
» peu d'autres choses ; Bordeaux charge des vins, des
» huiles, des fruits cuits, mais peu d'autres choses ;
» Saint-Malo, de toiles principalement, et les autres
» petits hâvres de Bretagne, quelques-uns de blé,
» quelques-uns de toiles ; les hâvres de Normandie et
» Picardie, de quelques manufactures seulement ; la
» Provence et le Languedoc, de vins, d'huiles, de
» fruits et de quelques draperies, mais ni sel, ni
» toiles. Mais Nantes abonde en toutes ces sortes de
» denrées, et peut elle seule faire le débit de ce que
» font les autres villes marchandes ensemble.

» Il n'y a qu'une seule chose à objecter, ou plutôt
» à désirer, pour le comble des avantages et com-
» modités qu'a la ville de Nantes pour la navigation,
» qui est que le canal de la rivière fût assez profond,
» depuis l'embouchure de la mer jusques dans la Fosse,
» pour y amener les grands vaisseaux. Mais outre que
» *la plupart du temps les vaisseaux de deux ou trois*
» *cents tonneaux y montent*, les Nantais espèrent en
» bref y donner ordre et le rendre capable de recevoir
» les plus grands vaisseaux ; mais, sans cela, il y a
» suffisante commodité de décharge pour les grands

» vaisseaux par les moyens des barques et gabares,
» que l'on envoie à bord des grands vaisseaux prendre
» leurs charges, et on les transporte dans la ville.
» Toutes les villes marchandes qui sont sur le Rhône
» et ailleurs, florissantes en commerce, comme Lyon,
» n'ont pas même cette commodité de recevoir, par
» bateaux, les marchandises du port de Marseille, et
» il n'y a guère de villes maritimes en France qui
» n'aient des incommodités dans leurs ports, autant
» et plus notables que celle-là. Mais d'ailleurs les
» Espagnols, les Hollandais, les Anglais, montrent
» bien qu'ils trouvent assez de commodités à Nantes
» pour y faire commerce, puisque les uns et les autres
» y ont toujours tenu des facteurs et commissionnaires
» et en font une des plus célèbres étappes de trafic
» qui soient en France. »

On aura remarqué dans cette description une netteté
d'appréciation et une justesse d'expressoins assurément
dignes d'attention. Pour la troisième fois depuis cent
ans, nous trouvons aussi dans cette description le même
jugement porté sur la Loire comme artère de navigation intérieure. Le paragraphe relatif à la navigation
sur ce fleuve, depuis Nantes jusqu'à la mer, est encore
digne d'être noté. Il prouve que la question d'amélioration de la basse Loire n'est pas nouvelle, puisque
dès le milieu du XVIIe siècle elle préoccupait fortement
les Nantais.

On a été longtemps indécis sur la question de savoir
à qui devait être attribué le *Commerce honorable*. Il
résulte des recherches de M. Dugast Matifeux que
l'auteur de ce livre était le prieur de la maison des

Carmes de Nantes, nommé frère Mathias, de Saint-Jean. Son œuvre démontre que c'était un homme fort éclairé et que le maréchal de la Meilleraye fut bien inspiré en s'adressant à lui pour défendre la cause de la *Société de la Bourse commune de Nantes* (1).

IV.

Vers **1650**, l'industrie commençait à prospérer à Nantes. La brasserie et la fabrication des eaux-de-vie occupaient **200** chaudières, et conséquemment près de **800** personnes. Mais on se plaignit au bureau de ville que ces usines incommodaient et qu'elles faisaient renchérir les combustibles. Le bureau, composé de gens qui n'avaient sans doute qu'une connaissance imparfaite de la question, prit un arrêté en vertu duquel il fut défendu de fabriquer de la bière dans le diocèse de Nantes, et des eaux-de-vie dans la ville et les faubourgs.

En **1661**, la viande fut taxée à **2** sous la livre. Le froment valait à la même époque **16** livres **10** sous le setier, et le seigle **11** livres.

Une police de **1664** taxait à **5** sous **6** deniers le pot de vin nantais, à **13** sous celui de l'Anjou, à **16** sous celui de Grave et à **20** sous le pot de vin étranger. La même police fixait le prix du pain comme suit : **2** sous la livre de pain blanc superfin, **13** deniers la livre de pain de méteil, **9** deniers la livre de pain de seigle.

---

(1) Voir, pour de plus amples détails, les travaux d MM. Chapplain et Dugast sur le *Commerce honorable* : le premier, *Annales* de la Société académique, année **1838**; le second, mêmes *Annales* année **1854**.

La même année, le 20 mars, le bureau de ville reçut une lettre de Colbert, qui le prévenait de la formation d'une compagnie pour le commerce des Indes.

La restauration des finances, la réorganisation des douanes intérieures, le soulagement de l'agriculture, le rétablissement de l'industrie (1) avaient été déjà l'objet des soins de ce grand ministre ; mais pour que la France fut élevée à un degré de puissance écomique qui la rendit capable de lutter avec la Hollande et l'Angleterre, sans cesse grandissantes, il fallait ouvrir au commerce national la route des mers et celle des colonies. Depuis Richelieu, notre cabotage était de nouveau retombé aux mains des étrangers, les Barbaresques infestaient de rechef nos côtes, nos marchands étaient traités avec une injustice révoltante au dehors, et, par contre, les Hollandais, les Anglais, les Italiens, etc., étaient reçus en France avec de telles facilités qu'il en résultait une foule d'abus préjudiciables aux nationaux. Quelques rares expéditions aux Antilles, la pêche des morues, des sardines, des harengs et des baleines, enfin un petit nombre de navires qui *cabotaient* dans la Méditerranée, au Portugal et en Espagne : voilà quelle était à peu près la triste situation du commerce maritime en France au moment où Colbert se mit résolûment à l'œuvre pour y porter remède (2).

(1) Disons que Colbert, le premier en France, appliqua le système protecteur sur de larges bases et le fit servir utilement au rétablissement de l'industrie nationale complètement ruinée par les importations des étrangers. Louis XI et Henri IV avaient déjà tenté quelques essais dans cette voie ; mais, nous le répétons, Colbert fut le premier à se servir de la protection sur une large et féconde échelle.

(2) Voici une statistique empruntée au *Commerce honorable* et concernant

   Il commença par s'occuper du matériel naval, et par une suite de mesures énergiques et intelligentes dont le récit dépasserait les limites de cet ouvrage, il arriva à des résultats tels que la marine marchande qui était, comme on l'a vu, pour ainsi dire dans le néant quand il arriva aux affaires, comptait déjà 2,400 bâtiments en 1664 ; et que la marine militaire qui,

le cabotage que les étrangers faisaient avec la France vers le milieu du XVII⁰ siècle :

IMPORTATIONS.

	Livres.
— Les Hollandais apportaient chaque année en poivre, girofle, muscades, gingembre, canelle et autres drogueries, pour	3,193,130
En sucres tant raffinés qu'autres et fruits confits..........	1,885,150
En drogueries médecinales et pour peinture.............	842,080
En pierreries, perles, cotons, plumes, laines, etc.....	1,835,200
En bois de teinture, garance, noix de galles, alun, couperose, vitriol et autres....................................	1,035,220
En draps, toiles, tableaux, livres, etc..................	6,889,960
En cuivre, étain, plomb, chaudières à eau-de-vie, épingles, fer et acier....................................	1,500,000
En canons, pierriers, soufre, salpêtre, poudre, mousquets, pistolets, épées, etc., etc....................................	1,235,000
En cuirs, maroquins, vaches de Russie, fourrures de toutes sortes	675,300
En lins, chanvres, cires, poix, brai, mâts de navires, planches de sap et autres bois....................................	1,700,170
En harengs, saumons, baleines, huile de baleine et autres huiles	454,300
En beurre, fromage, chandelle et suif..................	200,010
— Les Anglais, Ecossais et Irlandais amenaient chaque année en France, draps de laine, mantes et couvertures, bas de soie et de filozelle, toiles de soie, rubans, cuirs, plomb, étain, alun, beurre, suif, fromage, charbon de terre, pour..	15,372,000
— Les Portugais, en draperies, laines, cotons, sucres, poivre, canelle, gingembre, anis, raisins, figues, cochenille, indigo, joaillerie, drogues médecinales, etc., etc..........	4,922,500
A reporter......................	41,740,020

en 1661, n'était que de 30 bâtiments, se composait, 16 ans plus tard, à la paix de Nimègue, de 273 navires, dont près des deux tiers à la mer. Il fit revivre et maintint rigoureusement le droit d'ancrage sur les bâtiments étrangers, nettoya bientôt la Méditerranée des Barbaresques, et négocia partout, en Angleterre, en Espagne, en Hollande, etc., avec

Report. ....Liv.	41,740,020
— Les Italiens, en velours, satin, damas, gros de Naples, bas de soie, draps d'or, draps d'argent, soies, dentelles, glaces de Venise, etc................................	4,124,500
Total des importations................	45,864,520

EXPORTATIONS.

	Livres.
— Les Hollandais exportaient de France, en vins et eaux-de-vie de toutes sortes......................................	6,192,632
En blés, froment, seigle, orges, pois-fèves, châtaignes..	3,450,450
En toiles et linges de Guienne, Bretagne et Normandie....	1,583,432
En huiles d'olives, amandes, figues, raisins et autres fruits de la Provence.......	715,177
En draperies, merceries, quincailleries, papiers, etc......	915,525
En miel, thérébentine, cire et autres................	355,500
En sel de La Rochelle, Marennes et pays nantais........	2,488,750
— Les Anglais, Ecossais et Irlandais, en blés de toute sorte, vins de toutes sortes, vinaigres, sel, huile d'olive, figues, amandes, toiles, papiers, etc......................	12,904,100
— Les Portugais, en blés, froment, seigle, orges, toiles, papiers, merceries, quincailleries, etc....................	5,851 950
— Les Italiens, en blés, vins du Languedoc et de Provence, draperies, toiles, mercerie............................	3,020,000
Total des exportations................	37,477,516

La différence entre les importations et les exportations se traduisait par un enlèvement d'espèces d'or et d'argent préjudiciable au commerce intérieur de la France.

autant de fermeté que d'adresse, pour obtenir à nos navires et à nos marchands la réciprocité des traitements que les étrangers recevaient dans nos ports.

La question de relations avec l'Europe reglée, restait celle des colonies.

Le Portugal, l'Espagne, l'Angleterre montraient amplement qu'il n'était point de grande puissance maritime ni commerciale sans colonies. Or, les nôtres étaient alors peu de chose en elles-mêmes. C'était plutôt des prises de possession de territoire que des établissements vraiment dignes de ce nom de colonies. Les efforts d'Henri IV et de Richelieu, traversés, interrompus et ruinés par une foule de vissicitudes, n'avaient abouti qu'à nous constituer sur la carte de l'univers, quelques points isolés, presque sans relations avec la métropole, où quelques rares familles d'aventuriers, de flibustiers et d'émigrés avaient planté le drapeau de la France. Cependant ces fondations chétives étaient dispersées en Asie, en Afrique et dans le Nouveau-Monde, dans des situations géographiques très-heureuses et dont l'importance à venir frappa Colbert. Mais le moyen de leur donner la vie ? Colbert n'hésita pas : la Hollande et l'Angleterre lui montraient la route par leurs compagnies, dont l'opulence faisait l'étonnement des nations ; il les suivit hardiment dans cette voie que Richelieu avait prise déjà sans succès.

L'Amérique l'occupa la première. Le 28 mai 1664, parut l'édit de formation de la *Compagnie des Indes-Occidentales* à laquelle était concédé le privilége exclusif de faire le commerce à Cayenne, sur toute la terre ferme de l'Amérique, depuis la rivière des Amazones jusqu'à l'Orénoque, au Canada, dans l'Acadie, aux îles de Terre-Neuve et autres îles et terres fermes depuis le nord du Canada jusqu'à la Virginie et la Floride, et enfin sur toute la côte d'Afrique, du cap Vert au cap de Bonne-Espérance.

En août 1664, parut à son tour l'édit concernant la Compagnie des Indes Orientales. A cette Compagnie était concédé le droit de négocier et de naviguer seule, à l'exclusion de tous autres, depuis le cap de Bonne-Espérance jusque dans toutes les Indes et mers Orientales, et dans toutes les mers du Sud pendant cinquante années. L'Etat s'engageait à lui fournir, à prix marchand, tout le sel dont elle pourrait avoir besoin, et à lui payer 50 livres par tonneau pour toutes les marchandises expédiées de France et la moitié pour celles en retour. Le fonds social se composait de 15,000 actions de 1,000 livres.

Colbert forma encore deux compagnies pour le commerce du Sénégal et de la Guinée, une autre pour le commerce du Levant et une pour le commerce du Nord. A toutes il fut accordé de grands priviléges et encouragements.

Qui n'eût cru que des compagnies ainsi constituées et soutenues par l'opiniâtreté féconde de Colbert, allaient prendre entre les Compagnies Anglaises et Hollandaises une place glorieuse et redoutée? Il n'en fut rien cependant, car elles échouèrent complètement. Dès 1674, le roi était obligé de révoquer la Compagnie des Indes Occidentales et de se rendre propriétaire, moyennant 1,500,000 livres, de tous les établisssements qu'elle avait fondés. En 10 ans, cette Compagnie avait donné 3,523,000 livres de perte. Le commerce des Indes Occidentales fut alors déclaré libre.

En 1682, la Compagnie des Indes-Orientales en était déjà réduite à ne plus pouvoir exploiter le privilége qui lui avait été concédé. Des permissions étaient accordées à des négociants particuliers pour commercer dans ces possessions. Plus tard même (1716), n'ayant fait jusque-là que vivoter, elle vendit l'exploitation de son privilége à de riches négociants de Saint-Malo, moyennant 10 % sur le produit des ventes et 5 % sur les prises. Cet arrangement subsista jusqu'en 1719, époque à laquelle fut formée la seconde *Compagnie Générale des Indes*, dont nous aurons à parler ultérieurement.

Et pourquoi ces échecs? fût-ce la faute de Colbert? Non, sans doute, car il ne négligea rien pour arriver au succès. S'était-il trompé de système? On l'a écrit, mais de bonne foi était-il donc si mauvais le système qui faisait alors la gloire, l'opulence et la suprématie de la Hollande et de l'Angleterre? Les vraies raisons de ces échecs sont ailleurs. Nous les trouvons, supérieurement exprimées dans un ouvrage auquel nous avons plusieurs fois emprunté pour ce travail : *Histoire de la politique commerciale de la France*, par Ch. Gouraud.

« Colbert, dit-il, avait cru, en organisant des
» compagnies, qu'elles s'associeraient, si peu que ce
» fut, à la glorieuse pensée qu'il avait de nous
» donner à toujours deux grands empires dans les
» deux Indes. Savez-vous ce qu'elles firent? Elles ne
» virent là, elles et tous les actionnaires qu'on leur
» amena, qu'une occasion de faire fortune en huit
» jours. Les nobles ne prirent part à l'entreprise que
» pour tâcher d'y réparer leur patrimoine ; les bour-

» geois, que dans le but d'amasser bien vite de l'argent
» pour l'échanger contre des offices et des terres nobles,
» et faire de leurs fils, au lieu de citoyens utiles, des
» traitants ou des marquis de Molière. Puis, et
» surtout quand Colbert ne fut plus là, l'administration
» des fonds communs devint scandaleuse. On prit,
» sur les capitaux, des dividendes qu'on donna faus-
» sement et pour attirer de nouveaux actionnaires.
» Les compagnies elles-mêmes, en dehors de leurs
» opérations, se mirent à faire la contrebande. Enfin,
» elles eussent été chargées de miner l'empire qu'on
» leur donnait à fonder, qu'elles ne se fussent pas
» conduites autrement qu'elles ne le firent. »

Cependant si Colbert ne put inculquer en France
cet esprit de persévérance et d'association sans lequel
on ne fait rien en commerce, la secousse de génie
qu'il donna à la nation ne fut pas entièrement perdue.
Les compagnies disparurent momentanément, il est
vrai, mais les colonies, pour un temps du moins,
fleurirent, et à défaut d'autres avantages, elles furent
pour notre marine marchande une occasion de navigation lointaine, et pour notre marine militaire des points
de relâche, d'approvisionnement et de stratégie (1).

(1) Voici une courte notice historique sur les compagnies coloniales formées
par et depuis Colbert. Nous reviendrons en temps et lieu, quand cela intéressera
directement le commerce de Nantes, sur la teneur des lettres patentes portant
formation ou révocation de ces compagnies :

Mai 1664. Formation de la Compagnie des Indes-Occidentales.

Août 1664. Formation de la Compagnie des Indes-Orientales.

1674..... Révocation de la Compagnie des Indes-Occidentales et liberté de
commerce dans ses possessions.

1679..... Formation d'une compagnie pour le commerce exclusif du cap

V.

Colbert, avons-nous dit, avait écrit le **20** mars **1664**, aux maires et échevins de Nantes pour les prévenir de la formation d'une compagnie pour le com-

Vert au cap de Bonne-Espérance. Cette concession ayant paru ensuite trop étendue fut scindée en deux parties.

1681..... Compagnie du Sénégal. Commerce du cap Vert à la rivière de Sierra-Leone.

1681..... Compagnie de Guinée. Commerce de la rivière de Sierra-Leone au cap de Bonne-Espérance.

1698..... Compagnie pour le commerce avec Saint-Domingue.

1716..... Lettres patentes portant révocation de la Compagnie de Guinée et liberté de commerce avec cette contrée.

Avril 1717. Lettres patentes réglant la liberté de commerce avec les colonies françaises d'Amérique

Août 1717. Lettres patentes portant établissement d'une compagnie sous le nom de Compagnie d'Occident.

A cette compagnie fut concédé d'abord le privilège du commerce avec la Louisiane et de la vente du castor. En 1718, elle acheta le privilège du commerce avec le Sénégal. La même année on lui accorda le privilège de la Compagnie d'Afrique; en 1719, celui du commerce avec les Indes-Orientales et la Chine; en 1720, celui du commerce avec la Guinée. C'est à cette époque que la Compagnie d'Occident prit le nom de Compagnie Géuérale dés Indes.

1720..... Révocation de la Compagnie de Saint-Domingue et liberté de commerce dans ses possessions.

1767..... Lettres patentes établissant la liberté de commerce avec la Guinée.

1769..... Révocation de la Compagnie Générale des Indes et liberté de commerce avec les pays dont l'exploitation lui avait été concédée.

1785..... Lettres patentes portant établissement d'une nouvelle compagnie des Indes.

Voir pour l'organisation des compagnies commerciales, par Colbert, et leurs résultats:

Chassériau : *Histoire de l'Administration de la Marine.*

Ch. Gouraud : *Histoire de la Politique commerciale de la France.*

P. Clement : *Histoire de Colbert et de son administration.*

merce des Indes Orientales, et il leur envoya le sieur Firmans pour leur en faire sentir les avantages. Le 23 juin de la même année, le roi écrivit lui-même ; il annonçait que déjà 300 personnes de tous les rangs avaient souscrit à l'association à Paris, et que son intention étant que *tous* les négociants du royaume y participassent, il ordonnait une convocation de ceux de Nantes. Les syndics de la compagnie écrivirent une lettre dans le même sens. Les priviléges promis aux associés amenèrent d'assez nombreuses souscriptions. Les souscripteurs se réunirent le 23 novembre 1664, et élurent à la pluralité des voix, pour leur syndic, François Valleton, marchand. Ils lui donnèrent pouvoir de se rendre à Paris et de représenter à la compagnie tous les avantages qu'offrait le port de Nantes pour le *bastiment des vaisseaux, armement, cargaison, vente et transport des marchandises.*

Les intéressés se réunirent de nouveau le 19 janvier 1665, et députèrent La Haultière Ramée à l'assemblée générale qui devait avoir lieu à Paris le 1er février. Ce député sollicita l'établissement d'une chambre de direction à Nantes et l'obtint. Elle fut composée de six directeurs dont un résidait à Paris. Les six directeurs nommés le 7 juillet, furent Jean Lori, Ant. François, F. Valleton, Est. Bureau, Est. Grilleau et And. Russineau. Mat. Verger, notaire, fut élu secrétaire de la chambre ; Jac. Valleton en fut le caissier, et Guil. Nidelet le teneur de livres (1).

A l'année 1666 se rattache une ordonnance de police enjoignant aux marchands qui, à ce qu'il paraît, ne

(1) *Recherches statitiques*, par Huet, p. 188.

se réunissaient pas à la Bourse, de s'y trouver de onze heures du matin à une heure de l'après-midi.

Ce fut en 1669 que Colbert fonda une compagnie pour le commerce du Nord. Il était accordé à cette compagnie une prime de 3 livres par barrique d'eau-de-vie exportée, et de 4 livres par tonneau de marchandises importées. Le roi exemptait de tous droits, et même des octrois des villes, les objets destinés aux armements de cette compagnie ; il promettait d'acheter et de payer comptant les choses nécessaires à l'approvisionnement de ses arsenaux ; il offrait d'avancer le tiers du capital nécessaire et de supporter pendant le six premières années les pertes que pouvait donner la compagnie.

A cette époque, il arrivait à Nantes, chaque année, environ 80 cargaisons de tabac, de cuirs et de cacaos, de la Martinique principalement (2).

Une police du temps taxait ainsi diverses denrées :

Bœuf, mouton et veau, la livre.	2 sous 1/2.
Lard, la livre...............	4 sous 1/2.
Gros chapon................	12 sous.
Deux poulets..............	8
Une perdrix	15
Un levraut................	10
Un lapin..................	8
Un canard................	8
Chandelle, la livre........	4 sous 1/2.
Beurre, la livre	5 sous 1/2.

En 1685, les Nantais adressèrent un mémoire à

(2) *Recherches économiques et statistiques* de Huet.

M. de Sénancour, pour se plaindre des vexations que leur faisaient subir les Anglais, pour la pêche de la morue et de la baleine. Nantes prenait alors une part assez considérable à ce commerce et armait pour la pêche environ 15 à 20 bâtiments par an. « Ce sont
» les Anglais, disait le traité, qui nous enlèvent le
» commerce et la pêche de la baleine qui était fort
» considérable en France.... Ils ne se sont pas con-
» tentés, après avoir fait leur apprentissage chez
» nous, d'y aller en grand nombre de vaisseaux de
» chez eux pour nuire aux nôtres, mais ils les em-
» pêchent encore actuellement d'aller à terre faire leur
» cuite et sont obligés de la faire dans le vaisseau
» avec grande perte et risques. »

La même année, les Nantais adressèrent à **M.** de Sénancour un autre mémoire dans lequel ils deman-daient à avoir à Paris un député permanent du commerce.

« Pour maintenir le commerce dans sa vigueur,
» disait le mémoire, et que S. M. ou les personnes
» qu'elle aura la bonté de commettre pour soutien
» d'icelui soient informés de ce qui peut l'augmenter,
» elle aura la bonté de commander aux marchands de
» ses villes maritimes de députer de chacune une
» personne bien entendue au commerce, et qui de-
» meurera sédentairement et qui se renouvellera tous
» les ans ou tous les deux ans, ainsi qu'il plaira à
» S. M. ordonner, etc., etc. »

Avant peu, nous verrons l'idée exprimée dans cette pétition, réalisée.

De 1683 à la fin du XVII⁰ siècle, les annales du commerce de Nantes ne nous offrent rien de saillant. En revanche, l'histoire politique de notre pays fut, durant les trente dernières années du XVII⁰ siècle, fertile en événements dont quelques-uns ne furent pas sans influence sur le commerce et l'industrie : ainsi la guerre de la Hollande que suivit la paix de Nimègue, la révocation de l'édit de Nantes et la guerre de 1686 que termina la paix de Riswyck. Nous n'avons pas à apprécier séparément l'influence de ces faits dont l'un d'eux surtout, la révocation de l'édit de Nantes, eut un effet désastreux pour notre industrie : nous nous contenterons de dire qu'ils ébranlèrent fortement l'œuvre économique de Colbert. Cette secousse fâcheuse fut encore augmentée, dans les premières années du XVIII⁰ siècle, par les traités d'Utrecht, au moyen desquels l'Angleterre jeta les bases solides de sa suprématie maritime et commerciale.

Nous avons dit, à la fin du premier chapitre de ce travail, qu'il nous faudrait aller jusqu'à la fin du XVII⁰ siècle avant de rencontrer des documents se rapportant au commerce de Nantes qui se formulassent d'une façon plus ou moins arrêtée par des chiffres. Ceux dont nous entendions parler se trouvent dans un mémoire de M. Béchameil de Nointel, intendant de Bretagne, sur cette province (1698), mémoire plein de faits intéressants de toute sorte et dont nous nous estimons fort heureux qu'un exemplaire ait pu se trouver à notre dispositon.

Jusqu'à présent, et même dans le XVII⁰ siècle, nous n'avons pu citer que des faits isolés se rapportant au commerce de Nantes. Il ne nous a point été permis encore de tracer des relations commerciales de notre ville, dans ces temps, un tableau détaillé et complet. Au moyen du mémoire de M. Béchameil de Nointel et de quelques autres notes que nous avons réussi à recueillir çà et là, il va nous être possible de le faire. Pour plus d'exactitude, nous allons conserver dans notre tracé la forme et les divisions de M. Béchameil de Nointel.

Les commerces principaux auxquels se livraient alors les marchands et négociants de Nantes étaient ceux des îles d'Amérique, du Banc et de la Terre-Neuve (1).

Le commerce des îles d'Amérique employait ordinairement dans le département de Nantes, c'est-à-dire tant de Nantes et de la Loire que de Paimbœuf, Le Croisic, Pornic, Bourgneuf et La Bernerie :

50 bâtiments de toutes grandeurs, depuis 60 jusqu'à 500 tonneaux, qui y faisaient pour le moins chacun un voyage, et quelquefois deux quand ils étaient favorisés par les vents.

Sur ces 50 bâtiments, 25 ou 30 s'expédiaient pour la Martinique, 8 ou 10 pour la Guadeloupe, 1 ou 2 pour la pêche de la tortue, 1 ou 2 pour Cayenne et 8 ou 10 pour Saint-Domingue.

Les cargaisons qu'emportaient ces bâtiments consis-

---

(1) M. Béchameil de Nointel commençait son mémoire sur l'évêché de Nantes en disant quelques mots sur la position exceptionnelle de cette ville comme place commerciale, et les embarras que présentait la navigation de la Loire, par suite de son ensablement. « Les plus grands vaisseaux, disait-il, » abordaient autrefois presqu'à Couëron ; maintenant il n'y aborde que de » petits bâtiments de 40 à 50 tonneaux , et les gros vaisseaux ne peuvent plus » arriver qu'à Paimbœuf où ils chargent leurs marchandises dans des gabares » qui sont de grands bateaux dont ils se servent pour les amener à Nantes. »

taient en bœuf salé d'Irlande ou du pays, qui se mettait en barils de 200 livres ; en farines, en vins, en eaux-de-vie, en différentes sortes de toiles, propres, les unes au service des ménages et les autres à habiller les nègres ou à faire des emballages pour les cotons ; en cuivre pour chaudières et moulins à sucre, en huile à brûler, en chandelles, en beurre, en sel, en pierres pour bâtir, en ardoises, en pots et formes pour terrer et blanchir le sucre, en souliers et chapeaux, en étoffes de soie et de laine, en vaisselle d'étain et autres ustensiles de ménage, en fusils, poudre, plomb en plaques, balles, dragées, etc., etc.

Quelquefois les navires touchaient aux îles Madère pour y prendre des vins fort estimés dans les colonies, parce qu'ils se conservaient mieux que les autres. Ceux qu'on envoyait aux îles du cap Vert, pour y pêcher la tortue, emportaient une grande quantité de sel pour les saler. Ces tortues se vendaient aux habitants, qui s'en servaient pour la nourriture de leurs nègres.

Le temps le plus convenable pour expédier les navires destinés aux îles d'Amérique, était alors les mois de novembre et décembre. Les traversées étant de 45 à 50 jours, et la récolte des denrées du pays n'ayant lieu que dans les mois de février et de mars, les navires partis aux époques désignées ne faisaient qu'un court séjour dans les îles, parce qu'ils arrivaient juste au moment de la récolte.

Les marchandises principales qu'on rapportait de l'Amérique consistaient en sucre brut et terré, en cacao, gingembre, coton, indigo, cuirs de bœuf et de vaches en poil, rocou, caret ou écailles de tortues, en *casse* et en bois de Gayac.

Quelques-unes de ces marchandises se consommaient dans le royaume, entre autres le sucre brut, que l'on convertissait, dans les raffineries de Nantes, Angers, Saumur et Orléans, en sucre en pain, et qu'il n'était pas permis de réexporter.

Mais certaines de ces marchandises, comme l'indigo, le gingembre, le rocou, le cacao, le sirop de sucre et le bois de Gayac, étaient enlevées par les Hollandais, les Danois, les Hambourgeois, les Polonais, les Suédois et les Espagnols, chez qui la consommation s'en faisait à des prix avantageux.

Il y avait alors à Nantes huit raffineries de sucre.

Les quantités des principales marchandises importées des colonies françaises d'Amérique, pouvaient se décomposer comme suit :

Sucres bruts	6,000,000 liv.
Sirop de sucre.	400,000
Sucres blancs et terrés.	350,000
Cacao	200,000
Gingembre	100,000
Coton en laines.	150,000
Rocou de Cayenne	10,000
Caret.	6,000
Casse.	50,000

La pêche de la morue occupait plus de trente navires, depuis 70 jusqu'à 300 tonneaux. Quinze de ces vaisseaux se destinaient pour la morue verte et le reste pour la morue sèche.

Les premiers faisaient jusqu'à deux voyages par an, n'employant ordinairement à leur voyage que trois ou quatre mois au plus. Ils partaient indifféremment dans les mois de décembre, janvier, juillet et août.

Un vaisseau de 120 tonneaux n'emportait pour cette pêche que trente charges de sel et des victuailles, et quand la morue donnait, il en rapportait 20 à 25 milliers, à raison de 1,240 morues le millier.

Outre la consommation de Nantes, il s'envoyait quantité de cette morue à Orléans, à Paris, en Auvergne, et jusqu'à Lyon. Ce commerce était augmenté par les Olonnais et les Rochelais qui venaient décharger en Loire une partie de leur pêche, soit 60 navires par an. La morue se vendait alors de 400 livres à 1,200 livres le millier.

Quelquefois les marchands de Nantes envoyaient un ou deux bâtiments chargés de morue à Porto où le débit s'en faisait avantageusement.

Les navires qui se destinaient à la morue sèche composaient différemment leurs cargaisons, suivant les desseins qu'ils avaient en partant pour cette pêche. Les uns, qui allaient uniquement en pêche, emportaient du sel et des vivres pour l'équipage. D'autres qui allaient partie pour la troque et partie pour la pêche, et quelques-uns qui allaient uniquement pour la troque, emportaient des parties de cargaison ou une cargaison entière composée de biscuit, farine, vin, sel, eau-de-vie, lard, bœuf, huile, toile, étoffes, etc. L'échange de ces marchandises contre la morue sèche, se faisait à Plaisance, à la côte de Terre-Neuve.

Les retours des cargaisons de morues sèches se faisaient non seulement à Nantes, mais encore à Bordeaux, en Espagne et en Portugal.

On vendait quelquefois cette morue aux Espagnols

ou aux Portugais jusqu'à 24 livres le quintal, mais les droits du roi allaient au quart de cette valeur. On avait à payer en outre jusqu'à 10 p. % de commission et de frais, en sorte que le poisson ne se vendait guère plus qu'en France, mais les retours récompensaient de ce gain modique et étaient d'un très-bon débit.

Les marchandises de ces retours, quand on les prenait à Lisbonne ou à Porto, étaient des sucres et des tabacs du Brésil, des sumacs et des huiles d'olives ; et quand on les prenait à Bilbao, Saint-Sébastien, Cadix, Séville, etc., outre les espèces d'or et d'argent qu'on en rapportait, on pouvait encore employer ses fonds en fer, huile, laine, coton et cochenille.

Les morues sèches qui se déchargeaient à Nantes se consommaient non-seulement dans la province par les habitants, mais encore dans les armements de mer qui s'y faisaient tant pour le roi que pour les particuliers. On en envoyait aussi dans l'Auvergne et le Lyonnais. Paris en tirait fort peu, parce qu'on y préférait la morue verte.

L'huile de foie de morue était aussi, à Nantes, d'un assez bon débit. Un navire qui avait pêché 2,500 quintaux de poisson pouvait en faire 30 barils qui se vendaient de 60 à 70 livres la barrique.

Les marchands de Nantes, outre leurs navires chargés de morue, envoyaient quelquefois à Bilbao, Saint-Sébastien, la Corogne et autres ports de la côte de Galice, des barques chargées de papier, toileries, étoffes de soie, dentelles d'or et d'argent, sucres, mercerie, quincaillerie, grains et légumes, quand le commerce en était permis ; et ils en rapportaient des espèces d'or et d'argent, du fer, des laines, des sardines, des peaux de mouton, des oranges et des citrons dont la consommation se faisait en Bretagne, en Poitou, en Anjou et dans les villes du littoral de la Loire.

Les Nantais faisaient encore quelque commerce avec le Portugal et particulièrement à Lisbonne et à Porto, au moyen des tartanes provençales. Ces tartanes exportaient pour le Portugal des étoffes de soie et de laine, des toiles, du papier, du fer, des eaux-de-vie, des dentelles d'or et d'argent, des rubans, de la quincaillerie et de la mercerie. Elles en rapportaient des sucres, des tabacs, des cuirs, des bois du Brésil, des huiles d'olives, des oranges et des citrons.

A l'égard du commerce avec le Nord, la Hollande, l'Angleterre, l'Ecosse et l'Irlande qui était un des plus importants, les Nantais ne le faisaient guère pour leur propre compte. Ces nations, particulièrement les Hollandais, apportaient elles-mêmes à **Nantes** leurs marchandises et y avaient des commissionnaires qui vendaient ces marchandises et préparaient les cargaisons de retour des vaisseaux.

Les Hollandais apportaient à Nantes des poivres, des girofles, de la canelle, de la muscade, de l'amidon, de la colle-forte, du plomb, du sucre, des planches de sapin, des mâts, du goudron, du brai, des cordages, des chanvres, des suifs, de la mercerie, de la quincaillerie, etc., etc.

Ils en emportaient des vins, des eaux-de-vie, des sirops de sucres, du miel, du tabac de Saint-Domingue, du gingembre, de l'indigo, et beaucoup de sel qu'ils prenaient à Bourgneuf et au Pouliguen.

Les Anglais apportaient du plomb, de l'étain, de la couperose et du charbon de terre. Ils emportaient des sels, des vins et eaux-de-vie, du papier, du taffetas, de la rubannerie, beaucoup de toiles et du gingembre.

Les Irlandais fournissaient à Nantes des beurres, des suifs, des chairs salées en barils, du hareng, du saumon, des cuirs tannés et verts, et quelquefois des laines quand ils osaient en risquer la contrebande. Ils en tiraient les mêmes marchandises que les Anglais, plus des chapeaux, des galons et des dentelles.

Les Écossais apportaient du charbon de terre, du plomb, de l'étain, des cuirs et du suif. Ils chargeaient en retour les mêmes marchandises que les Irlandais.

Les Hambourgeois, Danois, Suédois et Polonais envoyaient aussi des vaisseaux à Nantes. Ils en emportaient les mêmes marchandises que les Anglais et les Hollandais et y apportaient des mâts, des planches, du cuivre, des aciers, du goudron, des poudres, des cordages et des chanvres.

Il existait aussi un commerce réglé entre les marchands de Dunkerque, d'Ostende, de Newport, de Saint-Malo, de Bayonne, de Bordeaux et ceux de Nantes. Il était considérable, et tous les ans il arrivait à Nantes plus de 150 bâtiments qui apportaient différentes sortes de marchandises, et exportaient surtout des sels et des eaux-de-vie que Nantes recevait alors de l'Anjou, de la Tourraine et du Poitou.

Bordeaux expédiait pour Nantes surtout des vins de Grave qui s'y débitaient pour la provision des habitants et d'une grande partie de la Bretagne.

En somme, on pouvait évaluer le mouvement maritime de Nantes de 90 à 100 mille tonneaux.

Ce qui précède fait assurément apprécier la nature des achats que les Nantais faisaient alors par tout le royaume, à Lyon, en Nivernais, en Auvergne, en Berry, à Tours, à Paris, etc., pour se pourvoir de marchandises exportées de chez eux.

Quant aux produits territoriaux, comme les vins, les eaux-de-vie et les sels, voici quelques détails à leur sujet :

Les sels se faisaient en deux cantons différents du comté nantais ; l'un comprenait les paroisses qui composent l'abbaye de Bourgneuf, et l'autre était dans le territoire de Guérande et du Croisic.

On estimait que les marais de Bourgneuf produisaient, année commune, 12,000 charges de sel du poids de 6,720 liv., ce qui faisait environ 16 à 17,000 muids. Le prix de la charge variait entre 20 et 70 liv. C'était les nations du Nord qui enlevaient le plus ordinairement les sels de Bourgneuf.

Les marais de Croisic et de Guérande produisaient davantage que ceux de Bourgneuf. On estimait la quantité de sel qu'ils fournissaient à 26,000 muids. Le prix de ce sel était en moyenne de 25 liv. Les Anglais, les Hollandais et les autres nations du Nord n'étaient pas les seules à en enlever de grandes quantités qu'ils chargeaient dans les ports du Croisic, du Pouliguen et de Mesquer ; il s'en faisait aussi une grande consommation en Bretagne. Les gens du pays le portaient, au moyen de mules, par toute la province.

Les vins et eaux-de-vie produits dans le comté Nantais s'enlevaient en partie pour la consommation et en partie par les Hollandais.

On convertissait les vins en eaux-de-vie en les mettant dans de grandes chaudières, sous lesquelles on allumait du feu, et *l'esprit* qui en sortait composait l'eau-de-vie (1). Cet esprit était plus ou moins abondant, plus ou moins fort, selon la qualité des vins, et l'on avait remarqué que les vins de vieilles vignes donnaient beaucoup plus d'eau-de-vie que les autres. Dans les bonnes années, 8 barriques de vin produisaient une barrique d'eau-de-vie; mais dans les mauvaises années', il en fallait 15 ou 16 pour faire la même quantité d'eau-de-vie.

Il sortait, année commune, environ 7.000 pièces d'eau-de-vie de Nantes. Elle se vendait de 80 à 100 livres la barrique. L'exportation des vins ne s'élevait pas à moins de 8,000 tonneaux de 4 barriques. Le tonneau valait communément 40 à 50 livres.

Dans quelques-unes des paroisses de l'évêché de Nantes, on se livrait au commerce des bestiaux qu'on achetait et qu'on engraissait pour les mener vendre ensuite jusqu'à Paris, aux marchés de Sceaux et de Poissy.

Il existait aussi dans le comté quelques mines de charbon de terre et trois forges qui étaient celles de *Milleraye*, de Péan et de Poitevinière. Les fers qui s'y fabriquaient se consommaient dans le royaume (2).

---

(1) Il ne faut pas oublier que nous ne faisons qu'analyser le Mémoire de M. Béchameil de Nointel.

(2) A la même époque, il sortait par année de l'évêché de Rennes, pour 680,000 livres de *toiles noyalles* et autres.

De l'évêché de Vannes, il sortait chaque année, 6,000 tonneaux de froment et 9,000 tonneaux de seigle. Le pêche de la sardine produisait 4,000 barriques de 9 ou 10 milliers de poissons chacune. Le tonneau de froment se vendait alors 80 livres et celui de seigle 60 livres.

L'approvisionnement de Nantes pour les chanvres se faisait dans la Bretagne et l'Anjou. La sergerie, la tannerie et la maroquinerie étaient dans une situation prospère.

Ajoutons à tous ces détails qui précèdent qu'il y avait alors à Nantes deux courriers par semaine pour Paris et les autres villes de la route. Pour les autres correspondances, il y avait quatre courriers qui partaient chacun une fois la semaine. Nantes comptait alors de 40 à 42,000 habitants.

De tous ces renseignements, n'est-on pas en droit de conclure que la vie commerciale était très active à Nantes à la fin du XVIIe siècle ? Et cette activité, comme on le pense bien, s'était peu à peu développée sous l'empire des faits généraux que nous avons eu occasion de signaler. A la fin du XVIe siècle, nous avions pu constater déjà un assez grand nombre de progrès accomplis ou en cours de l'être. Le XVIIe siècle, dont un bon nombre de pages témoignent de l'attention sérieuse que Nantes prêtait déjà aux grandes questions commerciales, le XVIIe siècle, disons-nous, donna à ces progrès un plus large essor. Pour s'en convaincre, il suffit de rappeler en premier lieu la grande Compagnie de Commerce fondée par Richelieu pendant son séjour à Nantes, et dont la mise à exécution se brisa,

Saint-Malo faisait un grand commerce avec l'Angleterre, l'Espagne, la Hollande et l'Italie. Il occupait près de 100 bâtiments depuis 30 jusqu'à 400 tonneaux. Cette ville expédiait aussi tous les ans de 65 à 70 navires pour la pêche à Terre-Neuve.

A la même époque, les vaisseaux pour le commerce se construisaient à Saint-Malo, à Nantes, à Vannes, à Auray, à Hennebon, etc.

Le nombre des matelots inscrits pour toute la province, en 1691, était de 17,342.

comme nous l'avons fait remarquer, contre la résistance égoïste de la haute magistrature bretonne. En second lieu, la Compagnie de Commerce fondée par le maréchal de la Meilleraye, et dont l'existence, en outre du mouvement commercial qu'elle imprima à Nantes, donna lieu à un livre remarquable auquel nous n'avons rendu que la justice qu'il mérite. En troisième lieu, le concours que Colbert rencontra à Nantes pour la formation de sa grande Compagnie des Indes Orientales, concours qui s'explique par la connaissance que les négociants nantais avaient des avantages que présenterait, pour le commerce général, une telle Compagnie. Entre ces faits capitaux et qui, nous le répétons, témoignent de l'attention sérieuse que les questions commerciales rencontraient à Nantes, nous avons pu en signaler un certain nombre d'autres d'une importance moins grande, mais qui révélaient cependant que toutes les branches du commerce et de l'industrie progressaient, nous ne dirons pas d'une façon continue, car le commerce de Nantes suivait, dans ses phases, le commerce général de la France, mais progressaient d'une façon visible. Et cette progression d'agrandissement s'est trouvée constatée par des chiffres et d'une manière très explicite dans la statistique qui a terminé le XVIIe siècle. Relations importantes déjà avec les colonies françaises d'Amérique, part active aux voyages de Terre-Neuve, rapports suivis et considérables avec toutes les nations commerçantes d'Europe et les autres ports de France, voilà en quelques mots le résumé de cette statistique qui nous servira ultérieurement de point de départ quand nous voudrons acquérir des notions précises sur les progrès réalisés par le commerce de Nantes.

Durant le XVII° siècle, les améliorations et les agrandissements furent également nombreux à Nantes, au point de vue hygiénique et topographique. Comme nous l'avons déclaré à la fin du XVI° siècle, nous avons cessé d'en tenir une liste chronologique, mais il n'est peut-être pas sans quelque intérêt d'en signaler ici les principaux. Ainsi au XVII° siècle se rattachent l'édification de la Mairie, de l'Hôtel-Dieu, de deux Halles, d'une Bourse et d'un Collége, la construction de plusieurs quais nouveaux et des réparations aux anciens, l'éclairage des rues, la création d'agents chargés de veiller à la sûreté publique et enfin la cessation des épidémies.

Le XVIII° siècle s'ouvrait sous des auspices favorables. Nous verrons si les résultats furent en raison des promesses.

CHAPITRE III.

LE XVIII° SIÈCLE : DE 1700 A 1766.

I.

En 1700, le tonneau de grains valait à Nantes 125 livres, le millier de fagots 15 livres, le millier de mottes 5 livres, le quintal de chandelles 27 livres 10 sous.

Nous avons parlé, dans le chapitre précédent, d'une pétition adressée par le commerce de Nantes au gouvernement pour obtenir la création des députés *sédentaires* du commerce. Un édit du ministre Chamillart, de 1700, en réorganisant sur des bases nouvelles l'ancien conseil du commerce créé par Henri IV, fit droit à cette pétition ; car outre six membres nommés par le roi, l'édit de 1700 appela à ce conseil douze marchands négociants *désignés librement et sans brigue par le corps de ville et par les marchands négoçiants* de Paris, Rouen, Bordeaux, Marseille, Lyon, La Rochelle, Nantes, Saint-Malo, Lille, Bayonne et Dunkerque (1).

(1) En 1604, Henri IV, le premier, réunit un conseil du commerce. Il existe une brochure renfermant les procès-verbaux des séances de ce conseil, sous ce titre : *Recueil présenté au Roy de ce qui s'est passé en l'assemblée du commerce, au Palais, à Paris, faict par Laffemas, contrôleur général dudit commerce.* Paris, 1604.

A partir de 1700 jusqu'à la Révolution, le conseil du commerce subit diverses modifications dans sa composition, mais cependant les principales villes commerçantes de France y furent toujours représentées.

En exécution de cet édit, les négociants de Nantes se réunirent le 12 août 1700 et élurent pour leur représentant le sieur Joachim du Halley Descaseaux. Le procès-verbal de cette élection est signé par G. Laurancin, Joseph Levesque, Guillocheau, Gallon, M. Menier, Gabriel Lory, Jean Dollu, François Valleton, etc., etc.

On a conservé, en un gros volume in-4°, les copies des principaux mémoires présentés par les députés des villes au conseil du commerce de 1700.

Nous avons eu ce volume sous les yeux, et ce n'est pas sans un vif sentiment d'intérêt et de curiosité que nous y avons vu et lu le mémoire de M. du Halley Descaseaux, qui fut, sans contredit, un des plus remarquables parmi ceux élaborés. Nous avons pensé qu'une courte analyse de ce mémoire ne serait point déplacée ici : cette analyse étant de nature à jeter quelques lumières sur l'exercice du commerce à cette époque, et les abus nombreux qu'il était urgent de combattre pour en rendre les développements plus faciles (1).

Après avoir préalablement rendu une justice pleine et entière à l'idée de la formation du conseil du commerce, M. Descaseaux entrait dans l'examen des principes généraux de la matière. « La première chose » que l'on puisse souhaiter en faveur du commerce, » disait-il, c'est la liberté; il est trop gêné dedans

---

(1) Au point de vue des maximes économiques et des considérations générales, le mémoire le plus remarquable du recueil est bien celui du sieur Mesnager, député de Rouen. Louis XIV le choisit plus tard pour assister le maréchal d'Uxelles aux traités d'Utrecht (1713).

« et dehors ; il est impossible que les négociants se
» puissent étendre sur le pied que sont les choses...
» C'est la pierre d'achoppement... La liberté est l'âme
» et l'élément du commerce ; elle excite le génie et
» l'application des négociants qui, méditant sans
» cesse des moyens nouveaux de faire des découvertes
» et des entreprises, opèrent un mouvement perpétuel
» qui produit l'abondance partout : dès qu'on borne le
» génie des négociants par des limites, on détruit
» le commerce... On convient cependant qu'il est
» quelquefois nécessaire d'apporter de la restriction
» à cette liberté générale, par rapport au bien parti-
» culier des manufactures, des matières de notre crû,
» de nos colonies et de notre navigation ; mais faute
» de borne pour ces restrictions, on en a établi une
» quantité mal entendue qui cause beaucoup de mal
» au commerce... »

Après avoir ainsi indiqué en quelques lignes tout
le régime protecteur, M. Descaseaux cherchait à
établir la nécessité de la création immédiate d'une
sorte de corps de commerce séant à Paris, et qui se
serait relié avec toutes les villes commerçantes de
France au moyen des Chambres de Commerce, pour
les villes où il en existait, ou des corps de ville.

M. Descaseaux passait ensuite en revue les em-
pêchements principaux au développement du commerce, et, au premier rang, il plaçait le mépris dans
lequel on tenait alors ceux qui s'occupaient d'affaires,
les tracasseries incessantes des commis chargés de
percevoir les droits, et la multiplicité de ces droits. Pour
donner un exemple dans l'espèce, M. Descaseaux
citait les droits établis sur la Loire et dont le nombre

était tel, que de Roanne à Nantes on en comptait plus de *trente* différents. Il demandait à ce que tous ces droits fussent soumis à un examen sévère, et supprimés quand faire se pourrait.

M. Descaseaux examinait ensuite les relations commerciales de la France avec les autres peuples de l'Europe, cherchant à démontrer que la prohibition dont on frappait certains produits à l'entrée et à la sortie du royaume était nuisible.

« On ne peut oublier, disait-il, que les étrangers
» ne viendraient jamais enlever nos denrées, s'ils n'ont
» la facilité d'aporter et de permuter les leurs sans
» payer de trop gros droits. Quand ils partent de chez
» eux, ils roulent en l'esprit de quel costé ils iront ;
» ils le déterminent toujours pour les lieux les plus
» libres, d'autant plus que lorsqu'ils ne trouvent pas
» d'abord à vendre leurs cargaisons, ils ont cent
» inquiétudes à faire les nouveaux fonds pour des
» droits qui seraient gros. »

Pour pallier le tort que nous causaient certaines nations, entre autres les Hollandais, M. Descaseaux proposait d'établir en France un usage qui existait au Portugal et en Angleterre, usage par lequel les marchands qui y apportaient des marchandises étrangères étaient obligés d'en employer la valeur en denrées du pays. Pour le commerce avec le Levant, M. Descaseaux demandait que l'introduction des soies, limitée à Marseille, fut permise à Nantes : moyen de relever les manufactures de la Tourraine. M. Descaseaux demandait aussi que le transport des blés d'une province à une autre du royaume fut déclaré libre.

Arrivant aux compagnies commerciales qui existaient alors, M. Descaseaux s'exprimait ainsi : « Le com-
» merce de la mer est excessivement borné par sept
» compagnies qui sont établies à Paris, les unes
» privatives, les autres qui ne le sont pas. Celles pri-
» vatives, sont celle des Indes Orientales, celle de la
» Chine, celle de la Guinée, celle du Sénégal, celle
» d'Afrique et celle du commerce des castors du
» Canada. Les deux autres sont le parti du tabac qui
» détruit le commerce de Saint-Domingue, et la
» dernière est la compagnie des fournissements de la
» marine. »

M. Descaseaux prenant ensuite successivement chacune de ces compagnies, en examinait les priviléges et cherchait à démontrer que le commerce gagnerait considérablement à ce que ces priviléges fussent retirés, et les trafics déclarés libres. Il entrait notamment dans de très grands détails au sujet de la traite des nègres (commerce de Guinée) soutenant que les négociants particuliers feraient mieux que la compagnie existante.

Le mémoire se terminait ainsi : « Le député de
» Nantes présente ce mémoire avec docilité et sou-
» mission. Il peut s'y être trompé dans ses sentiments ;
» il s'en rapporte au jugement des personnes plus
» éclairées que luy et il suplie seulement que son zèle
» pour le bien public soit regardé favorablement (1).

En octobre 1701, le général du commerce de Nantes, en exécution d'ordres royaux, se rassembla pour déli-

____

(1) Le mémoire de M. Du Halley Descaseaux forme 212 pages in-4°.

bérer sur les statuts d'une Chambre de Commerce à établir à Nantes. Il fut arrêté de proposer :

« 1° Que ladite Chambre de Commerce se compo-
» serait des trois juges consuls en exercice, de six
» députés, d'un syndic et d'un secrétaire, choisis du
» nombre de tous ceux qui feraient commerce, qui
» seraient domiciliés dans la ville, et fauxbourgs,
» estant sujets du roy, sans aucune exception, ayant
» les qualités requises pour les charges publiques.
» 2° Que ladite élection se ferait par le général des-
» dits marchands.
» 3° Que deux ans après la première élection deux
» députés sortiraient, et qu'on procéderait à leur rem-
» placement. Ensuite, qu'une pareille réélection serait
» faite tous les ans.
» 4° Que le syndic aurait voix délibérative et
» servirait trois ans.
» 5° Que le secrétaire nommé par les députés et le
» syndic serait choisi pour 5 ans.
» 7° Que ladite Chambre s'assemblerait tous les
» lundis.
» 8° Qu'il serait tenu un registre de toutes les
» affaires qui seraient discutées et examinées à ladite
» chambre.
» 9° Que le secrétaire serait chargé de tous les
» mémoires qui seraient présentés à ladite Chambre. »

Ce plan, comme on le voit, était conçu sur une échelle très-large, et ne différait guère de ce qui existe aujourd'hui. Il n'eut aucune suite. En 1728, un nouveau projet de Chambre de Commerce fut de rechef proposé par le général du commerce sans plus de succès. Nantes, en un mot, ne posséda point de Chambre de Commerce régulièrement constituée, avant 1802. Les fonctions en furent remplies, jusqu'en 1791, par les juges consuls en exercice et les anciens juges qui convoquaient des assemblées générales du commerce toutes les fois que besoin en était.

En février 1702, M. Descaseaux vint à Nantes momentanément. A cette occasion le général du commerce s'assembla et des délégués furent nommés pour rédiger un mémoire qui devait lui être remis. Aux termes de ce mémoire, M. Decaseaux était invité à réclamer au conseil du commerce :

1° L'égalité des droits qui se percevaient sur la Loire ;

2° La suppression des péages et la liberté de navigation sur la Loire ;

3° L'établissement d'une Chambre de Commerce ;

4° La liberté de faire naviguer les vaisseaux dans toutes les concessions des compagnies privatives comme la chose la plus utile à l'Etat ;

5° En particulier la liberté du commerce des nègres.

« M. Descaseaux, disait le mémoire, s'attachera à
» faire voir à la cour la conduite abusive et intéressée
» des compagnies qui jouissent de ce commerce, qui
» loin de fournir le nombre des nègres nécessaires aux
» colonies, s'attachent, au contraire, à en entretenir
» la disette pour les vendre à un prix excessif. Que
» cette disette et cette cherté des nègres, et le besoin
» indispensable que les habitants de l'Amérique en
» ont pour mettre leurs terres en rapport, les excite et

» les met dans la nécessité d'en négocier continuelle-
» ment et secrètement avec les Anglais, les Danois et
» les Hollandais.

» Qu'à la faveur de cette introduction des nègres,
» les Anglais introduisent leurs denrées et marchan-
» dises dans nos colonies au préjudice des sujets du
» roy.

» Que les habitants ne pouvant les payer en mar-
» chandises pour les nègres qu'ils en reçoivent, les
» paient en argent. De là vient une grande exportation
» d'argent, très fâcheuse.

» Que la consommation des denrées et marchandises
» étant parfois remplie par les Anglais et autres nations,
» il s'ensuit que nos vaisseaux ne peuvent trouver à
» vendre leurs cargaisons d'entrée, etc., etc. »

M. Descaseaux retourna à Paris avec ce mémoire
qui devint ce que deviennent presque tous les mémoires.
Quelques mois après, en septembre 1702, les deux
années de députation de M. Descaseaux étant finies,
M. Laurancin, ancien juge et échevin en charge, fut
élu à sa place. En 1704, il fut lui-même remplacé par
M. Jean Pion (1).

En septembre 1704, le commerce de Nantes reçut
une lettre de M. de Ponchartrain, lui faisant connaître
que la compagnie de Guinée venait d'être invitée par
le Roi à délivrer des permissions pour le trafic des
nègres. Les négociants de Nantes délibérèrent sur cette

____

(1) On comprend bien que nous ne pouvons pas donner la liste chronologique de tous les députés du commerce de Nantes. Nous avons voulu seulement
nommer les premiers comme plus intéressants à connaître.

lettre, et à la suite de leur délibération, Nantes fut la première ville désignée pour jouir des permissions en question. Elles consistaient dans le transport, en Amérique, de 500 nègres par chaque ville.

En 1705 on remit à M. Pion, député de Nantes, un nouveau mémoire dans lequel les principales choses réclamées étaient la suppression des péages de la Loire, la suppression des compagnies privatives, et la réduction, en certains points, des tarifs existant.

Ce mémoire était signé par Pierre Lory, Pierre Burot, M. Rozée, M. Laurancin, Montaudouin, Gallon, etc., etc.

En 1710, nous trouvons la première trace officielle des réclamations du commerce de Nantes touchant la Loire. C'est une pétition adressée à l'intendant de Bretagne, dans laquelle on réclamait l'amélioration du port encombré par les sables qui ne permettaient plus aux navires d'un certain tonnage d'y mouiller, et causaient un préjudice sensible aux chantier de construction par l'impossibilité de lancer à l'eau les grands navires construits.

On demandait aussi avec instance, dans cette pétition, que la rivière fut visitée pour déterminer les travaux urgents à exécuter, pour combattre l'amoncellement des sables.

En 1715, les juges-consuls et négociants de Nantes adressèrent à M. Desmarets, conseiller général des finances, un mémoire pour lui demander la permission d'envoyer à l'étranger des sucres bruts, sans payer aucun droit. Ils fondaient leur demande sur ce que cette permission était nécessaire pour le soutien du commerce et des colonies, « afin de produire, di-

» saient-ils, des équivalents avec nos voisins pour les » marchandises qu'ils nous fournissent. » Ils ajoutaient que cette exemption ne préjudicierait en rien aux fermes, parce qu'elle n'aurait lieu que par rapport à la consommation ; que nos colonies fournissaient des sucres si abondamment, que non-seulement il y en avait pour la consommation du royaume, mais encore pour une partie de l'Europe. En sorte qu'il n'était pas à craindre que le royaume en manquât.

Sur cette demande, on accorda aux négociants de Nantes la permission de transporter à l'étranger 6,000 barriques de sucre du nombre de celles qui étaient en magasin, et 6,000 sur celles qui devaient être apportées dans ladite année par 87 navires, envoyés de Nantes aux îles d'Amérique. D'après le relevé fait à cette occasion, les quantités de sucre existant à Nantes s'élevaient à 10,784 barriques et 1,655 quarts.

II.

Aux années 1716 et 1717 se rattachent deux actes importants touchant le commerce de la Guinée et celui des îles d'Amérique. Comme ces deux commerces ont été la véritable source de la prospérité commerciale de Nantes au XVIII° siècle, qu'on nous permette d'entrer dans quelques détails à leur sujet.

Le commerce de la Guinée avait été donné, en 1685, à une Compagnie, comme le relate la notice historique de la page 115. Sous certaines immunités qui lui étaient accordées, cette Compagnie devait porter chaque année, pendant 20 ans, dans les colonies françaises d'Amérique 1,000 nègres, et dans le royaume 1,200 marcs de poudre d'or. Cette Compagnie subsista, dans ces conditions, jusqu'en 1701, puis sous le nouveau nom de *Compagnie de l'Assiente* jusqu'en 1713 (1). Nous avons vu le commerce de Nantes réclamer contre les privilèges accordés à cette Compagnie, disant qu'ils étaient nuisibles au bien des colonies. Nous avons vu aussi qu'en 1704 des permissions de faire la traite des nègres furent accordées à certaines villes parmi lesquelles Nantes se trouva au premier rang. Huet dit même (2) que les négociants de Nantes se chargèrent, à cette époque, d'exploiter le privilège de la *Compagnié de l'Assiente* en ce qui regardait les colonies françaises d'Amérique, en lui payant jusqu'à 15 % des valeurs introduites. Nous n'avons pas trouvé ailleurs la confirmation de ce fait. Quoiqu'il en soit, à partir de 1713, le roi délivra de nombreuses permissions pour le commerce de Guinée, et enfin en janvier 1716, parurent des lettres-patentes établissant la liberté pour ce commerce. Voici les principales dispositions de ces lettres-patentes.

« Louis, par la grâce de Dieu, roi de France et de
» Navarre, etc., etc.,
» ART. Ier. — Nous avons permis et permettons à
» tous les négociants de notre royaume de faire librement à l'avenir le commerce des nègres, de la poudre

----

(2) La Compagnie de Guinée prit le nom de *Compagnie de l'Assiente* à partir du moment où elle se chargea de l'introduction des nègres dans les colonies espagnoles. Le traité qui consacrait le droit de cette introduction fut signé à Madrid, le 27 août 1701, par M. Ducasse, chef d'escadre.

(3) *Recherches économiques et statistiques*, p. 137.

» d'or et de toutes les autres marchandises qu'ils
» pourront tirer des côtes d'Afrique depuis la rivière de
» Sierra-Leone jusqu'au cap de Bonne-Espérance, à
» condition qu'ils ne pourront ni arriver, ni équiper
» leurs vaisseaux que dans les ports de Rouen, La
» Rochelle, Bordeaux et Nantes (1).

» Art. III. — Les négociants, dont les vaisseaux
» transporteront, aux îles françaises de l'Amérique,
» des nègres provenant de la traite qu'ils auront faite
» à la côte de Guinée, seront tenus de payer, après
» le retour de leurs vaisseaux dans l'un des ports de
» Rouen, La Rochelle, Bordeaux ou Nantes, entre les
» mains du trésorier général de la marine en exercice,
» la somme de 20 *livres* par chaque nègre qui aura
» été débarqué aux susdites îles... A l'égard des négo-
» ciants dont les vaisseaux feront seulement la traite
» de la poudre d'or et d'autres marchandises à ladite
» côte, ils seront tenus, après le retour de leurs vais-
» seaux dans l'un desdits ports, de payer, entre les
» mains du trésorier de la marine, la somme de 3
» livres pour chaque tonneau du port de leurs vais-
» seaux.

» Art. V. — Voulons que les marchandises de
» toutes sortes, qui seront apportées par nos sujets,
» à droiture des côtes de Guinée dans les ports de
» Rouen, La Rochelle, Bordeaux et Nantes, soient
» exemptes de la moitié de tous droits d'entrée tant
» de nos fermes que locaux mis et à mettre. Voulons

(1) Plus tard, cette faculté fut étendue, comme nous le verrons, à tous
les ports auxquels il était permis de faire le commerce des îles françaises
d'Amérique.

» aussi que les sucres et autres espèces de marchan-
» dises que nosdits sujets apporteront des îles françaises
» d'Amérique, provenant de la vente et du troc des
» nègres, jouissent de la même exemption, en justi-
» fiant par un certificat du sieur intendant aux îles, ou
» du commissaire ordonnateur, ou du commis du
» domaine d'Occident, que les marchandises embar-
» quées audites îles proviennent de la vente ou du troc
» des nègres que les vaisseaux y auront déchargés....

» ART. VI. — Les toiles de toutes sortes, la quin-
» caillerie, la mercerie, la verroterie tant simple que
» contrebrodée, les barres de fer plat, les fusils,
» les sabres et autres armes et les pierres à fusil, le
» tout des fabriques de notre royaume, ensemble le
» corail, jouiront de l'exemption de tous droits de
» sortie, etc.

» ART. VII. — Permettons auxdits négociants d'en-
» treposer dans les ports de Rouen, La Rochelle,
» Bordeaux et Nantes les marchandises qu'ils tireront
» de Hollande et du Nord par mer seulement pour le
» commerce de Guinée; voulons aussi qu'ils jouissent
» de cet entrepôt pendant deux années seulement,
» etc., etc. »

Voilà quelles étaient les principales dispositions des
lettres-patentes de 1716. A la faveur de ces dispositions, les négociants se livrèrent avec plus ou moins
d'ardeur au trafic des nègres. Ceux de Nantes, à ce
qu'il paraît, s'y adonnèrent avec un empressement et
une persévérance tout particuliers, car, six ans après,
en 1722, parut un édit royal qui modérait en leur
faveur les droits fixés par tête de nègre débarqué aux

îles. Ce droit qui était de 20 liv., comme on l'a vu, était abaissé à 14 liv. Pour justifier cette réduction, l'édit royal s'appuyait sur ce que les négociants de Nantes avaient continué courageusement le trafic des nègres malgré les pertes importantes qu'ils avaient faites sur ceux qu'ils transportaient.

En 1720, la liberté de commerce à la côte de Guinée fut retirée et le privilége en fut donné à la Compagnie d'Occident, ou plutôt à la nouvelle Compagnie des Indes, à charge par elle de transporter par an, trois mille nègres au moins, aux îles françaises d'Amérique. (Art. 1er des lettres-patentes du 27 septembre 1720.)

La Compagnie devait jouir de l'exemption des droits de sortie sur les marchandises destinées au commerce de Guinée, et de l'exemption aussi de la moitié des droits d'entrée sur les marchandises apportées en droiture des côtes de Guinée ou celles venant des îles d'Amérique, et provenant de la vente des nègres (art. V et VI.)

Il lui était payé, à titre de gratification, 13 livres par chaque nègre importé aux îles françaises de l'Amérique, et 20 livres par marc de poudre d'or importé dans le royaume. Elle était en outre déchargée des 20 livres par tête de nègre et 3 livres par tonneau de marchandises fixés par l'art. III des lettres-patentes de 1716 (art. VIII et IX). La position était faite belle à la Compagnie des Indes; mais comme nous aurons occasion de le dire ultérieurement, elle ne s'occupa que fort peu, par elle-même, de l'exploitation du privilége qui venait de lui être ainsi accordé. Elle délivrait, moyennant une redevance variable, des permissions pour le commerce de Guinée, et ces permissions mirent peu à peu le trafic des nègres entre les mains des négociants particuliers et surtout des Nantais. Plusieurs arrêts royaux intervinrent pour déterminer la forme et la valeur des permissions ainsi délivrées. Ils déclarèrent, en substance, que les vaisseaux qui en seraient munis jouiraient des mêmes privilèges et immunités que ceux de la Compagnie. Nous avons vu qu'aux termes des lettres patentes de janvier 1716, les vaisseaux qui se destinaient au trafic des nègres ne pouvaient être armés que dans les ports de Rouen, La Rochelle, Bordeaux et Nantes. Les négociants n'osaient point armer ailleurs que dans ces ports. Des arrêts de 1741 et 1748 déclarèrent que désormais tout vaisseau muni d'une permission de la Compagnie des Indes pour faire la traite des nègres, pourvu qu'il fut armé dans l'un des ports auxquels le commerce avec les îles françaises de l'Amérique était permis, pouvait librement se livrer à cette traite. Cette situation dura jusqu'en 1767, époque à laquelle le commerce avec la Guinée fut déclaré libre pour la seconde fois.

Passons au commerce avec les îles d'Amérique. Nous avons vu que le privilége exclusif pour ce commerce accordé à une Compagnie fondée par Colbert en 1664, lui avait été retiré dès 1674. A partir de cette époque, ce commerce fut déclaré libre. Il intervint successivement à cet égard plusieurs arrêts, mais le besoin d'en préciser le sens et la portée étant devenu impérieux, les lettres-patentes d'avril 1717 furent publiées et firent cesser la confusion qui régnait dans l'interprétation de ces arrêts.

Voici quelques extraits de ces lettres-patentes qui ne comprenaient pas moins de 31 articles.

« ART. Ier. — Les armements des vaisseaux destinés
» pour les îles françaises de l'Amérique seront faits
» dans les ports de Calais, Dieppe, le Havre, Rouen,
» Honfleur, Saint-Malo, Morlaix, Brest, Nantes, La
» Rochelle, Bordeaux, Bayonne et Cette. »

Plus tard on leur adjoignit ceux de Marseille, Dunkerque et Vannes.

» ART. III. — Toutes les denrées et marchandises,
» soit du crû ou de la fabrique du royaume, même
» la vaisselle d'argent ou autres ouvrages d'orfèvrerie,
» les vins et eau-de-vie de Guyenne ou autres pro-
» vinces, destinés pour être transportés aux îles et
» colonies françaises, seront exemptes de tous droits
» de sortie et d'entrée, tant des provinces des cinq
» grosses fermes que de celles réputées étrangères,
» comme aussi de tous les droits locaux, en passant
» d'une province à une autre, et généralement de tous
» autres droits qui se perçoivent à notre profit, à
» l'exception de ceux unis et dépendant de la ferme
» générale des aides et domaines. »

Suivaient quelques articles se rapportant aux droits à payer par certaines marchandises et aux exemptions accordées à certaines autres, comme le bœuf salé.

« ART. XV. — Les marchandises et denrées de
» toutes sortes du crû des îles et colonies françaises

» pourront, à leur arrivée, être entreposées dans les
» ports de Calais, Dieppe, le Havre, Rouen, Honfleur,
» La Rochelle, Bordeaux, Bayonne et Cette, au moyen
» de quoi, lorsqu'elles sortiront de l'entrepôt, pour
» être transportées en pays étrangers, elles jouiront de
» l'exemption des droits d'entrée et de sortie, même
» de ceux appartenant au fermier du domaine d'Occi-
» dent, à la réserve des 3 % auxquels elles seront
» seulement sujettes. »

Les articles XVI, XVII, XVIII réglaient l'exercice de cette faculté de réexportation, et déterminaient les bureaux par lesquels les marchandises devaient sortir.

« ART. XIX. — Les marchandises ci-après spécifiées
» provenant des îles et colonies françaises et destinées
» pour être consommées dans le royaume, paieront à
» l'avenir pour droits d'entrée dans les ports de Calais,
» Dieppe, le Havre, etc., etc. »

Suivait l'énumération des droits à acquitter selon la nature des marchandises et le port de débarquement.

Postérieurement aux lettres patentes de 1717, il intervint un assez grand nombre d'arrêts, d'édits, interprétant et modifiant leurs dispositions; mais cependant elles demeurèrent, jusqu'en 1789, comme la base de la législation pour la navigation avec les colonies françaises d'Amérique.

Saint-Domingue restait encore entre les mains d'une compagnie privative. En 1720, elle rendit son privilège au roi et le commerce avec cette île fut également déclaré libre.

III.

A l'époque où nous sommes arrivé (1716) se ratta-chent les opérations financières et économiques de l'écossais Law. Ces opérations ont une corrélation tellement intime avec l'histoire commerciale de notre pays qu'il nous est difficile de n'en pas parler quelque peu (1).

La première partie des opérations de Law fut aussi habile qu'heureuse.

Il commença par obtenir du régent de fonder une banque au modeste capital de six millions, qui se présenta pour faire le service de l'escompte des lettres de change, recevoir les dépôts et émettre des billets remboursables à vue.

Tout d'abord on ne fit que rire de l'établissement de cette banque ; mais Law ayant annoncé qu'il escompte-rait les bonnes valeurs à 6 % au lieu de 30 %, taux ordinaire de l'époque, l'argent lui afflua bientôt de l'intérieur et de l'étranger.

Il ne s'en tint pas là.

La Compagnie des Indes Orientales, fondée par Colbert, n'avait pu se soutenir, comme nous l'avons vu. Elle avait fini par vendre son privilége à quelques riches négociants de Saint-Malo. D'un autre côté, la concession du commerce de la Louisiane était alors entre les mains d'un nommé Crozat, auquel cette

(1) Depuis Colbert jusqu'à Law, l'histoire commerciale de la France n'offre que des pages tristes à lire et que nous avons eu déjà occasion de signaler : la révocation de l'édit de Nantes, la paix de Ryswick et les traités d'Utrecht.

concession était devenue tellement onéreuse qu'il ne songeait qu'à la vendre. Il l'offrit à Law qui l'accepta hardiment, et qui imagina d'en tirer, pour relever le commerce et les finances de la France, un parti aussi ingénieux que fécond.

Le régent auquel il exposa ses vues lui accorda, par lettres patentes, l'autorisation de créer une Compagnie dite *d'Occident*, destinée à exploiter les possessions françaises de l'Amérique du Nord. Cette Compagnie constituée, Law acheta les priviléges du commerce du Sénégal et de celui de la côte d'Afrique. Enfin, des lettres patentes lui concédèrent ceux des Indes-Orientales, de la Chine et de la Guinée. Ce fut alors que la Compagnie d'Occident devint Compagnie générale des Indes. De plus Law se rendit adjudicataire de la ferme des tabacs, des cinq grosses fermes, etc., etc., de sorte qu'il se présenta au public émerveillé comme l'entrepreneur général des finances, du commerce intérieur et du commerce maritime.

C'est à partir de cette heure et par une suite de mesures dont les dernières furent trop hasardeuses, que la fortune de Law commença d'être ébranlée et finit par crouler. Il constitua d'abord sa Compagnie au capital de cent millions, payables en billets d'Etat, pourvu que l'intérêt de 4 %, qu'ils portaient, fût fidèlement maintenu Il offrit ensuite à l'Etat de lui avancer à 8 % 1,200 millions destinés à rembourser les rentes, pourvu qu'en lui concédant le bail des fermes générales, on l'autorisât à émettre des actions au porteur produisant trois pour cent d'intérêt garantis par le paiement de l'Etat. Jusque là c'était bien, mais ce qui ne le fut plus, ce fut de multiplier ses actions au-delà de toute proportion avec le numéraire existant dans le royaume. Il s'ensuivit ce que tout le monde sait : un agiotage effroyable. La rue Quincampois où Law avait établi ses bureaux, fût le théâtre de scènes incroyables. Les actions montèrent de cinq cents à cinq mille livres. Law vint à s'effrayer lui-même de cette passion de jeu, il voulut arrêter le torrent, mais il était trop tard. Le torrent était impétueux et l'entraîna avec lui (1).

La liquidation qui suivit la chute de Law fut lourde, comme on le pense bien. Elle emporta avec elle toutes les institutions de crédit qu'il avait essayé de fonder, à l'exception de la Grande Compagnie des Indes qui résista. Elle reçut l'ordre de fournir son bilan. Il résulta, de son examen, que par une suite de manœuvres très-habiles, elle avait acquis un fond de plus de 500 millions, qu'elle avait accompli des entreprises commerciales considérables et avantageuses, qu'elle avait armé plus de cinq cents navires, qu'elle avait expédié de riches cargaisons ; enfin, que ses écritures étaient dans un ordre tellement irréprochable que l'envie n'y pouvait rien trouver à redire. Sur cet exposé de faits, ses priviléges lui furent continués. Des lettres patentes, en 1725, en réglèrent d'une façon déterminée l'étendue. Ainsi elle eut en jouissance : le commerce exclusif dans la mer des Indes ; — à la côte occidentale d'Afrique depuis le cap Blanc jusqu'au cap de Bonne-Espérance (Sénégal et Guinée) ; — à la côte de Barbarie et à la Louisiane ; — le privilége exclusif de la vente du castor, du tabac et du café. Nantes et

_____

(1) Voir l'excellent travail sur Law, dans l'*Histoire de la politique commerciale de la France*, par Ch. Gouraud.

Lorient étaient les deux ports désignés pour l'entrepôt des marchandises apportées par la Compagnie.

De ces priviléges, il en fut quelques-uns dont la Compagnie ne s'occupa que médiocrement. Ainsi, en 1730, elle rendit au roi le privilége pour le commerce à la côte de Barbarie; en 1731, celui du commerce avec la Louisiane, et enfin le commerce de Guinée était fait en entier par les négociants du royaume, auxquels elle délivrait des permissions, dont nous avons déjà parlé.

Nous n'avons point à faire ici une histoire de la *Compagnie des Indes* (1). Mais chacun sait que de 1725 à 1755, elle jeta, grâce aux talents administratifs et militaires de Dumas, de Dupleix et de Labourdonnais, un éclat qui eût pu se changer en une grandeur durable sous un gouvernement plus soucieux de la prospérité commerciale du pays. Cet éclat s'éteignit à la paix signée à Paris en 1763, et qui coûta si cher à la France (2). En 1769, la Compagnie des Indes fut supprimée et la liberté du commerce dans ses possessions déclarée.

IV.

Depuis 1720, Nantes avait pour maire Gérard Mellier. C'était un homme d'affaires dans l'acception la plus large et la plus intelligente du mot, et son adminis-

---

(1) Voir le mémoire de l'abbé Morelet, inséré dans l'*Encyclopédie méthodique*, section *Commerce*, article *Compagnie*.

(2) Minorque, dans la Méditerranée; l'Acadie, le Canada, le golfe et fleuve Saint-Laurent, la Grenade, Saint-Vincent, Tabago, la Dominique, la Louisiane, en Amérique; le Sénégal et ses comptoirs, en Afrique; la démolition de Dunkerque, en France, voilà le prix auquel cette paix fut signée.

tration a laissé dans notre ville des souvenirs qui ne sauraient s'effacer.

Aux premiers jours de cette administration se rattache une décision digne de remarque. Cette décision, en date du 7 novembre 1720, déclarait que la commune acheterait les prairies au Duc et de la Madeleine *pour favoriser les développements de la ville.*

Voici les termes textuels de la délibération municipale qui amena cette décision : « M. le Maire expose » que la situation de la ville de Nantes excite l'admi- » ration de tous ceux qui ont occasion d'y venir, mais » qu'il serait urgent de l'embellir et de l'augmenter » pour le bien public et l'utilité du commerce ; que, » notamment, les prairies de la Madeleine et du Duc, » particulièrement cette dernière, où les vaisseaux abor- » dent avec facilité, pourraient être employés utilement » si *on prenait* le parti d'y bâtir des quais, pour en » élever le terrain, pour y construire des magasins. » On dit que le projet de Gérard Mellier se brisa contre les résistances de l'administration hospitalière.

Ce n'était point la première fois que l'idée de faire servir la prairie au Duc à l'agrandissement de Nantes se produisait. Dès le XVIIe siècle, une comgagnie hollandaise avait proposé de transformer la prairie au Duc en un quartier traversé de canaux et disposé en édifices consacrés au commerce.

En 1712, avons-nous dit, le commerce de Nantes avait adressé à l'intendant de Bretagne une pétition relative à l'amélioration du cours de la Loire. Ce ne fut qu'en 1721, qu'on s'occupa de cette pétition. M. de Lafond, ingénieur du roi, fut chargé de visiter le fleuve pour déterminer les travaux à exécuter-pour

combattre l'amoncellement des sables. **M. de Lafond**
fit deux projets. Par le premier, il proposait d'ouvrir
un canal dans la prairie de Mauves, au-dessus de la
ville. Le deuxième avait pour objet les ouvrages nécessaires dans le fleuve, de Nantes à Paimbœuf. (1)

En 1724, fut commencée, sur le Port-au-Vin une
nouvelle Bourse qui fut achevée en 1733. Elle couta
130,000 livres. Les plans étaient de M. Lafond, ingénieur, et l'entrepreneur M. Laillaud.

En 1729, la valeur des expéditions faites de Nantes
pour la côte de Guinée s'éleva à 1,215,340 liv., et la
valeur de celles pour les îles d'Amérique à 6,348,800
liv. Les retours atteignirent 7,583,840 liv., c'est-à-dire
qu'ils égalèrent à peine les fonds employés.

La même année, les rapports de Nantes avec les
différents Etats de l'Europe se traduisirent comme
suit (2) :

	Importations.	Exportations.
Angleterre	622,527 liv.	313,212 liv.
Hollande...........	984,341	3,498,769
Suède, Danemark et Allemagne	364,065	2,287.961

(1) De 1710 jusqu'à la Révolution de 1789, la Loire donna lieu à des
réclamations presqu'incessantes, à des pétitions nombreuses. On pense bien
que nous ne citerons pas toutes ces réclamations, toutes ces pétitions. Elles for-
meraient un volume et n'offriraient en somme qu'un intérêt médiocre, car ce
sont les mêmes questions qui reviennent constamment sur le tapis. Nous ne donnerons pas non plus la liste chronologique des sommes votées par les Etats de
Bretagne, pour faire droit à ces pétitions. Nous nous bornerons à parler des
projets principaux proposés et exécutés pour l'amélioration du fleuve.

Voir, pour renseignements, *La Loire au XVIIIe Siècle*, par M. Ev. Colombel (1851), travail très intéressant sur la matière.

(2) Huet : *Recherches économiques et statistiques.*

	Importations.	Exportations.
Espagne	402,108 liv.	285,685 liv.
Portugal	63,734	105,199

L'année 1732 vit cesser la confrérie commerciale connue sous le nom de *Contractation* et qui existait depuis 1494 entre des marchands de Nantes et de Bilbao. Nous avons eu occasion de parler à diverses reprises de cette confrérie. Nous n'avons rien de plus à ajouter à ce qui a déjà été dit.

A la même époque, le sieur Abeille fut appelé par la communauté de ville à visiter la Loire. Il indiqua un mode de nettoiement du fleuve, dressa un plan et le présenta avec un devis à l'appui, mais la ville se trouvait dans l'impossibilité de fournir les fonds nécessaires pour l'exécution du projet. Elle s'adressa aux Etats de Bretagne qui, le 5 novembre 1740, votèrent 40,000 liv. *pour être employées au nettoiement du canal de la rivière de Loire, parce que la communauté de Nantes fournira au surplus de la dépense.* Sur ces 40,000 liv. on paya une certaine somme au sieur Abeille pour ses frais et honoraires, et les choses en restèrent-là.

En **1733**, Jean-Paul Vigneu, secrétaire du général du commerce depuis 1730, et dont les appointements n'étaient que de 1,500 livres, reçut une augmentation de 500 livres légitimée par les services qu'il avait déjà rendus au commerce de Nantes dans la place qu'il occupait (1).

(1) Voir sur Vigneu, *Dictionnaire géographique des Gaules*, art. Nantes, et l'ouvrage de Huet, ci-dessus cité.

Saint-Malo, dont le commerce dépérissait, fit, à cette époque, demande au roi de la franchise de son port. Nantes, alarmée, publia un mémoire pour combattre cette prétention. Nous avons sous les yeux un extrait de ce mémoire, et nous y puisons les chiffres suivants qui nous semblent dignes d'intérêt.

Pendant l'année 1735, Nantes avait reçu de l'Europe :

D'ANGLETERRE.

Bœuf.....	barils	18,032
Beurre salé...................	livres	807,450
Cuirs verts....................	—	8,130
Charbon de terre...............	barils	2,227
Suif..........................	livres	145,450

DE HOLLANDE.

Bois de teinture...............	livres	237,775
Cuivre et chaudrons...........	—	40,165
Fromage	—	190,125
Fil de fer.....................	—	16,375
Poudre à tirer.................	—	23,890
Plomb.........................	—	43,850

DE FLANDRE.

Planches de sapin................... .	46,373

DU DANEMARCK.

Fer	livres	30,550
Goudron	barils	422
Planches de sapin...................		22,706

DU PORTUGAL.

Cauris (petit coquillage)........	livres	35,351
Bois de campêche.................		37,400

DE L'ESPAGNE, DES VILLES HANSÉATIQUES, DE RUSSIE.

Fer	livres	1,176,200
Laine......................	—	164,366
Azur......................	—	63,250
Cuivre et cuivrerie...........	—	35,110
Goudron	barils	320
Plomb.....................	livres	16,375
Platilles pour guinée..........	—	15,600
Planches		2,005

DE SUÈDE.

Brai gras...................	barils	548
Fer	livres	373,300
Goudron	barils	2,051
Mâts		503
Planches de sapin.............		30,466

Par contre, Nantes avait expédié pour l'Europe :

POUR LA FLANDRE IMPÉRIALE.

Café	livres	8,180
Cuirs en poil...............	—	556
Coton en poil...............	—	21,970
Eau-de-vie	barils	2,908
Indigo	livres	1,350
Pruneaux	—	9,650

Sucre terré	livres	194,425
Sucre brut	—	254,600
Sirop	—	244,400
Toiles de Bretagne	—	495
Vin de la Loire	tonneaux	2,114
Cuirs de vaches	—	1,900
Eau-de-vie	barriques	1,018
Fil de Rennes	livres	8,845
Indigo	—	6,854
Mercerie fine	—	5,084
Douvelles de merrains	—	19,600
Quincaillerie	—	27,350
Sucre terré	—	1,484,800

POUR LE PORTUGAL.

Sirop	livres	32,000
Toiles de Bretagne	—	112,115
Blé	tonneaux	10,882
Café	livres	5,730
Indigo	—	3,915
Eau-de-vie	barriques	255
Mercerie fine	—	1,030
Quincaillerie	—	1,700
Sucre terré	—	144,100

POUR L'ITALIE.

Sirop	livres	66,000
Toiles de Bretagne	—	22,324
Blé	tonneaux	2,178
Café	livres	12,360
Indigo	—	13,700
Mercerie fine	—	500

Sucre en pains...............	livres	57,400
Sucre terré...............	—	1,562,500

VILLES ANSÉATIQUES ET RUSSIE.

Beurre d'Irlande.............	livres	71,000
Bois rouge....	—	455,300
Bois de buis............. ..	—	4,900
Café	—	131,450
Indigo..................	—	68,530
Miel de Bretagne.............	—	196,750
Pruneaux	—	121,000
Sel...................	muids	9,885
Sucre terré.................	—	1,997,550
Sirop.................	—	28,300
Miel de Bretagne.............	—	2,765

POUR LA HOLLANDE.

Café...................	livres	438,100
Confitures..............	—	4,900
Eau-de-vie	barriques	212
Gingembre	livres	29,925
Indigo.................	—	242,020
Miel de Bretagne	—	65,550
Rocou..................	—	8,150
Sel...................	muids	2,917
Sucre terré................	livres	5,759,825
Sucre brut................	—	4,006,650
Sirop.................	—	556,625

POUR LE DANEMARCK.

Café...................	livres	5,410
Eau-de-vie	barriques	753

Sel......................	muids	889
Sirop.....................	livres	5,950

POUR LA SUÈDE.

Eau-de-vie...................	barriques	150
Indigo.....................	livres	2,600
Sel......................	muids	552
Sucre terré..................	livres	123,750

POUR L'ESPAGNE.

Sirop.....................	livres	30,800
Blé......................	tonneaux	9,396
Café.....................	livres	11,000

Dans ce détail ne sont point compris les marchandises de la Compagnie des Indes et les objets de peu d'importance.

L'année suivante, en 1736, il fut apporté à Nantes par 96 navires :

Cacao	livres	25,744
Café.................	—	931,271
Rocou	—	3,616
Sucre terré..........	—	11,209,596
Coton	—	367,035
Cuirs secs...........	—	1,582
Gingembre	—	174,851
Sucre brut...........	—	19,170,710
Ecaille.............	—	6,842

Les expéditions pour la côte de Guinée et les

Antilles s'élevèrent à 5,794,000 liv. et les retours à 7,511,080 liv.

Voici maintenant quelques autres chiffres que nous avons trouvés aux archives de la Chambre de Commerce et qui résument le mouvement de la navigation, à Nantes, à l'entrée pendant les colonies, l'étranger et la grande pêche, pendant les années 1730-1731, 1731-1732, 1733-1734, 1734-1735 :

Du 1er oct. 1730 au 30 sept. 1731........	104 nav.	sur lest	5,932 Tx.
	41 —	chargés	2,432
Du 1er oct. 1731 au 30 sept. 1732.......	159 —	sur lest	10,390
	61 —	chargés	2,432
Du 1er oct. 1733 au 30 sept. 1734.......	291 —	sur lest	18,671
	74 —	chargés	2,432
Du 1er oct. 1734 au 30 sept. 1735.......	315 —	sur lest	24,403
	62 —	chargés	2,432

Dans ces années, d'après une autre note, il arrivait habituellement à Nantes 1,500 tonneaux de sel.

On voit que le mouvement commercial de Nantes avec l'Europe était déjà considérable. La statistique qui précède, c'est le mémoire de M. Béchameil de Nointel, traduit par des chiffres, et rendu par suite plus appréciable au premier coup-d'œil. On aura remarqué sans doute les quantités de sucre terré et brut importées à Nantes. Elles s'élevaient déjà à plus de 15 millions de kilog., chiffre énorme pour le temps.

A l'année 1735 se rattache encore un fait très remarquable : c'est un mémoire du Commerce de Nantes dans lequel il cherchait à démontrer la nécessité d'établir un bassin à flot au bas du fleuve.

« Les malheurs passés et les naufrages, disait ce
» mémoire, ont fait souhaiter aux habitants de Nantes
» la construction d'un bassin à Paimbœuf pour y
» mettre leurs vaisseaux. leurs barques et leurs bateaux
» en sûreté.

» Les pertes fréquentes et presque journalières de
» leurs vaisseaux leur font aujourd'hui envisager ce
» bassin comme étant un remède indispensable et
» l'unique ressource contre la ruine entière de leur
» navigation. De quelque côté que l'on envisage la
» nécessité de ce bassin, on la sentira absolue, et rien
» n'y peut suppléer, car, nous le répétons, c'est
» l'unique moyen que l'on puisse opposer à la ruine
» de la navigation de Nantes. Qu'on parcourre, qu'on
» visite toutes les villes maritimes du royaume : on
» ose avancer qu'il n'en est point d'aussi opulente et
» dont les habitants soient plus entreprenants que
» ceux de Nantes; qu'il est peu de port plus conve-
» nable, plus nécessaire et mieux situé pour l'étendue
» du commerce.

» Ses armements pour l'Afrique, l'Amérique et
» l'Europe prouvent le grand commerce par mer de
» cette ville et de la rivière pour le transport des
» marchandises qu'elle introduit dans le royaume;
» c'est cette ville qui fournit non-seulement la Bretagne
» de denrées de toutes sortes, mais encore une partie
» du Poitou et de la Normandie, l'Anjou, le Maine, la

» Touraine, l'Orléanais et le Blaisois. Elle envoie
» quantité de marchandises à Lyon et à Paris, en un
» mot dans toute la France et jusqu'en Suisse. Les
» villes situées le long de la Loire ne subsisteraient ni
» n'auraient aucun commerce si Nantes n'avait plus
» de port par où elles puissent recevoir les marchan-
» dises qui leur sont nécessaires, ni envoyer au dehors
» des denrées de leurs provinces propres à l'étranger
» qui, par là, deviendraient sans valeur, puisqu'elles
» n'auraient plus de débouchés.

» L'accroissement de la navigation au bas du fleuve
» ne préjudicierait en rien à Nantes ; au contraire, la
» ville y trouverait ses convenances, de nouvelles
» facilités pour la navigation, une grande diminution
» de frais, de dépenses. Il y aurait moins de frais,
» moins de travaux que dans la rade et dans le port ;
» il n'y aurait pas besoin d'ancres, d'amares, de
» cordages comme en rade ; les navires y seraient
» à l'abri de tous les risques, des avaries, des nau-
» frages, des ouragans qui causent tant de pertes
» dans la rade de Paimbœuf. On y ferait les ar-
» mements et radoubs ; les gabares ou barques de
» transport y porteraient, y embarqueraient en toute
» sûreté les marchandises qu'on expédie de Nantes
» et chargeraient de même celles qu'on y envoie du
» dehors. »

Comment ne pas trouver ce document digne de la
plus sérieuse attention ? On y lit énoncés tous les avantages et les inconvénients qu'on fit valoir ultérieurement
quand il fut question de construire un bassin à flot à
Saint-Nazaire. Et l'on voit qu'à cette époque, le com-

merce de Nantes n'hésitait pas à se prononcer pour l'affirmative. On aura remarqué sans doute aussi, dans ce document, les renseignements touchant les provinces que la Loire approvisionnait.

En 1738, Nantes reçut 831,400 morues vertes, 5,786 quintaux de morue sèche, 126 barriques d'huile et 105 barriques de rogues. Ces importations se firent par 54 bâtiments dont un seul était parti de Nantes.

En 1744, les négociants de Nantes armèrent un vaisseau pour garder les côtes : il fut nommé le *Soleil*. Le roi voulant reconnaître ce zèle, rendit un arrêt, la même année, par lequel il autorisa les juges-consuls à percevoir un droit sous le nom de *petites avaries*, pour frayer à la dépense, à l'entretien et aux gages de l'équipage de ce navire.

En 1746, M. de Caux, ingénieur, vint visiter la Loire et adopta le projet de construire un bassin à Paimbœuf. Il était question aussi de rattacher ce bassin au port de Nantes par un canal de navigation.

La même année, une compagnie qui se forma pour cet objet, offrit au commerce de Nantes d'exécuter tous les travaux reconnus nécessaires pour améliorer la navigation de la Loire, moyennant qu'il lui fut accordé un droit de 20 s. par tonneau sur tous les navires entrant et sortant de Loire. Le *général* du commerce publia un mémoire au sujet des propositions de cette compagnie. Nous y avons trouvé qu'en 1743 il était entré en Loire 712 navires au-dessus de 30 tonneaux, jaugeant ensemble 65,810 tonneaux.

Ces chiffres se décomposaient comme suit :

483 navires	français	42,640 Tx.
11 —	anglais............	690
110 —	hollandais	10,870
8 —	flamands	1,230
75 —	du Nord	8,250
17 — -	suédois	1,350
8 —	espagnols	780
712 navires		65,810 Tx.

Le mémoire concluait au rejet de la proposition, se basant sur ce que la compagnie ne pouvait faire, avec le produit du droit qu'elle demandait, tous les travaux nécessités par le nettoiement, et qu'il serait impolitique d'assujettir les bâtiments étrangers au droit de 20 s. par tonneau. « Le roi seul, disait en » terminant le mémoire, peut faire exécuter les » travaux. »

En 1749, les ingénieurs Charron et Pelletier furent de nouveau consultés sur le mode à employer pour nettoyer la Loire. Le sieur Pelletier fut d'avis que le seul moyen de réussir dans une entreprise aussi difficile était de rétrécir le lit de la rivière, afin que le courant, devenu plus rapide, entraînât les sables.

Tous ces projets n'eurent aucune suite.

En 1752, la valeur des exportations aux Antilles s'éleva à 7,870,790 liv. et celle des importations à 16,475,686. En comparant ces chiffres à ceux que nous avons déjà donnés en 1729 et en 1736, on peut voir que les affaires, avec les Antilles, devenaient de plus en plus importantes. Ce progrès s'est continué jusqu'en 1790.

Les projets des ingénieurs Abeille, de Caux, Charron et Pelletier, pour l'amélioration de la Loire, n'eurent, avons-nous dit, aucune suite. Les choses demeurèrent en l'état jusqu'en 1753. A cette époque, le duc d'Aiguillon vint prendre la charge de lieutenant-général du comté nantais ainsi que du gouvernement de toute la province. Le duc d'Aiguillon était un homme actif et s'entendant en administration. Il vit le mal, le signala et on se remit à l'œuvre. Il appela auprès de lui le sieur Magin, ingénieur de la marine. La Loire fut sondée et parcourue en tous sens, et l'on adopta le projet qui tendait à réunir les eaux de la rivière en un seul canal pour en augmenter la masse et l'énergie.

Des crédits furent ouverts à l'ingénieur Magin. En 12 ans, 527,000 liv. furent dépensées en construction de digues et d'épis qui réunissaient les îles et dirigeaient les courants contre les bancs de sable formés ou naissants.

Ces travaux amenèrent de bons résultats. On obtint une plus grande profondeur de cinq pieds dans toute l'étendue des digues. Cependant une cabale s'organisa contre l'ingénieur Magin. Il fut vivement attaqué et publia, pour se défendre, un mémoire dans lequel il prouvait, d'une manière évidente, les améliorations apportées dans le régime du fleuve par les digues qu'il avait fait construire. Il disait notamment qu'il avait réduit à deux, les six bras dans lesquels les eaux étaient divisées devant la ville de Nantes, et qu'à la Fosse où leur profondeur n'était naguère que de 3 pieds à 3 pieds 1/2, elle atteignait depuis 5 pieds jusqu'à 12 (1).

----

(1) Voir *la Loire au XVIIIe siècle*, de M. Év. Colombel, déjà citée.

Nous aurons ultérieurement à reparler encore des travaux de l'ingénieur Magin.

En 1754 parut un règlement concernant les pilotes. L'amirauté en fixa le nombre comme suit : 12 au Croisic, 10 à Bourgneuf, 48 à Saint-Nazaire, et 60 depuis Paimbœuf jusqu'à Nantes.

L'année 1757 nous a laissé le souvenir de la fondation de la *Société d'Agriculture* de Bretagne, dont les mémoires publiés en deux volumes forment un ouvrage intéressant à consulter. On y trouve des idées très-avancées pour l'époque sur le fermage, la culture des terres, le commerce des grains et plusieurs points importants d'économie agricole et politique. La première pensée de cette société appartient à M. Montaudouin de la Touche, négociant à Nantes.

En 1758, la disette de grains se faisant vivement sentir en Bretagne et surtout à Nantes, les négociants de cette place formèrent une société qui versa une somme de 309,799 liv. pour achats de blé. Cette opération donna de la perte à la société ; mais en revanche, elle reçut de M. le duc de Duras, commandant général de la province, une lettre excessivement flatteuse, dans laquelle il la remerciait de son dévoûment et de sa bonne action.

La même année, Louis Langevin établit à Nantes la première manufacture d'indiennes que nous ayons eue. Les produits de cette manufacture trouvaient un placement avantageux pour la traite des nègres : aussi en vit-on promptement s'établir d'autres qui donnèrent également des résultats avantageux.

En 1765, les Etats s'assemblèrent à Nantes. Ce fut dans cette circonstance que le commerce de Nantes se chargea du bail des *devoirs* (1) de la province en mettant une enchère de 100,000 liv. sur le fermier. Ce bail fut fait moyennant la somme de 650,000 liv. pour 2 ans ; plus 50,000 liv. pour l'extinction, pendant ces 2 ans, de la taxe sur l'industrie. Ces sommes furent couvertes par une souscription par action de 2,200 liv. Il fut nommé 13 commissaires chargés d'administrer cette affaire.

On a conservé une relation exacte et détaillée de ces faits. Nous en avons trouvé un exemplaire aux archives de la Chambre de Commerce. Expilly l'a donnée en entier dans son *Dictionnaire géographique*.

Puisque le nom d'Expilly vient sous notre plume, nous ne le quitterons pas. C'est lui qui va nous fournir les matériaux nécessaires pour dresser la statistique du commerce de Nantes en 1764-1765 (2).

Le mouvement de la navigation, dans le port de Nantes, se décomposa comme suit pendant l'année 1764 :

---

(1) On appelait *devoirs* les droits qui se levaient sur les vins, cidres, bières et eaux-de-vie qui se consommaient en détail dans toutes les villes, bourgs et paroisses de la province. Ils se divisaient en *grands et petits devoirs*. Les *grands devoirs* consistaient en 4 s. par pot sur le vin étranger, ce qui faisait 40 liv. par pipe ; en 2 s. 8 d. par pot de vin breton vendu hors l'évêché qui l'avait produit ; en 1 s. 4 d. par pot de vin breton consommé au lieu de consommation ; en 8 d. par pot de cidre et de bière ; en 25 sols par pot d'eau-de-vie.

Les *petits devoirs* consistaient en 5 liv. 10 s. par barrique de vin étranger, et 2 liv. 15 s. par barrique d'autres boissons.

La barrique valait 100 pots et la pipe 2 barriques.

Le produit des devoirs servait à acquitter le *don gratuit* accordé au roi, à chaque tenue des Etats, sur la demande des commissaires députés à cet effet.

(Mémoire de M. Béchameil de Nointel.)

(2) On sait que l'article Nantes, du Dictionnaire d'Expilly, est de Greslan, sous-maire de cette ville, de Hubelot, avocat, et d'une troisième personne dont le nom est resté inconnu.

<table>
<tr><td>Navires sortis pour</td><td></td><td>Navires entrés venant</td><td></td></tr>
<tr><td>La Guinée........</td><td>29</td><td>Des îles françaises d'Amérique.....</td><td>128</td></tr>
<tr><td>Les îles françaises d'Amérique.....</td><td>106</td><td>D'Angleterre , d'Ecosse et d'Irlande.</td><td>36</td></tr>
<tr><td>L'Angleterre , l'Ecosse et l'Irlande.</td><td>19</td><td>De Danemark.....</td><td>6</td></tr>
<tr><td>Le Danemark.....</td><td>3</td><td>De Brême........</td><td>14</td></tr>
<tr><td>Brême..........</td><td>9</td><td>De Hambourg.....</td><td>9</td></tr>
<tr><td>Hambourg........</td><td>14</td><td>De Kœnisberg.....</td><td>1</td></tr>
<tr><td>Lubeck..........</td><td>2</td><td>De Lubeck.......</td><td>1</td></tr>
<tr><td>La Suède........</td><td>10</td><td>De Dantzick......</td><td>2</td></tr>
<tr><td>La Hollande......</td><td>107</td><td>De la Russie......</td><td>2</td></tr>
<tr><td>La Flandre.......</td><td>25</td><td>De la Suède......</td><td>14</td></tr>
<tr><td>Le Portugal......</td><td>»</td><td>De la Flandre.....</td><td>6</td></tr>
<tr><td>L'Espagne ....</td><td>42</td><td>De la Hollande....</td><td>179</td></tr>
<tr><td>Cabotage de France fait par les étrangers...........</td><td>87</td><td>Du Portugal......</td><td>6</td></tr>
<tr><td>Cabotage français..</td><td>5</td><td>De l'Espagne .....</td><td>61</td></tr>
<tr><td></td><td></td><td>Cabotage de France fait par les étrangers...........</td><td>26</td></tr>
<tr><td></td><td></td><td>Cabotage français..</td><td>480</td></tr>
<tr><td></td><td>458</td><td></td><td>971</td></tr>
</table>

263 navires entrés et sortis pour la côte de Guinée et les îles françaises d'Amérique donnaient .... 60,480 Tx.

681 navires du grand et petit cabotage étranger 78,492

485 navires du cabotage français ... 19,574

1,429 navires.   158,546 Tx.

Les 29 navires expédiés pour la Guinée devaient traiter environ 10,260 noirs qui pouvaient valoir 12,825,000 livres.

Les 128 navires arrivés des colonies françaises avaient apporté :

Indigo.........	301 b^ts	852 b^qs	374 q^ts	» s
Sucre terré....	7	21,673	1,728	»
Sucre brut	»	15,935	824	»
Café	1,225	5,183	7,882	2,232
Cacao	»	51	188	338
Confitures	»	4	544	»
Coton	5,303 b^lls	2,562 b^tns	»	»
Bois des îles....	1,633 madriers et 408,805 livres.			
Cuirs de bœufs..	13,452.			

Puis quelques autres articles en petites quantités, comme carel, cannefice, morfil, rocou, gingembre, etc.

La valeur de ces retours des colonies françaises d'Amérique fut évaluée à 18,503,407 livres.

En 1765, 114 navires revinrent des mêmes pays à Nantes. Leurs cargaisons furent estimées 15,044,246 livres.

En 1766, il arriva 103 navires seulement des îles d'Amérique (8 de la Martinique, 14 de la Guadeloupe, 2 de Cayenne, et 79 de Saint-Domingue). Leurs cargaisons furent évaluées à 15,538,670 liv. 5 s.

Entre autres marchandises, ils importèrent :

	14,055 b^qs	775/4 sucre terré.
	16,838	186/4 sucre brut.
620 b^ts	5,748	6,361/4 et 255 s café, etc., etc.

La nature des marchandises sur lesquelles roulaient les relations commerciales de Nantes avec les divers pays d'Europe, n'avait pas changé depuis la nomenclature que nous en avons donnée en 1735 ; seulement les quantités importées et exportées avaient considérablement augmenté. Les vins, le sel et les denrées coloniales occupaient toujours le premier rang dans les exportations. Les grains aussi, quand la sortie en était permise, étaient expédiés pour l'étranger en quantités considérables. En 1765, par exemple, il fut exporté de Nantes, pour l'Angleterre, le Nord, l'Espagne et le Portugal :

<pre>
56,502,740 livres de froment.
 2,392,730   —   de farine.
 1,261,600   —   de seigle.
    55,000   —   d'avoine.
   756,000   —   d'orge.
 1,056,720   —   de fèves.
 1,192,400   —   de pois.
   778,300   —   de fayols.
</pre>

Soit un total de plus de **21,000** tonneaux.

Parmi les 480 navires du cabotage français, entrés dans le port de Nantes, en 1764, 13 venaient de Bordeaux, 58 de Barcelone, 8 de Libourne, 14 de Dunkerque, 10 des Sables, 7 de l'île de Rhé, 5 de l'Ile-Dieu, 9 de La Rochelle et le reste de Rouen, Marseille, Dieppe, Boulogne, Marans, de la Bretagne, etc.

Il existait alors à Nantes deux grandes corderies dirigées par Brée et Bodichon (elles employaient de

1,000 à 1,200 ouvriers), des manufactures de cotonnades et d'indiennes, une fabrique de faïence, une verrerie, vingt-deux raffineries, des fabriques de serge, d'étoffes de laine et de toile, etc., etc.

Les marais de Bourgneuf produisaient de 16 à 17,000 muids de sels.

Il y avait deux foires à Nantes : l'une le premier janvier, l'autre à la fête de Saint-Rogatien.

Nous allons compléter cette statistique, qui prouve l'importance commerciale que Nantes avait acquise, par un chapitre consacré tout entier à mettre en lumière la façon dont le commerce s'exerçait dans cette ville vers 1766.

CHAPITRE IV.

DE L'EXERCICE DU COMMERCE A NANTES
AU XVIII⁰ SIÈCLE.

Nous avons pensé qu'un chapitre de la nature de celui que nous commençons, avait sa place marquée dans l'histoire commerciale d'une ville. Notre intention est de réunir, dans ce chapitre, toutes les notions, tous les renseignements susceptibles de donner une idée nette et aussi complète que possible du milieu dans lequel la vie commerciale s'exerçait à Nantes vers 1766.

Nous le diviserons en trois paragraphes sous les titres suivants :

I. Opérations commerciales.

II. Douanes, octroi et impôts généraux de la province.

III. Tribunal de Commerce, prix courant, tares en usages, négociants, général du commerce, gabarage, etc , etc.

I.

Opérations Commerciales.

Les tableaux qui terminent le chapitre précédent en disent plus que de longues pages à ce sujet. On aura remarqué la nature et l'importance des relations

que Nantes entretenait avec les pays d'outre-mer,
avec ceux d'Europe et avec les diverses provinces de
la France (1).

En comparant, par exemple, les quantités de denrées coloniales importées d'Amérique en 1698, 1736
et 1764, on aura pu prendre une idée juste de l'accroissement successif de ces importations que des
chiffres subséquents nous montreront augmentant sans
cesse jusqu'en 1790.

Arrêtons-nous aux colonies d'Amérique, puisque
nous en parlons, pour fournir quelques renseignements
sur les opérations commerciales auxquelles elles
donnaient lieu et qui s'effectuaient soit directement
de Nantes pour ces colonies, soit indirectement
quand le navire allait trafiquer des nègres à la côte
de Guinée.

Quand un bâtiment partait directement de Nantes
pour les Antilles, sa cargaison se composait habituellement comme suit (c'est la note de celle d'un navire
expédié pour St-Domingue) :

50 bqs d'ardoise	24 liv.	» s.	la bque.
12 milliers de briques	11	10	le millier.
300 meules	»	43	la pièce.
8 mill. de carreaux de six pouces	12	15	le millier.
300 pqts de feuillards	15	»	la fourn.
40 bqs charbon de terre . . .	12	10	la bque.

(1) Nantes était alors, en particulier, l'entrepôt général des denrées de la
Bretagne : toiles, vins, eaux-de-vie, blés, sels, miel, etc., et de presque
toutes les provinces que traversait la Loire.

35 bqs sel	4 liv.	5 s.	la bque.
182 barres de fer plat et carré.	14	»	%.
15 bls de clous à barriques..	24	10	%.
25 cses chandelle moulée..	»	12	la livre.
20 bls beurre.	32	10	%.
14 bques faïence.	»	»	
115 bls de farine.	24	»	le baril.
200 bls bœuf.	37	10	—
35 balles de toile de Breta-			
gne . . . . . . de 15 s. à	»	56	l'aune.
155 bques vin de Bordeaux..	80	»	la bque.
186 quarts de vin nantais. . .	16	»	le quart.
12 caisses savon.	56	»	%
500 liv. de cordages assortis..	30	»	%
2 bcts de quincaillerie . . .	»	»	
60 p^{ces} mouchoirs de Cholet.	18	»	la pièce.
100 p^{ces} de guingamp	18	»	—
15 p^{ces} d'indienne à fleurs..	55	»	—
500 marmites	»	8	le point.

Puis une foule d'articles secondaires, comme outils, souliers, chapeaux, mors et selles, vestes, bas, chemises, plomb de chasse, bougie, etc. Quelquefois aussi on joignait à une cargaison de ce genre une caisse de bijouterie, du galon d'or, des couverts d'argent, du velours et des rubans.

Nous avons sous les yeux une facture de cargaison très-détaillée, par un navire expédié directement de Nantes à Saint-Domingue, et à laquelle nous avons emprunté les articles qui précèdent : cette facture s'élevait à **101,636 liv. 12 s. 6 d.**

Nous avons vu également la facture de cargaison d'un

navire expédié de Nantes pour la Martinique. Voici comment elle se composait :

<pre>
200 barils bœuf.
187 —   lard.
 24 douzaines chapeaux.
 21 barriques d'eau-de-vie.
120 houles de beurre.
 10 boucauts quincaillerie.
125 pièces toiles de Bretagne.
 25 caisses ardoises.
120 milliers grosses briques.
  1 boîte de dorure et d'argenterie.
</pre>

Le coût de cette facture était de liv. 30,912 10 s.

Voici maintenant quels étaient les prix obtenus aux colonies pour les articles composant ces cargaisons.

A Saint-Domingue :

La bque d'ardoises........	36 liv.	» s.	
Le millier de briques......	24	»	
Le baril de bœuf..........	63	»	
Le beurre..............	57	»	℀.
La bque de charbon	25	»	
Les marmites..........	86	»	la pièce.
Le sel................	96	»	la bque.
Le fer en barre..........	21	»	℀.
Toiles de Bretagne, de 35 s. à	3	10	l'aune.
Le baril de farine	44	»	
Faïence...............	40	»	la bque.
Feuillards	19	»	la fournit.
Vin de Bordeaux..........	138	»	la bque.

Nous avons eu de même entre les mains le compte de vente, à Saint-Domingue, de la cargaison dont nous avons essayé de caractériser la composition ; il était de liv. 161,565 10 s. non compris liv. 10,000 environ de marchandises laissées invendues.

La cargaison pour la Martinique, dont la facture s'élevait à liv. 50,912 10, produisit brut liv. 47,501 10 s. Les bénéfices étaient beaux, comme on le voit, 50 à 60 % environ.

L'emploi de la somme de liv. 161,565 10 s., produit de la cargaison à Saint-Domingue, se décomposa comme suit (nous parlons toujours les comptes sous les yeux) :

Dépenses du navire durant son séjour	4,821 liv.	4 s.	» d.
Billets acceptés en réglements.	1,653	1	»
Argent en caisse...........	421	5	10
Achat de sucre, café, indigo, coton, caret, cacao, etc...	154,670	02	2
Total........	161,565 liv.	10 s.	» d.

Le sucre de tête coûtait de 29 à 50 liv. le cent ; le sucre brut, de 17 à 19 liv. ; l'indigo, de 5 à 4 liv. la livre ; le café, 15 à 17 s. la livre ; le caret, 9 liv. la livre ; le cacao, 10 à 12 s. la livre, etc.

Ces marchandises rapportées à Nantes s'y vendaient : le sucre terré ou de tête, de liv. 54 à 42 % ; le sucre brut, de liv. 22 à 50 % ; le coton, de liv. 125 à 145 % ; le cacao, 14 s. la livre ; le café, 17 s. à 21 la livre ; l'indigo, de liv. 7 à 12, etc.

La barrique de sucre pesait habituellement 1,500 livres, quelquefois 1,000 à 1,200, le quart 200 liv.; le boucaut d'indigo 650 liv., la barrique 300 liv., le quart 150 liv.; la balle de coton 250 et plus, le ballot 100 liv.; le boucaut de café 800 à 1,000 liv., la barrique 350 liv., le quart 170 liv., le sac 96 liv.; la barrique de cacao 300 liv., le quart 150 liv., le sac 70 liv. Nous ne donnons ces poids qu'à titre de simple renseignement, car ils variaient d'une façon très grande.

Quand le navire s'expédiait pour la côte de Guinée, sa cargaison se composait habituellement de la manière suivante :

250	ancres d'eau-de-vie à 12 liv. l'ancre	3,000 liv.	» s.
190/2	ancres d'eau-de-vie à 6 liv. l'ancre	1,140	»
165	barils poudre...........	3,811	10
162/2	barils poudre...........	1,871	2
202/4	barils poudre....... ...	1,166	11
185	pièces de neganepaux....	5,180	»
170	pièces de bajutapaux	4,760	»
430	fusils communs.	2,580	»
3,100	livres de bouge	3,100	»
6,650	pierres à fusil...........	399	»
50	rôles de tabac....	500	»
250	barils suif.............	4,375	»
500	platelles	3,000	»
45	coffres de pipes.........	4,500	»

A reporter........	39,383 liv.	3 s.

		Report........	39,383 liv.	3 s.
300	pièces d'indienne.......	6,900		»
240	pièces de limeneas......	6,240		»
500	chapeaux communs	1,250		»
235	pièces de siamoises	4,700		»
350	pièces de gingas........	5,250		»
402	pièces de cotonnade....	16,080		»
1,280	couteaux flamands	192		»
560	pièces de guingamp.....	4,320		»
255	bassins de cuivre.......	5,100		»
130	chaudrons de cuivre.....	1,560		»
1,020	mouchoirs de Pondichéry..	1,530		»
145	pièces de salempousis bleus	2,900		»
145	pᶜᵉˢ de salempousis blancs.	2,755		»
709	barres de fer plates......	2,481	10	
734	barres de fer carrées.....	2,936		»

Total........ 103,577 liv. 13 s.

Nous allons suivre ce navire dans toute son opération.

A la côte de Guinée, le trafic consistait à échanger contre ces marchandises, des nègres que l'on tâchait d'avoir aussi forts que possibles. Il y avait à remplir quelques préliminaires indispensables, tels que le choix d'un interprète, les présents à faire au prince du pays et à ses principaux fonctionnaires, etc., etc. Un bon capitaine devait savoir quelles sortes de marchandises convenaient le mieux à chaque district. Ainsi, à la Côte d'Or, on achetait les nègres pour tant d'onces d'or, valeur en marchandises; à Angola, au contraire, on les échangeait contre des pièces d'indiennes et autres étoffes. C'était là une affaire de pratique (1).

Nous avons sous les yeux le journal de traite des noirs du navire dont nous avons donné la cargaison. Nous y voyons que ce navire resta à la côte de Guinée du 20 mars au 6 août de la même année, et que durant cet espace de temps, il troqua contre sa cargaison 245 nègres, 64 négresses, 31 négrillons, 18 négrittes, 183 onces et 10 écus d'or.

Voici la note d'un des achats de nègres.

Acheté 12 nègres pour 83 onces, 8 écus d'or en marchandises comme suit :

12 ancres d'eau-de-vie	
12 1/2 ancres d'eau-de-vie...	
2 barils de poudre	Le tout estimé
2 — —	520 liv. 17 s.
4 pièces de neganepaux ...	
4 pièces de bajutapaux	

Le navire partit ensuite de la côte emportant sa cargaison, et relâcha à l'Ile-au-Prince pour y faire des vivres qui lui coûtèrent 23 onces et 11 écus d'or.

En cours d'achat, en mer et en rade de la Martinique où il se rendit, il perdit 7 nègres, 5 négresses, 5 négrillons et 3 négrittes Il ne débarqua donc, dans

---

(1) Ceux qui désireraient d'amples détails sur la traite des noirs, peuvent consulter le *Traité général du commerce de l'Amérique* par C..., ancien receveur des fermes de..., 2 v. in-4°. Nous ne l'envisageons, quant à nous, qu'au point de vue purement historique. Au point de vue des saines doctrines d'humanité, il y a longtemps que la traite des noirs a été jugée comme elle le devait être.

la colonie, que 258 nègres, 59 négresses, 26 négrillons, 15 négrittes, soit en tout 358 têtes et 159 onces et 15 écus d'or.

Les 159 onces et 15 écus d'or furent expédiés à Nantes à l'armateur, et la vente des nègres, négresses, etc., produisit brut livres 303,975.

Voici le compte courant résumant la vente et les achats en retour :

Vente des nègres...............	305,975 liv.	» s.
— de pièces à eau.........	2,504	5
Total........	306,479 liv.	5 s.

Achat de 111 bqs sucre........	26,334 liv.	8 s.
— de 166 — —	42,530	17
— de 370 — 12/4 sucre, 10		
balles coton, 10 bqs 30/4 café.	157,245	3
Achat de 236 bqs 3/4 sucre.....	74,346	9
Espèces emportées............	2,179	10
Billets en portefeuille..........	679	2
Argent en caisse	5,433	19
C^{on} d'achat 1 %.............	2,826	7
Dépenses et frais	16,903	10
Total........	306,479 liv.	5 s.

Une opération de ce genre durait habituellement de 12 à 15 mois.

Les assurances pour l'aller et le retour des Antilles coûtaient 9 %. Celles pour le retour seulement 5 %. Le fret était de 15 à 18 d. la livre.

Nous n'entrerons dans aucun détail touchant les relations de Nantes avec les différents pays de l'Europe et les autres port de la France, car elles n'offrent rien de particulier à signaler dans leur exercice. Nous passons donc au second paragraphe de ce chapitre.

II.

Droits de Douanes, Octrois et Impôts généraux de la province.

Avant Colbert, la France n'avait qu'un semblant d'organisation douanière. A chaque pas, dans presque toutes les provinces, des droits différents étaient perçus. De cette diversité, naissaient d'immenses difficultés. Les moyens de recouvrement étaient plus multipliés, la perception littéralement incompréhensible ; et cette obscurité ne faisait que croître tous les jours. Colbert, quand il fut ministre (1661), apporta à l'examen de la question des droits de douanes ou de *traites*, comme on disait alors, et qui lui paraissait à bon droit capitale, cet esprit de persévérance et d'observation qu'il mettait à toutes choses. Il l'étudia dans ses replis les plus cachés, descendant dans le détail de tous les droits pour en scruter la nature, l'opportunité et le produit : trois ans furent consacrés par lui à cette étude ; puis après, l'édit de 1664 parut (1).

Un pas immense allait être fait vers l'unité douanière,

______

(1) Voir P. Clément. *La vie et l'administration de Colbert*, p. 165 et suiv.

elle eût pu même être créée de ce coup, si Colbert eût imposé par force, à toute la France, les conséquences de cet édit. Mais il aima mieux procéder par voie de négociation, lentement, et en ménageant tous les intérêts.

Onze provinces seulement souscrivirent à la réforme que Colbert proposait au royaume. Ce furent : la Normandie, la Picardie, la Champagne, la Bourgogne, la Bresse, le Bugey, le Bourbonnais, le Poitou, l'Aunis, l'Anjou, le Maine et leurs enclaves. Elles devinrent *provinces des cinq grosses fermes* (1), et un tarif promulgué en conséquence de l'édit de 1664 régla pour elles, d'une manière uniforme, les droits d'entrée et de sortie des marchandises.

Parmi les provinces qui refusèrent la réforme et avec elle le tarif de 1664, il s'établit deux classes. Les unes qui furent, comme elles le voulaient, *réputées étrangères*, conservèrent avec leurs tarifs spéciaux leurs douanes particulières : c'étaient la BRETAGNE, l'Angoumois, la Marche, le Périgord, l'Auvergne, la Guyenne, le Languedoc, la Provence, le Lyonnais, le Dauphiné, la Flandre, l'Artois, le Hainaut et la Franche-Comté. Les autres provinces, savoir : l'Alsace, les trois évêchés (Toul, Metz et Verdun) et trois ports, Bayonne, Dunkerque et Marseille, furent *traités comme étrangers*, c'est-à-dire qu'on les laissa commercer librement avec l'étranger, et que les marchandises qui en provenaient furent sujettes au tarif de 1664 quand elles entraient

---

(1) Ainsi nommées parce que les droits qui s'y levaient avant l'édit de 1664 faisaient l'objet de cinq fermes particulières. (*Encyclopédie méthodique*, section finances.)

dans les provinces soumises à ce tarif. Cette distribution économique du territoire français subsista jusqu'en 1789. Disons en passant, cependant, qu'à diverses reprises il intervint des édits royaux établissant des droits uniformes à l'entrée et à la sortie de certaines marchandises, même dans les *provinces réputées étrangères*. Ainsi du tarif de 1667 et autres subséquents.

La Bretagne, on l'a vu, était classée dans les *provinces réputées étrangères*. Nous n'avons point la prétention de tracer ici une explication complète et détaillée des droits de toute nature qui s'y percevaient : un pareil travail exigerait seul un volume. Nous voulons essayer seulement de donner une idée des droits qui se levaient à Nantes, à l'entrée et à la sortie des marchandises, puis nous y joindrons un tableau bref donnant la nomenclature des impôts de toute sorte que payait la province.

Les droits locaux qui se levaient à Nantes étaient fixés par deux pancartes, l'une dite *des droits de la prévôté de Nantes*, l'autre *des droits de la traite domaniale de Nantes*. La première datait de 1565, la seconde de 1512.

Les droits dénommés à la *pancarte de la prévôté* variaient suivant l'espèce des marchandises. Ils étaient de 6 deniers par livre ou du quarantième de la valeur donnée à toutes les marchandises autres que toiles, blés, vins, épiceries, drogueries, quincaillerie et quelques autres.

Les marchandises exemptes du quarantième payaient, à l'exception des blés et des vins, 2 sols 6 deniers par charge de 150 livres.

Ces droits, qui se percevaient sur les marchandises

allant de Nantes à la mer ou de la mer à Nantes, n'étaient dus qu'une fois sur la même marchandise.

Les blés et les vins étaient soumis à un tarif spécial dont voici quelques extraits.

Chaque muid de blé, orge, seigle, avoine, fève et mil, venant de la mer, payait 5 *sols monnoye*, plus 3 *deniers monnoye* pour devoir ancien.

Chaque muid de froment et de pois venant de la mer payait 10 *sols monnoye* plus 3 *deniers monnoye* de devoir ancien.

Chaque muid de blé, orge, etc., descendant par la Loire à Nantes, payait 5 sols monnoye plus 8 deniers monnoye d'ancienne coutume.

Chaque muid de froment et pois descendant par la Loire à Nantes payait 10 sols monnoye plus les 8 deniers monnoye d'ancienne coutume.

Le blé du comté nantais qui descendait à la mer payait 5 sols plus 4 deniers monnoye.

Le vin venant de la mer payait 16 sols 5 deniers monnoye par tonneau.

. Le vin arrivant à Nantes par la Loire payait 16 sols et 8 deniers monnoye ; quand il était amené par terre, il ne devait que 16 sols 3 deniers monnoye.

Le vin du comté nantais qui sortait par mer ou par terre payait différents droits.

En plus des droits levés sur les marchandises, *la pancarte de la prévôté* fixait certaines redevances dues par les navires suivant la nature de leur chargement et leur grandeur : droits de quillage, droits de registre et de congé, droits de brieux (brieux d'année, brieux de victuailles, brieux de sauveté, de conduite), etc.

Le droit de quillage était de 3 s. 1 d. par navire

portant plus de six tonneaux ; celui de brieux variait entre 7 sols et 55 sols.

· *La pancarte de la traite domaniale* établissait les droits qui se percevaient à la sortie de certaines marchandises, par toute la province. Pour beaucoup de ces marchandises, comme toiles, draps, cire, beurre, cuir, chanvre, laine, mercerie, suif, les droits étaient fixés par un tarif spécial.

Pour d'autres également dénommées dans un tarif, les droits se percevaient d'une façon uniforme sur la base de 8 deniers la livre ou le trentième de la valeur.

En outre de ces droits locaux, fixés par les *pancartes de la prévôté et de la traite domaniale*, il était perçu à Nantes des droits uniformes sur certaines marchandises. Tels étaient les droits du tarif de 1667, du domaine d'occident, des marchandises de la Compagnie des Indes, etc., etc.

Résumons l'application de ces tarifs.

Les marchandises qui arrivaient par mer à Nantes, venant des colonies françaises, acquittaient différents droits suivant leur provenance et leur nature.

Celles qui provenaient des colonies françaises d'Amériqué payaient, à leur arrivée à Nantes, les droits de la pancarte de la prévôté, plus les 3 % dus au fermier du domaine d'Occident, à l'exception du sucre raffiné en pain qui payait 22 liv. 12 s. du cent pesant, plus les 3 % également.

Les marchandises qui provenaient des colonies d'Amérique, mais qui justifiaient avoir été achetées avec le produit de la vente des nègres, ne payaient que la moitié des droits ci-dessus.

Les marchandises qui arrivaient des pays étrangers acquittaient, soit les droits de la prévôté, soit ceux fixés par les tarifs uniformes de 1667 et autres. Quand elles payaient ces derniers droits elles étaient admises dans les provinces des cinq grosses fermes sans rien payer pour l'entrée, pourvu cependant que leur séjour, à Nantes, n'excédât pas trois mois.

Les marchandises qui venaient par mer, des autres provinces du royaume, payaient les droits de la prévôté. Elles devaient justifier, à leur entrée, qu'elles avaient acquitté les droits du tarif de 1664, si elles sortaient d'une province des cinq grosses fermes, ou le droit local, si elles sortaient d'une province réputée étrangère.

Les marchandises importées à Nantes par terre, acquittaient, avant d'entrer en Bretagne, les droits du tarif de 1664, car cette province était environnée de celles des cinq grosses fermes. De plus, certaines marchandises, comme les blés et les vins, arrivant par la Loire, payaient des droits déterminés par la pancarte de la prévôté.

Les marchandises qui sortaient de Nantes par mer devaient, soit les droits de la prévoté, soit ceux de la traite domaniale, soit des droits uniformes, suivant leur nature. Quand ces marchandises étaient portées dans d'autres provinces du royaume, elles acquittaient, avant d'y entrer, les droits qui s'y percevaient d'habitude. Ainsi les marchandises des colonies françaises d'Amérique, par exemple, payaient dans ce cas les droits fixés par l'article 19 des lettres patentes de 1717.

Quand il était fait de Nantes des expéditions de

denrées coloniales pour l'étranger, on n'avait aucune restitution des droits payés à l'entrée. Bien mieux, ces denrées étaient sujettes à des droits de sortie, à l'exception des sucres, gingembre, indigo, rocou, cacaos, drogueries et épiceries.

Les marchandises originaires de Bretagne, expédiées pour les colonies françaises d'Amérique, ne devaient pas de droits de sortie.

Voilà l'exposition sommaire des tarifs douaniers en usage à Nantes vers 1766. Ce qu'il ne faut pas omettre d'ajouter à cette exposition, ce sont les difficultés sans nombre que présentaient les applications de ces tarifs. A chaque instant, des discussions s'élevaient entre les agents chargés de percevoir les droits et les contribuables. Nous avons eu sous les yeux onze volumes in-folio contenant les mémoires faits par le commerce de Nantes de 1740 à 1787. Eh bien ! dans ces mémoires, les trois quarts, sans exagération, sont relatifs à des perceptions de droits et notamment à la traite domaniale. En présence de difficultés aussi grandes, même pour les contemporains, on comprend sans peine que nous ayons borné nos indications à quelques faits généraux que nous avons essayé de rendre aussi clairs que possible.

Nous avons parlé des Douanes, arrivons actuellement aux Octrois.

L'origine des Octrois se trouve dans certaines prélevances temporaires *octroyées* aux *bourgeois, manans et habitants* de Nantes, pour des travaux à faire dans la ville.

Comme nous avons eu occasion de le dire déjà, les annales de Nantes présentent jusqu'au XVIe siècle notamment, un grand nombre de lettres patentes ayant ainsi pour objet la levée de certains droits temporaires dont le produit devait être affecté à des réparations de fortifications, de ponts, etc., etc. Nous en avons même cité plusieurs dans le chapitre premier de ce travail. En 1565, Charles IX, par ses lettres patentes des 7 et 18 novembre, décida que les divers *devoirs* établis successivement au profit de la ville, seraient réunis en trois pancartes qu'il approuva et octroya. En 1598, Henri IV confirma ces trois pancartes; elles furent même imprimées à cette époque pour faciliter la perception des droits y détaillés. Des édits de 1638 et de 1741 les ratifièrent de nouveau et elles subsistèrent, sauf quelques légères modifications, jusqu'en 1787.

Les droits d'octroi étaient dus sur toutes les marchandises entrant dans la ville, soit qu'elles fussent destinées à la consommation, soit qu'elles appartinssent au commerce de transit. Les marchandises des colonies, sucre, canelle, en un mot les drogueries et épiceries étaient alors sujettes aux droits d'octroi, qui se payaient également à la sortie sur les objets manufacturés dans la ville; mais il était de principe que le droit ne devait se payer qu'une fois, soit à l'entrée, soit à la sortie.

Quant à la perception, elle fut l'objet d'une ferme jusqu'à 1760; et à cette époque, cette ferme se changea en régie municipale.

En 1598, la ferme des octrois fut consentie moyennant 9,815 écus 2/3. En 1751, elle le fut pour 188,000 liv. En 1766, sous la régie municipale, l'octroi produisait 190,891 liv.

On pense bien que nous ne songeons pas à donner ici les tarifs suivant lesquels les droits d'octroi se percevaient alors. Nous renvoyons pour ce sujet à l'ouvrage de M. J.-C. Renoul : *Octroi et consommation de la ville de Nantes*, travail consciencieux et utile et auquel nous avons emprunté la majeure partie des renseignements qui précèdent sur les octrois.

Nous y trouvons deux chiffres que nous voulons citer encore. En 1753, le revenu de la ville s'élevait à 216,655 liv. 12 s. En 1853, cent ans après, il atteignait 1,800,000 fr.

Voici maintenant un tableau présentant l'ensemble des droits qui se percevaient en Bretagne vers le milieu du siècle dernier. Il a été rédigé par une main contemporaine.

Sommes qui entraient dans la Recette générale des finances (1).

Fouages ordinaires et droits y joints..	353,578 liv.
Garnison..........................	100,000
Impositions sur les paroisses des marchés..	728
Impositions pour les aides des gros bourgs non contribuables aux fouages	1,749
Fonds assignés au receveur général...	»
A reporter....	456,055 liv.

(1) Ceux qui désireraient des explications détaillées au sujet de chaque droit peuvent consulter L'*Encyclopédie méthodique*, section des finances, aux articles *Bretagne, fouages, devoirs, don gratuit, capitation, aides,* etc., etc.

Report	456,055 liv.
Pour les augmentations de gages du parlement	51,700
Idem pour les semestres............	18,150
Ancrages au Croisic....	200
Don gratuit pour une année.........	1,000,000
Abonnement pour la capitation......	1,800,000
Dépenses de la milice	125,000
Le dixième abonné à.............	1,500,000

Recettes particulières.

Vente de bois.........	65,600	
Droit annuel, prêt, paulette, contrôle des actes, francs-fiefs et domaines 1,157,000		1,222,600
Droits d'entrée, domaine d'Occident, cinq grosses fermes, etc.........		900,000
Tabac..........................		3,400,000

Total........	10,473,705 liv.

Sommes qui revenaient aux États.

Fermes des devoirs pour un an.....	2,400,000 liv.
Fouages extraordinaires....	428,000
Droits ou offices appartenant aux États.	327,500
Gages desdits offices..............	16,003
Anciens gages des officiers des États...	8,000
Rente léguée par le sieur Leguier.....	427

Total........	3,179,930 liv.

Impositions perçues par les Etats.

Casernement .... 350,000 liv.
Capitation..................... 1,800,000
Différents droits 127,000
Droits d'usage................. 7,300
Impôts et billots................ 800,000
Traite domaniale 125,000

Total........ 3,209,300 liv.

Il y avait, en outre, dans la province, beaucoup d'autres droits particuliers tels que les impositions pour les joyeux avènements, les postes, les droits des ports et hâvres, le lestage et le délestage, etc., etc.

En 1790, on évalua à 21,053,000 liv. les impôts de toute nature que payait alors la province.

Il y avait à Nantes pour percevoir tous ces droits, en 1757 :

Un receveur général des finances et trésorier des Etats de Bretagne.

Un contrôleur général.

Un receveur général du taillon et gendarmerie.

Un contrôleur général du taillon et gendarmerie.

Un receveur des fouages, taillon, gendarmerie, maréchaussée, garnison.

Un receveur des deniers patrimoniaux de la ville.

Un receveur de la capitation et du vingtième.

Un receveur des décimes.

Un receveur des consignations.

Un receveur de la paulette et du droit annuel.

Un receveur de la capitation de la noblesse et des fouages extraordinaires.

Un receveur de la traite domaniale.

Un directeur de la vente des poudres et salpêtres.

Un directeur général des traites, gabelles, tabac et autres droits y joints.

Un receveur général de la prévôté.

Un receveur de la prévôté.

Un contrôleur de la prévôté.

Deux contrôleur aux gabelles.

Un receveur pour les tabacs.

Un receveur pour les contrôles, domaines et droits y joints.

Un receveur général des devoirs.

Plus des commis en bon nombre, comme on pense.

III.

Renseignements divers.

Le Tribunal de Commerce, depuis 1722, était composé d'un juge et de quatre consuls. Il tenait ses audiences les jeudis et samedis, à neuf heures.

Comme nous l'avons déjà noté, il n'existait point, avant la Révolution, de Chambre de Commerce à Nantes : les fonctions en étaient remplies par les juges consuls en exercice et par les anciens juges qui convoquaient le *général* du commerce toutes fois que besoin s'en faisait. La bourse se tenait de onze heures à deux heures. — Nous avons pu consulter la collection des assemblées générales du commerce depuis 1700 jusqu'à 1791, et celles également particulières du commerce depuis 1745. On demeure convaincu, en parcourant ces poudreux procès-verbaux, que les négociants de Nantes étaient, au dix-huitième siècle, pour la plupart, des hommes actifs et intelligents. Nous avons déjà cité bon nombre de faits qui prouvent qu'ils avaient soulevé, bien avant nous, des questions du plus haut intérêt, comme celles de l'amélioration de la Loire, d'un bassin à flot au bas du fleuve, de la prairie au Duc, etc., etc. Les onze volumes de mémoires dont nous avons déjà parlé prouvent aussi péremptoirement que les intérêts du commerce trouvaient en eux des défenseurs vigoureux et ne ménageant ni leur temps, ni leurs peines (1).

Continuons nos renseignements.

Il n'existait point alors de tarif spécial pour les portefaix. On les payait à forfait.

Les marchandises étaient gabarées de Saint-Nazaire ou Paimbœuf à Nantes, comme aujourd'hui.

Il y avait à Nantes divers magasins renfermant des marchandises prohibées, comme celles, par exemple, venant de l'étranger et destinées à la traite des noirs.

La commission pour la vente de l'achat des marchandises était de 2 %.

Les prix des marchandises étaient, comme aujourd'hui, choses variables et soumises à une foule de circonstances. Dans les deux états de cargaisons que nous avons donnés, on a pu voir ceux des marchan-

(1) Qu'il nous soit permis de consigner ici publiquement nos remerciments, pour l'obligeance que M. le président de la Chambre de Commerce a mise à nous en ouvrir les archives, et pour le bon accueil que nous avons trouvé dans M. le secrétaire-archiviste.

dises expédiées aux colonies. Nous avons noté également les prix des marchandises achetées aux colonies,
et les prix de vente de ces marchandises à Nantes.
Mais, nous le répétons, ces cours étaient éminemment
variables.

Voici maintenant une note des tares en usage pour
les principales marchandises, pour la perception du fret
et des droits :

Baleine en fanons....................	3 %
Chandelle en caisses....	16
Coton en sacs......................	6
Cacao en sacs.....................	3
— en barriques.	20
Gingembre en sacs..................	3
Girofles en barriques.	16
Indigo —	21
Laines en sacs.	3
Poivre en sacs....................	10
Rocou........................	17
Salpêtre en sacs..............	3
Savon en caisses...................	10
Sucre en barriques ou quarts.........	17

Les droits se payaient ordinairement sur le poids
net, et pour ceux qui se prenaient à tant du cent de la
valeur, comme les 3 % du domaine d'Occident, les
prix des marchandises sujettes à ces droits, étaient
fixés en commun par les députés du commerce des
villes et les fermiers-généraux.

Les matrices des poids et un grand nombre de
mesures pour les boissons, jaugeage des futailles,

cordes de bois, etc., étaient déposées à l'hôtel-de-ville où le commerce pouvait les venir voir (1).

Le courrier pour Paris partait le vendredi, à dix heures du matin; celui de la Basse-Bretagne, le mercredi, à six heures du matin; celui de Rennes, le lundi, à dix heures du matin; celui du Midi (Bordeaux, Bayonne, etc.), le mercredi, à six heures du matin. Les lettres devaient être mises à la poste, la veille avant quatre heures du soir.

Pour compléter ces renseignements, nous allons donner la liste des principaux négociants de Nantes à cette époque :

MM.	MM.
Budan.	Lejeune Duperray.
Rozée.	Deurbroucq.
Grou.	Lebourg.
A. Montaudouin.	Dutrejet.
Dupoirier.	Forget aîné.
Budan Duvivier.	Chiron aîné.
Foucault.	Lemasne de la Robertière.
Lejeune.	Libault.
De Seigne.	Aug. de Tollenare.
De Luynes.	J. Touchy.
Espivent de la Ville Boisnet.	Drouin fils.
Portier.	Ducollet fils.
Chaurand.	Ducondray Bourgault.
L. Oshiell.	Dulac.

(1) En particulier le tonneau de froment pesait 2,200 livres et valait 10 setiers. Le muid valait 12 setiers. Le setier de blé pouvait peser jusqu'à 240 livres. Le setier égale 1 hect. 1/2 environ.

MM.

Gerbier.
Chancerel Ducoudray.
Drouet.
Andrieux frères.
Arnous frères.
Barbier de Labarc.
Bellouan.
Berthault aîné.
Berthault du Marray.
Bertrand de la Clauserie.
Boisgirard.
Bouin de Beaupré.
Bureau de la Batardière.
Canel et Meslé.
Chanceaulme frères.
Chancerel aîné.
Charrette fils.
Colleno.
Le Huguet.
Jogues l'aîné.
Jogues cadet.
Kerangon Moulin.
Lafiton aîné.
Laralde.
Murphy aîné.
Oiry.
Paimparay.
Pasquier.
N. Charette.
Bouteiller.
Montaudouin aîné.

MM.

Thiercelin.
Cadou.
Praud.
Marcorelles.
Ballan l'aîné.
Clanchy.
Rivet de la Foumerie.
Doré père et fils.
Lecomte.
Lemasne de Clermont.
Lieutaud de Troisville.
Lincoln.
C. Lory.
Maublanc père et fils.
Mesnard.
Minyer.
Mosneron père.
Mosneron fils aîné.
Mullon aîné.
F. Terrien.
Cornu.
Daresche frères.
Dechampcourtois-Béguyer
Decroix.
Deguer.
Delair.
Desloges.
Glemeau.
Gruel.
Guillon père.
Guiard du Pirret.

MM.

Hamard et Lamaignère.
Hervé de la Bauche.
Hotessier.
Plumard de Rieux.
G. Richard.
Richer fils.
Bondinière.
Edelin de la Praudière.
Fleury.
Forget jeune.
Foucaut fils cadet.

MM.

Froust et Guinebaut.
Gallon l'aîné.
Gerbier cadet.
Geslin.
Sarrebourse d'Audeville.
Simon Lavigne.
Thébaudière.
Thual.
Robin cadet.
Van Berchem.
Van Asse.

La population de Nantes se composait alors (1766), suivant Expilly, de 77,418 habitants de tous âges et de toutes conditions, et elle consommait 40 tonneaux de grain par jour.

Huet la porte, en 1760, à 48,762 individus. Il y a une erreur dans l'un ou l'autre chiffre. Nous pencherions volontiers pour celui d'Expilly, estimant que les affaires commerciales importantes que Nantes faisait alors avaient dû, depuis le commencement du siècle, augmenter considérablement sa population. Or, elle était, en 1700, de 42,000 habitants ; il y a donc lieu de croire que 66 ans après, elle devait dépasser 60,000 habitants.

Au point de vue topographique et des embellissements intérieurs, Nantes avait beaucoup gagné aussi durant cette période. Sous l'administration intelligente, éclairée et ferme de Gérard Mellier, les améliorations de toute nature avaient marché de pair. Un grand nombre de vieilles maisons avaient été démolies et remplacées par des nouvelles. Postérieurement à Gérard Mellier, étaient venus les travaux de M. Ceineray : la Préfecture, le Muséum d'histoire naturelle, les quais Brancas et Flesselles, etc., etc. J.-F. Verger, dans ses *Archives curieuses*, a donné (3ᵉ vol., page 243) le plan des embellissements de la ville dû à M. Cacault et corrigé par M. Ceineray. Ce plan fut approuvé par l'autorité municipale, le 19 juillet 1766. Bon nombre des changements qu'il indiquait ont été exécutés depuis.

Nous terminons là ce chapitre, que nous avons fait aussi complet que possible. Il s'y est sans doute glissé des inexactitudes, car nous n'avons pu nous procurer toujours des pièces authentiques et détaillées. Nous avons tâché d'y suppléer en consultant les livres se rapportant au commerce et contemporains de l'époque que nous abordions. Nous allons reprendre maintenant la série des évènements principaux se rattachant au commerce de Nantes, — série que nous avons interrompue à l'année 1766.

CHAPITRE V.

DE 1766 A 1800.

I.

En 1766, il fut fait un sondage général de la Loire de Nantes à Couëron, pour vérifier les améliorations qu'avaient pu apporter, dans le régime du fleuve, les travaux de l'ingénieur Magin.

En 1767, Saint-Domingue possédait 541 sucreries et 252,484 noirs. Elle produisit les quantités suivantes de marchandises :

15,000 quintaux d'indigo.
807,280 — sucre brut.
561,120 — — blanc.
156,000 — café.
1,500 — cacao.
25,500 — coton.

Sur ces quantités, Nantes reçut :

2,912 quintaux indigo.
245,995 — sucre brut.
169,604 — — blanc.
21,909 — café.
99 — cacao.
7,381 — coton.

Ces importations avaient une valeur totale de liv. 19,723,544.

Un mot avant d'aller plus loin. Les documents abondant et se précisant davantage, nous allons désormais entrer dans des citations presque continuelles de chiffres. Nous tâcherons de les rendre le moins arides possible (1).

En 1767 (nous l'avons noté déjà) le commerce avec la côte de Guinée fut déclaré libre.

Les lettres-patentes déclaraient que ce commerce pourrait se faire dans tous les ports où il était permis d'armer pour les îles françaises d'Amérique. Il était établi un droit de 10 livres par tête de nègre débarqué.

La même année, la Bourse, construite en 1724, était dans un mauvais état tel que l'on arrêta sa démolition. Il fut décidé qu'on construirait une loge en planches pour la tenue provisoire de la Bourse. Cette loge fut élevée sur la place de la Petite-Hollande. Elle subsista assez longtemps, puisque l'érection du nouveau bâtiment ne fut décidée que le 7 mars 1790. Les travaux commencèrent presque de suite, mais, interrompus à différentes reprises, ils ne furent achevés qu'en 1812. Le public y fut admis dans le mois d'août de cette année.

En 1767, le pain valait :

26 d. la livre le pain de froment.
22 — — batellier.

(1) Disons une fois pour toutes que presque tous les chiffres cités de 1766 à 1800 sont empruntés à l'ouvrage de Huet : *Recherches économiques et statistiques sur le département de la Loire-Inférieure.*

18 d. la livre le pain de méteil.

13 — — seigle.

Le froment, 176 liv. le tonneaux, et le seigle, 111 liv.

Par arrêté des mois d'août et septembre 1769, les privilèges accordés à la Compagnie des Indes furent supprimés. Liberté de commercer dans ses possessions fut donnée à tout les négociants, mais le retour des vaisseaux expédiés ne pouvait se faire que dans le port de Lorient (1).

En 1770, les négociants de Nantes amoindrirent de beaucoup la disette qui existait, par les quantités de grains qu'ils firent venir du Nord. Ils introduisirent, dans une période de six mois, 38,426 tonneaux de blé, seigle, orge et avoine, et en outre 303,000 livres de riz. Ces grains furent vendus à des prix modestes et même donnés gratis aux malheureux.

La même année, le sieur Peyronnet, ingénieur du roi, fut délégué pour examiner les travaux exécutés en Loire par M. Magin. Cette visite eut lieu avec un certain apparat, les 18, 19, 20, 21 et 29 août.

Quelque temps après cette visite, M. Peyronnet publia un mémoire y relatif (2). Dans ce mémoire il justifiait pleinement la méthode de M. Magin, en disant que ses travaux étaient conformes aux règles de l'hydraulique et de la physique. En tête de ce mémoire se trouvaient quelques considérations générales sur le commerce de Nantes. Il y était dit, entre autres choses,

(1) En 1785, le roi créa une nouvelle Compagnie des Indes qui n'eut pas de succès. Nantes s'opposa fortement à cette création.

(2) Voir *La Loire au XVIIIe siècle*, de M. Ev. Colombel.

que chaque année il entrait à Nantes environ 2,200 bâtiments de toutes grandeurs.

Le commerce de Nantes avec les différents pays de l'Europe se chiffra comme suit, pour l'année 1775 :

	Exportations.	Importations.
Angleterre.....	52,216 liv.	810,199 liv.
Hollande	4,212,248	1,619,142
Suède	807,240	665,118
Danemarck	142,504	68,570
Allemagne.....	8,110,557	2,014,950
Espagne	2,174,005	1,076,528
Portugal	1,188,445	103,925

La même année, la valeur des expéditions pour la Guinée et les Antilles s'éleva à 5,540,961 liv., et celle des retours à 20,500,640 liv.

En 1780, M. Peyronnet passa une seconde fois à Nantes se rendant à Indret. Ce fut à cette époque qu'il fit le projet d'une seconde ligne de ponts. Nous n'avons pu retrouver, dans les documents que nous avons consultés, le lieu d'où partait cette ligne de ponts, et le point auquel elle aboutissait. Ce projet utile et dont l'idée première remonte à l'année 1760 est revenu plusieurs fois sur le tapis sans aboutir.

Nous empruntons au second volume de l'*Encyclopédie méthodique*, section *Commerce*, art. *France*, le tableau intéressant qui va suivre. C'est celui des quantités des principales marchandises coloniales arrivées à Nantes de 1770 à 1780. La seconde colonne à gauche indique le nombre des navires ayant fait ces importations.

ANNÉES.	NAVIRES.	INDIGO.			COTON.		SUCRES TERRÉS ET TÊTES.		SUCRE BRUT.		CAFÉ.		
		Boucauts.	Barriques	Quarts.	Balles.	Ballotins.	Barriques	Quarts.	Barriques	Quarts.	Boucauts.	Barriques	Quarts.
1770	103	313	429	437	3,010	1,526	15,141	693	18,798	527	2,191	3,792	6,129
1771	105	208	478	444	2,414	1,044	13,957	455	25,802	459	2,719	3,434	6,590
1772	111	409	581	450	2,678	858	15,797	476	26,073	519	4,946	5,246	8,160
1773	115	522	497	553	2,527	875	15,459	489	28,500	555	5,453	4,060	5,519
1774	109	571	554	447	2,944	598	15,804	420	24,842	207	5,926	5,411	8,225
1775	112	540	800	609	2,748	546	17,825	470	26,090	298	7,267	5,405	8,674
1776	108	213	468	469	1,488	1,021	15,367	579	25,254	215	5,308	4,587	7,510
1777	104	515	741	655	3,691	1,244	10,515	401	20,659	184	5,543	4,794	6,532
1778	80	249	517	398	2,066	641	8,324	234	19,593	176	4,396	3,401	5,197
1779	29	140	145	124	948	454	4,108	145	3,510	525	1,130	623	977
1780	21	133	112	95	206	69	2,516	120	1,495	422	490	324	499

Voici un autre Tableau non moins intéressant, contenant les quantités comparées des denrées coloniales arrivées, durant l'année 1775, dans les neufs ports y dénommés :
(Les quantités exprimées sont en livres.)

	NAVIRES	SUCRE BRUT ET LAVÉ.	CAFÉ.	INDIGO.	CACAOS.	COTON.
Dunkerque..	13	2,513,435	1,259,959	25,560	1,470	4,429
Le Havre.....	96	15,277,720	12,582,550	209,710	153,000	2,420,160
Honfleur.....	4	486,548	296,251	12,502	»	25,746
Saint-Malo ...	13	1,990,055	1,483,000	12,585	1,518	52,899
Nantes......	102	48,030,443	9,855,610	505,225	109,849	771,019
La Rochelle..	24	5,582,343	1,000,004	177,696	10,198	173,655
Bordeaux	220	71,805,777	27,555,479	906,049	258,375	705,800
Bayonne.....	9	1,278,151	345,289	504	62,158	»
Marseille.....	71	19,585,115	8,074,601	221,577	965,659	255,369
	561	166,354,365	64,990,699	2,067,498	1,562,027	5,407,157

Il fut importé, en outre, liv. 9,441,900 de bois et de petites quantités de cuirs, canefice, caret, etc. Ces importations avaient une valeur totale de 126,378,155 liv. 18 s. 8 d.

Vers la même époque, suivant une note qu'on nous a communiqué,

Nantes possédait	250	navires de	250	à 1,000 T.
Bordeaux......	320	—	200	800
Marseille.......	320	—	100	500
Le Havre	160	—	160	600
Saint-Malo.....	100	—	50	450
Lorient	40	—	300	1,500
La Rochelle....	40	—	150	700

On voit, d'après les tableaux qui précèdent, que Nantes, pour l'importance des relations avec les colonies d'Amérique, était alors la seconde place de France. Nous aurons occasion de donner ultérieurement des chiffres corroborant ceux qui se rapportent à l'année 1775.

En 1783, 1784 et 1786, divers projets auxquels les Etats portèrent leur appui furent étudiés, concernant les canaux de Bretagne.

Dès 1730, l'ingénieur Abeille avait proposé un canal de jonction entre l'Océan et la Manche, en passant par Rennes et Saint-Malo. En 1746, François de Kersauson exposa dans plusieurs mémoires combien il serait utile de lier à ce projet du sieur Abeille, la communication de la Loire à la Vilaine et de la Vilaine au Blavet.

Sur la demande des Etats de Bretagne, l'Académie

des sciences désigna une commission de quatre membres pour procéder à la vérification des travaux
projetés. Les commissaires choisis, MM. Bossut, Four-
croy, Condorcet et Rochon proposèrent dans leur
rapport qui fut lu en 1786, de rendre navigables les
rivière d'Aune et du Blavet, d'opérer la jonction de
la Loire à la Vilaine et de faire exécuter le canal de
Rennes à Saint-Malo. Les événements de la révolution
arrêtèrent l'exécution de ce plan.

On le voit, dès le XVIIIe siècle on comprenait l'utilité
du canal de Nantes à Brest tel qu'il existe aujour-
d'hui. — Création avantageuse au triple point de vue
topographique, économique et agricole.

A l'année 1787 se rapporte une brochure concernant le projet du marquis de Brie-Serrant, d'établir un
canal de navigation de Nantes à la mer par *Portnic*.
Voici une courte analyse de cette brochure.

Le marquis de Brie-Serrant proposait depuis longtemps déjà le projet en question, mais ce ne fut
qu'en 1787 qu'il obtint qu'il fût examiné par des
commissaires du gouvernement. Ces commissaires,
dans leur procès-verbal, constatèrent les avantages
immédiats de ce projet et demandèrent l'exécution des
travaux nécessaires.

Dans le mémoire dont nous parlons et qui était
vraisemblablement destiné à porter le dernier coup aux
hésitations qui existaient encore. M. de Brie-Serrant
commençait par rappeler les avantages de la France
et de Nantes, en particulier, pour le commerce. Il
disait notamment que la ville de Nantes, par sa position admirable, était destinée à prendre le premier
rang dans les grandes villes commerçantes d'Europe.

Partant de ce point, il rappelait les difficultés que présentait et que présente encore la navigation de Nantes à la mer par Paimbœuf. En présence de ces difficultés, il plaçait ensuite les avantages qu'offrirait un canal de Nantes à la mer et les facilités que présenterait son exécution sur la rive gauche du fleuve : « Ce canal, disait le mémoire, est tracé des mains de » la nature, puisqu'il passerait presqu'en ligne directe » par trois ruisseaux qui coulent depuis Indret jus- » qu'au port de Portnic, sans que, dans les deux » légers intervalles de terre ferme qui se trouvent » entre ces trois ruisseaux, il y ait de montagne, » ni aucun autre empêchement à l'exécution de ce » canal. »

Le mémoire faisait ensuite un parallèle entre Paimbœuf et Pornic, en démontrant les avantages de ce dernier port. Les dépenses pour l'exécution du projet étaient estimées à 6 millions.

Le mémoire, en terminant, passait en revue les immenses avantages que Nantes retirerait de ce canal, et finissait en cherchant à prouver combien serait utile un port à Pornic, au triple point de vue de la marine militaire, de la marine marchande et de la province de Bretagne.

Nous avons examiné avec quelques détails ce mémoire (1), parce qu'il nous semblait intéressant de faire voir que cette question d'un canal de Nantes à la mer, dont il a été si fortement parlé il y a quelques

---

(1) C'est à l'obligeance de M. de Girardot, secrétaire général de la préfecture, que nous avons dû la communication d'un exemplaire du Mémoire du marquis de Brie-Serrant.

années, n'était point nouvelle, puisque voilà la seconde fois que nous la trouvons exprimée au XVIII°
siècle.

En 1786, les expéditions de Nantes, Bordeaux,
Marseille, le Havre, Saint-Malo, Lorient, La Rochelle,
pour l'Afrique et les Antilles, accusèrent les chiffres
suivants :

	Côtes d'Afrique.	Antilles.
Nantes	40 navires.	88 nav.
Bordeaux	18	240
Marseille	6	110
Le Havre	25	74
Saint-Malo	»	5
Lorient	3	3
La Rochelle	19	3

A l'entrée, les chiffres se répartirent comme suit :

Nantes	129 nav.
Bordeaux	212
Marseille	116
Le Havre	88
Saint-Malo	9
Lorient	2
La Rochelle	16

En 1787, les mêmes ports reçurent, venant des
Antilles :

Nantes	122 nav.
Marseille	119
Bordeaux	237
Le Havre	105
Saint-Malo	7

Lorient......................... » nav.
La Rochelle **18**

Il résulte de ces tableaux que Nantes faisait à elle seule plus du tiers des expéditions pour les côtes d'Afrique ; que Bordeaux prenait dans le commerce direct des Antilles une part double de la nôtre, c'est à dire qu'il y expédiait et qu'il en recevait deux fois plus de vaisseaux que Nantes ; que Nantes expédiait moins de vaisseaux que Marseille, mais qu'il en recevait davantage.

En **1787**, les vaisseaux de Marseille lui apportèrent :

190,721 quintaux de sucre terré et tête,
  34,937   —   de sucre brut,
156,737   —   de café,
   5,901   —   de coton,
   1,585   —   d'Indigo,

dont la valeur réunie à celle d'autres articles moins importants, comme cuirs, caret, bois, gingembre, etc., fut estimée 25,359,993 liv.

Nantes reçut la même année :

278,768 quintaux sucre brut,
221,819   —   sucre terré et tête,
  94,989   —   café,
  16,626   —   coton,
   3,161   —   Indigo,

estimés avec les autres articles à 39,255,630 liv.

Nantes venait donc après Bordeaux pour l'importance des relations avec les colonies d'Amérique.

En 1786, Saint-Dominque comptait 792 sucreries et 405,528 noirs. Cette colonie produisit :

    9,300 quintaux indigo,
931,775   —   sucre brut,
702,777   —   sucre blanc,
681,511   —   café,
   1,500   —   cacao,
  62,861   —   coton,

estimés 165,231,429 liv.

De ces productions, Nantes reçut :

    3,324 quintaux indigo,
322,676   —   sucre brut,
146,033   —   sucre blanc,
  79,666   —   café,
    987   —   cacao,
  13.274   —   coton,

estimés 35,038,039 liv.

C'est un chiffre double de celui que nous avons cité pour l'année 1767.

Nous voici arrivé à l'aurore de la Révolution. Paris est déjà et sera bientôt le théâtre d'évènements politiques immenses, dont Nantes ressentira vivement le contre-coup. Nous n'aurons, dans cet ouvrage, ni l'occasion, ni le devoir d'apprécier ces évènements. Nous renvoyons donc pour tout ce qui concerne les faits qui se passèrent à Nantes, de 1789 à 1800, aux livres du docteur Guépin et de MM. Lescadieu et Laurent ; car, plus favorisés que nous, ils ont dû, dans les limites de leur cadre, leur consacrer de longues pages.

Dans le domaine commercial, on comprend que les faits, durant cette période, soient en petit nombre, à partir de **1792** surtout. De **1789** à **1790** se trouvent encore quelques documents qui nous ont paru mériter la citation.

Le **12** avril **1789** eut lieu l'élection des négociants chargés de coopérer à la rédaction du cahier des plaintes et doléances aux États Généraux qui se réunissaient en mai, et qui en juin devaient se constituer en assemblée nationale.

Furent élus : MM. Bouteiller père, Guinebaud, Guesdon, Berthault aîné, Genevois, Badaud, Marcorelles, Rozier, Dubern, Fruchard, Lemasne, Galon père, Legris aîné.

Voici quelles furent les principales demandes exposées dans le cahier des charges rédigé par ces députés :

1° L'abolition du franc fief ;

2° Que la dette du gouvernement fut reconnue dette nationale ;

5° Protection et convois des navires en temps de guerre ;

6° Suppression des compagnies de commerce ;

9° Protection pour les navires négriers pendant la traite ;

19° Toutes sortes d'encouragements pour le commerce du Nord ;

22° Un ministre et un conseil du commerce où tous les députés des différentes villes auraient voix délibérative ;

25° Augmenter la compétence judiciaire des consuls ;

26° Suppression des fermes générales et transformation en régie ;

28° Suppression des ports francs ;

32° Suppression de la traite domaniale ;

34° Egalité des poids et mesures par tout le royaume;

43° Supplier Leurs Majestés de ne se servir, pour leurs vêtements, que des étoffes fabriquées en France, les signataires s'engageant eux-mêmes à n'employer pour leur usage et agrément que des marchandises des fabriques françaises.

Cet article était le dernier.

Les négociants de Nantes ayant ouï dire, quelques mois après, que Mirabeau devait parler dans l'Assemblée nationale contre la traite des nègres, adressèrent à cette assemblée, le 21 novembre 1789, une pétition dans laquelle ils demandaient que la traite ne fût pas abrogée, en cherchant à prouver combien elle était utile au commerce et aux colonies.

Le 7 mars 1790, les juges-consuls en exercice prêtèrent le serment civil. La même année, ils adressèrent à l'Assemblée Nationale un mémoire dans lequel ils demandaient la suppression des droits de province à province ; la liberté de sortir des marchandises à une seule ligne sur la frontière ; l'abolition des privilèges des compagnies des Indes et du Sénégal ; la création d'une caisse d'escompte ; la suppression des droits sur le sel et les poissons de nos pêcheries.

Désormais les événements se précipitent comme un torrent. Laissons-les marcher et faisons une halte pour consacrer, dans une courte statistique dont les éléments nous sont presque tous fournis par l'ouvrage de Huet, ce qu'était le commerce de Nantes en 1790, — le point culminant de prospérité auquel il ait atteint, le siècle dernier.

II.

Durant l'année 1790, le petit cabotage employa 725 bâtiments faisant 70,927 tonneaux.

Par ce cabotage, Nantes recevait les cidres et les bois de chauffage de la Vilaine, les poissons secs ou salés du Morbihan, les productions de l'Inde apportées à Lorient, les grains des Côtes-du-Nord.

Nous recevions de la Manche : des toiles, du lin, du plâtre, de la terre à faïence, du houblon, des laines, des armes à feu, de la mercerie, de la quincaillerie et quelques bois de construction.

Nous recevions des eaux-de-vie et des vins, liqueurs, liéges et draps de Carcassonne, de la Rochelle et de Bordeaux ; les résines, brai gras, planches, chocolat de Bayonne ; les huiles, les savons, les drogueries et parfumeries de la Méditerranée.

Nous exportions en échange, sur la côte du Nord, les denrées coloniales, du sel et des vins ; sur la côte du Midi et de la Méditerranée, des peaux de veau, de l'ocre, de l'indigo, des indiennes et le produit de nos pêcheries.

Le commerce du sel occupa, en 1790, 1,303 barques donnant environ 15,000 tonneaux.

Le grand cabotage se chiffra comme suit :

Angleterre	29 nav.	4,446 Tx.
Danemark	13	3,031
Suède	8	1,410
A reporter	50 nav.	8,887 Tx.

Report........	50 nav.	8,887 Tx.
Hollande........	76	12,591
Allemagne........	110	16,055
Espagne	15	1,943
Portugal	9	1,205
Italie........	11	1,540
	271 nav.	42,221 Tx.

Sur cette quantité de 42,221 tonneaux, la part du tonnage nantais fut 5,962 tonneaux.

Par cette navigation, Nantes reçut :

Des Etats du Nord :

1,530	ton.	de froment,
1,187	—	de seigle',
557,799	liv.	de fromage,
7,958	bouc.	de goudron,
800		mâtereaux,
512	barils	de brai,
56,921	liv.	d'alun,
61,042	quint.	de chanvre,
428,139	liv.	de lin,
166,997	—	de laine,
258,168	—	de garance,

estimés 4,169,619 liv.

Des Etats du Midi :

189,847	liv.	de laine,
1,566	bques	d'eau-de-vie,
139,277	liv.	d'huile,
259,214	—	de raisins,

52,840 liv.   de figues,
304ᵐ   —   d'oranges et citrons,
estimés 1,424,418 liv.

Par contre, Nantes exporta :

Aux Etats du Nord :

3,837   muids   de sel,
462,286 liv.   de miel, .
167,813   —   de prunes et pruneaux.
14,386 bques   de vin,
39,833 veltes   d'eau-de-vie,
69,502 quintaux de sucre terré,
217,870   —   de sucre brut
111,339 liv.   d'indigo,
5,916,728   —   de café ,
estimés 23,095,458 liv.

Aux Etats du Midi :

31,364 veau corroyé ,
397,193   liv.   de toiles,
709,788   —   de café ,
5,228 quart. sucre terré,
400   —   cacao ,
5,462 liv.   d'indigo,
estimés 3,888,273 liv.

Le sucre terré valait alors 72 liv. le quintal, le sucre
brut 46 liv. le quintal, le café 1 liv. la liv., le cacao
57 liv. 10 s. le quintal, l'indigo 9 liv. 12 s. la livre,
le sel 60 liv. le muid, le vin 30 liv. la barrique,
l'eau-de-vie 6 liv. la velte, etc., etc.

Le long-cours occupa, durant l'année 1790, 259 bâtiménts jaugeant 97,900 tonneaux répartis comme suit :

Ile de France	3 nav.	1,080 Tx.
États-Unis...........	8	1,830
Cayenne............	3	510
Antilles	205	80,235
Afrique	40	14,245
	259 nav.	97,900 Tx.

Nantes, comme on le voit, prenait une part fort petite au commerce de l'Inde : de 1769 à 1785, pendant les quinze années de commerce libre, la place n'arma pour cette destination que 16 vaisseaux jaugeant 6,150 ton.

Des États-Unis, Nantes recevait : riz, morues, potasse, cire, épiceries, fourrures, tabac, etc.

Elle y exportait : sel, souliers, chapeaux, draperies, soieries, toiles, mouchoirs, acier, fer ouvré, plomb, faïence, porcelaine, papier, quincaillerie, vin, eau-de-vie, etc., etc. Ces importations présentaient une valeur de 578,558 liv., et ces exportations une de 757,954 liv.

Les exportations faites pour la Guinée et les Antilles durant l'année 1790, avaient une valeur de 21,950,518 liv. Les importations furent estimées à 40,461,354 liv.

Voici les chiffres des importations des Antilles et de Cayenne à Nantes en 1790 :

Indigo	250,700 livres.
Coton................	1,771,040
Sucre terré...........	17,515,700

Sucre brut. . . . . 43,507,100 livres.
Café. 12,857,540
Cacao. 69,440
Bois. 862,825
Cuirs 94,260

Les exportations se composaient des mêmes articles qu'en 1766.

En 1790, les calculateurs modérés portaient à 50 millions la dette active de Nantes sur Saint-Domingue.

Les chiffres que nous avons cités précédemment, ceux que nous venons de donner quelques lignes plus haut, prouvent combien à cette époque le commerce des Antilles était particulièrement avantageux au département de la Loire-Inférieure. On a calculé qu'il versait annuellement, entre le mains des agriculteurs, 900,000 liv.; à nos manufacturiers (briquetiers, potiers, forges, fonderies, clouteries, verreries, fabriques diverses), 1,368,317 liv.; à nos artisans, 500,000 liv. pour meubles, bougies, chandelles et autres objets de pacotille.

Les navires expédiés de Nantes à la côte de Guinée traitaient annuellement 12,000 esclaves, coûtant 8 à 9 millions de livres. Il en périssait environ un quart dans la traversée, et les 9,600 introduits aux Colonies produisaient environ 18,000,000 livres, dont un tiers était payé comptant et le surplus à de longs termes. C'était cette circonstance qui avait créé la dette active de Nantes, dont nous avons parlé tout à l'heure.

En réunissant les principaux des documents qui précèdent, nous trouvons pour le mouvement général de la navigation de Nantes en 1790 :

Petit cabotage	725 nav.	70,927 Tx.
Commerce du sel	1,303	15,000
Grand cabotage........	271	42,220
Long-cours	259	97,900
	2,558 nav.	226,047 Tx.

Voici maintenant, exprimées en chiffres, les valeurs comparatives des relations de Nantes avec les pays d'Europe et les Etats-Unis, en 1790.

	Importations.	Exportations.
Angleterre	797,540	331,316
Hollande..........	2,891,056	9,997,472
Suède...........	821,629	1,179,964
Danemark	145,100	352,632
Allemagne et Prusse..	2,726,445	11,991,382
Espagne	1,673,730	2,500,000
Portugal	114,517	1,607,289
Etat-Unis.........	578,358	757,954

En outre des communications extérieures dont nous venons de parler, Nantes se trouvait en communication, par ses grandes routes, avec Paris et le Nord de la France, avec la Rochelle, Bordeaux et le Midi, avec Rennes et la Normandie, et commerçait avec tous ces pays par le roulage. Par cette voie, on recevait des beurres, des toiles, des fils, des draperies, de la mercerie et de la quincaillerie. On expédiait des cafés, cotons, sucres, eaux-de-vie, vins, indiennes de Nantes, etc.

Par les bateaux qui faisaient la navigation de la

haute Loire, Nantes recevait des bois, des chanvres, des fruits, des légumes secs et verts. Ils emportaient habituellement des denrées coloniales, des sels, etc.

Quelques toues, quelques chalands, quelques gabareaux faisaient aussi la navigation sur la Sèvre et l'Erdre.

Voici maintenant quelques notes sur l'état de l'industrie à Nantes et dans les environs de cette ville, vers 1790.

La faïencerie établie à Nantes occupait en 1790, 100 ouvriers, et sa vente s'éleva à 150,000 livres. Il existait aussi 50 ateliers de clouterie qui employaient 400 ouvriers et fabriquaient 80,000 quintaux métriques de clous;

2,400 métiers battant la toile dans le département, dont 500 à Nantes;

600 métiers battant les cotonnades, les siamoises, guinés, etc., et occupant 2,500 ouvriers;

Des corderies, dont une employait 180 ouvriers, et fabriquait 1,810 milliers de cordage noir et blanc.

2,000 fileurs environ, filant au rouet le coton nécessaire aux fabriques de Nantes;

Neuf manufactures de toiles peintes occupant 4,500 ouvriers et fabriquant 120,000 pièces;

Des verreries à Couëron et à Varades;

Une fabrique de bouteilles, à Nantes, employant 50 ouvriers;

Des raffineries à Nantes;

Trois brasseries, dont une à Couëron;

De nombreuses fabriques de liqueurs et d'eau-de-vie. Une seule des fabriques de liqueurs avait fourni en 1790, 150,000 bouteilles de liqueurs fines. La production des eaux-de-vie était évaluée à 240,000 veltes;

Des chapelleries fournissant 50,000 chapeaux employés à la traite et aux colonies ;

Des tanneries ;

Des mégisseries ;

Des forges à la Hunaudière, etc., etc. ;

Des mines de charbon à Montrelais et à Languin ;

Des poteries ;

Des briqueteries, etc., etc.

En 1775, on comptait encore dans les marais de Bourgneuf et de Fresnais 45,000 aires de marais salants ; il n'en restait plus que 39,000 en 1780, et 20,000 vers 1790.

Sur la côte Nord (le Pouliguen, le Croisic, Bourg-de-Batz, etc.) il en existait environ 30,000 œillets.

Ces quelques notes suffisent pour montrer que les diverses industries en activité à Nantes étaient alors dans une situation prospère. Nous aurons avant peu (1802) l'occasion de donner également sur l'industrie à Nantes, quelques renseignements qui nous permettront d'apprécier les diminutions que la Révolution lui fit subir.

Enfin en 1790, Nantes possédait à peu près le même nombre de navires pour les voyages de long-cours qu'en 1780, c'est-à-dire 220 environ variant entre 100 et 1000 tonneaux.

Si nous ajoutons à ce qui précède, que Nantes comptait alors environ 90,000 habitants, nous en aurons fini avec les renseignements qui se rapportent à l'année 1790, et qui prouvent combien alors la vie commerciale et industrielle de Nantes était florissante. En comparant ultérieurement les chiffres que nous venons de donner avec ceux qui se rapportent à des années antérieures, nous acquerrons la conviction que depuis le commencement du XVIIIe siècle, le mouvement de l'industrie et du commerce à Nantes n'avait été qu'en grandissant. Nous l'avons dit déjà à différentes reprises, les chiffres que nous citerons en les mettant en regard les uns des autres, justifieront nos assertions. A cette époque, il y avait peu de familles à Nantes qui ne s'intéressassent au commerce, qui était pour cette ville la source d'une si grande prospérité.

Citons encore quelques faits qui termineront pour nous la série de ceux qui se rapportent à la vie commerciale de Nantes au XVIIIe siècle.

Le registre des délibérations générales du commerce s'arrête à la fin de l'année 1791. Les dernières pages sont remplies par les résolutions prises par le commerce de Nantes à la nouvelle de l'insurrection de St-Domingue : envoi de députés à Paris, souscriptions, etc.

A la même époque, le *général* du commerce de Nantes se rassembla et, dans ses séances des 14 et 18 février 1791, arrêta le règlement suivant pour l'administration des affaires commerciales :

« Art. Ier. — L'administration de commerce sera
» composée de dix-sept membres : aucun ne pourra
» être élu qu'il ne soit au moins âgé de vingt-cinq
» ans; ils seront successivement nommés au scrutin
» d'année en année, à la suite de l'élection des juges
» de commerce, à la pluralité relative des suffrages,
» par le général du commerce.

» Art. II. — Lors de l'élection, on désignera six
» suppléants qui auront voix consultative, et rempla-

» ceront les membres en cas de mort, démission ou
» retraite forcée ; ces suppléants seront ceux qui auront
» eu le plus grand nombre de voix, après les élus, et
» dans le cas d'égalité, le plus âgé aura la préférence.
» ART. III. — Les juges de commerce en exercice
» pourront assister aux assemblées quand bon leur
» semblera, et y auront voix consultative seulement.
» ART. IV. — Les administrateurs choisiront entre
» eux leur président, à la pluralité des voix ; il sera
» changé tous les trois mois, et ne pourra être réélu
» qu'après un intervalle de trois mois : en cas d'absence
» du président, celui des administrateurs présent qui
» aura réuni le plus de suffrages présidera.
» ART. V. — En cas de mort du secrétaire actuel, il
» sera convoqué une assemblée générale de commerce,
» pour procéder à l'élection d'un nouveau secrétaire.
» ART. VI. — A la fin de la première année, huit
» des dix-sept administrateurs sortiront par la voie du
» sort ; les autres resteront deux ans en exercice, et
» sortiront par rang d'ancienneté de fonctions, ce qui
» aura successivement lieu d'année en année.
» ART. VII. — Les administrateurs s'assembleront
» les lundi et vendredi de chaque semaine, à cinq
» heures du soir, à l'effet de quoi il sera pris des
» mesures pour qu'il y ait une salle libre, et un loge-
» ment pour le secrétaire.
» ART. VIII. — Les administrateurs s'occuperont
» généralement de tout ce qui pourra intéresser le
» commerce.
» ART. IX. — Les administrateurs convoqueront le
» général du commerce toutes les fois qu'ils le juge-
» ront convenable ; et cependant vingt-cinq commer-

» çants réunis pourront provoquer une assemblée
» générale, en présentant leurs pétitions : ladite as-
» semblée ne pourra être différée de plus de trois
» jours après la présentation.

» ART. X. — Les administrateurs seront chargés
» de donner leur avis sur les parères, mémoires et
» questions de commerce, et en tiendront registre,
» dont copies seront délivrées moyennant une rétribu-
» tion au secrétaire, qui sera fixée par lesdits admi-
» nistrateurs.

» ART. XI. — Lorsqu'il s'agira de nommer un
» député ordinaire à Paris, ou d'autres députés pour
» des cas extraordinaires, les administrateurs convo-
» queront le général du commerce, pour procéder à
» cette nomination dans la forme adoptée pour l'élection
» desdits administrateurs.

» ART. XII. — Tous les premiers mercredis des mois
» de janvier, avril, juillet et octobre, il sera convoqué
» une assemblée générale de commerce, pour lui don-
» ner connoissance des opérations de l'administration.
» En cas de fête, l'assemblée se tiendra le lendemain.

» ART. XIII. — Il sera permis à tous ceux qui font
» commerce, de venir tous les jours prendre commu-
» nication et même copie, mais sans déplacer, des
» registres, lettres, mémoires et autres pièces utiles.

» ART. XIV. — Les délibérations des séances ar-
» rêtées sur le plumitif, seront portées sur le registre,
» et signées ensuite par le président et les adminis-
» trateurs qui auront été présents.

» ART. XV. — Les administrateurs du Commerce ne
» pourront diminuer les honoraires du secrétaire actuel,
» et fixeront les appointements des commis nécessaires.

» Art. XVI. — Les décisions se prendront à la
» pluralité des voix, et en cas d'égalité, celle du
» président aura la prépondérance ; ne pourront néan-
» moins les délibérations être valides, qu'autant qu'il
» y aura sept administrateurs au moins rassemblés.

» Art. XVII. — Les frais de l'administration seront
» prélevés sur les fonds dont elle pourra disposer ; en
» cas d'insuffisance, les administrateurs aviseront au
» moyen d'y pourvoir.

« Art. XVIII. — Les administrateurs choisiront
» parmi eux leur trésorier, qui leur rendra son compte
» tous les trois mois, avant l'assemblée générale, afin
» que ce compte puisse être présenté à ladite as-
» semblée.

» Art. XIX. — Nul ne pourra voter dans les assem-
» blées générales, ni être admis dans l'administration,
» s'il n'est citoyen actif, aux termes des décrets de
» l'Assemblée Nationale. »

Les négociants de Nantes se rassemblèrent le 5 mars
1791 pour nommer les dix-sept administrateurs et les
six suppléants dont parlait le réglement ci-dessus.
Furent élus administrateurs : MM. J. Gaudin, Paimparay, Caillaud, Vilmain, Bourcard, Legris fils, Marcorelles, Bauger, Videment, Minyer, Thoinet Sagory,
Bridon, F. De la Ville, Gilley, Meracq aîné, Froust
père. Furent élus suppléants MM. Desclos jeune, Paris,
Linch, Legrand, Thébaud, Lemasne aîné.

La même année encore (1791), fut établie à Nantes
une *Société d'Agriculture, Commerce et Arts* destinée à
fournir au bureau central du commerce existant à Paris
tous les renseignements afférents à son titre. Le registre

des délibérations de cette société, représentée par un certain nombre de commissaires nommés par les commerçants à la pluralité des voix, existe aux archives de la Chambre du Commerce. Il s'arrête au 5 août 1793.

Après cette date, plus rien à citer. Les grands événements politiques et sociaux qui s'accomplissent, absorbent tout. L'Europe se soulève contre nous, les guerres se succèdent sans relâche, et désormais ce ne sera qu'en 1815 que nous pourrons reprendre le récit suivi des événements de la vie commerciale de Nantes.

III.

Bien que nous soyons arrivé à l'extrémité du XVIIIe siècle, notre tâche n'est point encore terminée. A la fin des deux premiers chapitres, nous avons consacré quelques pages au résumé et à l'appréciation générale des faits qu'ils comprenaient : une appréciation semblable nous reste à faire pour tout le XVIIIe siècle. Nous la commençons donc.

En terminant le XVIIe siècle, nous avons fait remarquer que le XVIIIe siècle se présentait sous des auspices favorables. — On a dû s'apercevoir qu'il avait tenu tout ce qu'il promettait. Il suffit, du reste, pour s'en convaincre (et en le faisant nous tenons une promesse annoncée), de placer en regard quelques chiffres généraux résumant le mouvement commercial de Nantes, de la fin du XVIIe siècle à 1790.

A la fin du XVIIe siècle il arrivait annuellement à Nantes environ soixante bâtiments des colonies françaises d'Amérique ; ils importaient :

Sucres. . . . .   6,350,000 liv.
Cacao   200,000
Coton   150,000
    Etc., etc.

En 1756, il en arriva 96, important :

Sucres. . . . .   30,380,000 liv.
Café.   3,510,000
Coton   364,000
    Etc., etc.

En 1764, 128, important :

Sucres. . . . .   45.600,000 liv.
Café   3,503,000
Coton   1,081,000
    Etc., etc.

En 1790, 146, important :

Sucres. . . . .   61,228,000 liv.
Café.   12,857,540
Coton   1,771,000
    Etc., etc.

Autres chiffres à l'appui de ceux qui précèdent.

La valeur totale des retours à Nantes, des expéditions faites de ce port pour les Antilles et la côte de Guinée, s'élevait, en 1729, à 7,383,840 liv.

En 1735, elle atteignit   7,511,180 liv.
En 1764,   —   18,503,407
En 1773,   —   20,500,640
En 1790,   —   40,461,354

On a raison de le dire , en statistique les mots les plus concluants sont les chiffres, et ceux que nous venons d'énumérer ont une puissance et une persuasion tellement irréfutables qu'il est inutile d'y rien ajouter.

Si, des opérations coloniales, nous passons aux relations de Nantes avec les divers pays de l'Europe, nous ne trouverons pas une progression croissante aussi considérable, mais cependant les résultats que nous allons mettre sous les yeux de nos lecteurs accusent des progrès successifs très remarquables. Nous résumons ces résultats dans un tableau exprimant la valeur, à différentes époques, des importations et exportations de Nantes avec l'Europe.

	1729.		1773		1970.	
	Importations.	Exportations.	Importations.	Exportations.	Importations.	Exportations.
	LIV.	LIV.	LIV.	LIV.	LIV.	LIV.
Angleterre	622,527	313,212	810,199	32,216	797,340	331,316
Hollande..	984,341	3,948,769	1,619,142	4,212,248	2,891,056	9,997,472
Suède....	....	....	665,118	807,240	821,629	1,179,964
Danemarck	....	....	68,570	142,304	145,100	352,632
Allemagne	364,065	2,287,961	2,014,950	8,110,357	2,726,445	11,991,382
Prusse ...						
Espagne..	402,108	285,685	1,076,328	2,174,005	1,673,730	2,500,000
Portugal..	63,734	105,199	105,199	1,188,445	114,317	1,607,289

Si maintenant nous ajoutons à tous ces chiffres,

que le mouvement total de la navigation dans le port de Nantes (long-cours, grand cabotage et petit cabotage) s'élevait en 1764 à 1,429 navires, jaugeant 158,546, et en 1790 à 2,558 navires, jaugeant 226,047 tonneaux, nous en aurons fini avec les renseignements que nous voulions résumer, et qui prouvent surabondamment, suivant nous, que le mouvement commercial de Nantes n'avait cessé de grandir depuis la fin du XVIIe siècle jusqu'en 1790.

Les indications que nous avons fournies ça et là sur l'état de l'industrie dans cette ville prouvent également que ses progrès avaient été nombreux pendant le XVIIIe siècle. Il n'en pouvait être autrement : les relations extérieures de Nantes grandissant, sa vie industrielle devait recevoir de cet agrandissement une impulsion constante et favorable. Le commerce avec la côte de Guinée et les îles d'Amérique était surtout, comme nous l'avons déjà dit, avantageux aux industries les plus répandues à Nantes, à cette époque, comme les fabriques de toiles peintes, les clouteries, les fonderies, etc.

Les relations avec l'étranger profitaient surtout aux produits du sol, comme les vins, eaux-de-vie, sel, miel, etc., etc.

On peut résumer en quelques mots le caractère du commerce de Nantes au XVIIIe siècle, en disant que ce commerce avait pour but d'aller chercher aux colonies françaises leurs productions, comme le sucre, le café, l'indigo, le cacao, etc., etc., en les échangeant soit contre des esclaves achetés à la côte de Guinée, soit contre des cargaisons composées de divers articles, et ensuite de revendre ces productions exotiques aux étrangers, en y ajoutant de grandes quantités de productions territoriales. Les cultures augmentant aux colonies et en France, la consommation et les échanges suivaient la même progression. De là la prospérité croissante du commerce de Nantes au XVIIIe siècle, prospérité dont nous avons pu indiquer les diverses phases par des chiffres aussi authentiques que possible.

On pourrait reprocher à notre récit un peu d'aridité, mais nous avons préféré le faire bref et substantiel que de le charger trop souvent de considérations inopportunes. Cependant à côté des nombreux documents statistiques que nous avons cités, nous avons fait en sorte de placer également tous les faits capables de donner une idée de la vie commerciale de Nantes au siècle dernier, — vie active et intelligente dont voici les manifestations les plus remarquables :

Le mémoire de M. Duhalley Descaseaux au conseil du commerce de 1700.

Divers autres mémoires du *général* du commerce concernant la liberté commerciale, l'abaissement des tarifs, la création d'une Chambre de Commerce, etc.

Les nombreux projets d'amélioration de la Loire.

La pétition demandant la création d'un bassin au bas du fleuve.

Le projet d'une seconde ligne de ponts.

Celui d'un canal de Nantes à Pornic.

Celui concernant les canaux de Bretagne.

Celui de rendre les prairies au Duc et de la Madeleine propriétés communales pour les faire servir aux agrandissements de la ville.

Le cahier des charges rédigé en 1789, par les députés du commerce.

Le dévouement des négociants à amoindrir plusieurs disettes.

Etc., etc.

Il faut lire et consulter, comme nous l'avons fait, la collection des procès-verbaux des assemblées générales du commerce de 1700 à 1791, et celle des mémoires présentés par le même commerce de 1740 à 1788, pour apprécier à leur juste valeur les connaissances spéciales et étendues, l'habileté et l'expérience des négociants nantais d'alors. Les Montaudouin, les Drouin, les Delaville, les Michel, les Bouteiller, les Mosneron et d'autres encore ont laissé des réputations proverbiales d'intelligence commerciale. Ce serait, sans conteste, une œuvre intéressante qu'une biographie des négociants nantais célèbres, et peut-être, un jour, l'entreprendrons-nous pour faire le pendant de cette histoire du commerce.

La splendeur commerciale de Nantes, dans la dernière moitié du XVIII* siècle, se trouve écrite non seulement dans la réputation de ses négociants, non seulement dans les chiffres que nous groupions quelques pages plus haut, mais aussi, comme l'a fait remarquer judicieusement M. Dugast, dans son *Etude sur le Commerce honorable*, dans ces constructions particulières, dans ces monuments privés que nous offrent l'Ile-Feydeau, la Fosse, les quais Brancas et de l'Hôpital, les cours Saint-Pierre et Saint-André, etc., etc.

Nous en avons fini avec l'examen des causes et de l'aspect de la prospérité commerciale de Nantes à la fin du XVIII* siècle. Qu'il nous soit permis maintenant, avant de clore ce chapitre, de dire quelques mots des mesures par lesquelles la célèbre Assemblée Constituante détruisit les divisions douanières du pays, et constitua l'uniformité dans notre tarif douanier.

Au reste, en décrétant ces mesures, l'Assemblée ne fit que suivre le vœu exprimé dans les cahiers du tiers-état. Ces cahiers étaient unanimes à demander l'abolition radicale de tous les prétendus droits féodaux, l'égalité des impôts, la destruction des douanes intérieures, l'institution d'un Ministère et d'un Conseil général du commerce, l'établissement de Chambres de Commerce dans les villes les plus importantes, la rédaction d'un Code du commerce et de l'agriculture, l'institution d'une Banque nationale, l'adoption de tarifs de douanes-frontières bien entendus, qui protégeassent efficacement les manufactures nationales et le travail des ouvriers indigènes contre l'étranger, l'examen par les Etats Généraux des traités de commerce existant, la nullité en principe de tout traité de commerce ultérieur sur lequel les Chambres de Commerce n'auraient pas été appelés à donner leur avis et que les Etats Généraux n'auraient pas adopté en substance, etc.

Ces demandes étaient, comme on le voit, tout un code des droits essentiels de la nation en matière d'économie politique.

Les douanes provinciales furent abolies d'abord et les départements créés par l'Assemblée Constituante.

Puis son comité de l'agriculture et du commerce présenta ensuite un rapport qui concluait à l'adoption du principe de la protection et dont les conséquences furent les suivantes :

Que les produits des fabriques étrangères seraient frappés d'un droit à l'entrée.

Que les marchandises nationales exportées à l'étranger, seraient exemptes de droits de sortie et même recevraient une prime quand cela serait nécessaire.

Que la sortie hors du royaume des matières premières propres aux manufactures indigènes serait prohibée.

Que les mêmes matières premières venant de l'étranger, seraient admises sans droits, à l'exception de la tourbe et du charbon de terre, etc., etc.

A d'autres le soin de faire ressortir ce que de pareilles mesures pouvaient contenir de conforme ou de contraire aux saines doctrines de l'économie politique. Notre tâche est autre ; nous la continuons en ouvrant le XIX\ siècle.

CHAPITRE VI.

DE 1800 A 1854.

I.

L'histoire commerciale de Nantes de **1800** à **1815** n'offre que peu d'intérêt. Une seule date fournit matière à quelques considérations, c'est l'année **1802-1803** (an X et XI) qui suivit la signature de la paix d'Amiens. C'est encore à Huet de Coetlisan que nous devons des renseignements précieux sur cette époque, qui tient pour ainsi dire le milieu entre la République et l'Empire.

A peine la conclusion de la paix fût-elle officiellement annoncée, que tous les bâtiments qui languissaient depuis près de **10** ans dans les ports de France mirent voile dehors.

En l'an **10**, le petit cabotage présenta à Nantes un effectif de	588	nav. jaugeant	43,915 Tx.
Le grand cabotage.	136	—	18,501
Le long-cours	104	—	18,471
	828	—	80,887 Tx.
Le commerce du sel	1,300	—	15,000
	2,128	nav. jaugeant	95,887 Tx.

Le grand cabotage et le long-cours se décomposaient comme suit :

Grand cabotage.

Angleterre	4	navires.
Danemarck........ .	19	—
Suède	10	—
Hollande..........	17	—
Allemagne	48	—
Espagne	21	—
Portugal	16	—
Italie.............	1	—

136 nav. faisant **18,501 Tx.**

Le long-cours :

Ile de France......	8	navires
Etats-Unis	32	—
Cayenne	1	—
Antilles	58	—
Afrique...........	5	—

104 nav. faisant **18,471 Tx.**

Les importations et les exportations pour le petit cabotage n'avaient pas changé. Elles furent les mêmes qu'en 1790. Nous ne redirons pas ce que nous avons déjà énuméré à cette époque. Le commerce du sel présenta également les mêmes résultats à peu près qu'en 1790.

Les importations par le grand cabotage se présentèrent comme suit :

Importations des Etats du Nord.

Sucre brut...........	29,132	quintaux.
Sucre terré	9,067	—
Fromage	400,935	livres.
Goudron	4,534	barils.
Brai................	592	—
Alun	101,676	livres.
Chanvre	21,620	quintaux.
Lin	151,100	livres.
Laine	143,426	—
Garance.............	189,422	—

Estimés 4,928,222 liv.

Importations des Etats du Sud.

Sucres divers.........	806,904	livres.
Eau-de-vie	695	barriques.
Vin	»	—
Huiled' olive	282,600	livres.
Figues..............	28,132	—
Oranges et citrons.....	257	m.

Estimés 1,493,235 liv.

Exportations aux Etats du Nord.

Sel.................	389	muids.
Miel................	336,590	livres.
Vin	»	barriques.

Estimés 446,911 liv.

Exportations aux Etats du Midi.

Peaux diverses.
Toiles diverses.

Beurre.

Pour une valeur de **1,787,319 liv.**

Il est curieux de comparer les quatre tableaux qui précèdent avec ceux semblables se rapportant à l'année 1790. On remarque que les importations des pays étrangers comprennent non-seulement les mêmes objets qu'en 1790, mais en plus d'autres articles comme le sucre que Nantes à cette époque exportait, au contraire, en grandes quantités. Les exportations se composent presque uniquement des productions territoriales.

Ce fait n'a rien qui doive surprendre. Il trouve son explication naturelle dans les guerres maritimes qui coupaient à nos navires la route des colonies pendant que d'autres nations, comme l'Angleterre, pouvaient y commercer librement.

Nous reçumes en l'an X, des colonies d'Amérique :

43,112	livres de	coton.
86,992	—	sucre terré.
473,868	—	sucre brut.
975,227	—	café.
11,695	—	cacao.
109,309	—	bois.
2,934	—	anis.
95	—	indigo.

Le tout d'une valeur de **1,750,486 liv.**

La valeur des importations et exportations avec les Etats-Unis s'éleva durant l'an X, à fr. **3,872,859.** Les articles qui faisaient l'objet de ce commerce n'avaient pas changé depuis **1790.**

Voici un tableau présentant la valeur, par nation, des importations et exportations du port de Nantes pendant l'an X (1) :

	Importations.	Exportations.
Angleterre	112,600 fr.	11,974 fr.
Hollande......	1,015,919	513,947
Suède	491,483	29,060
Danemarck....	113,623	36,546
Allemagne	3,047,957	482,318
Espagne	882,028	883,020
Portugal......	1,818,702	1,233,454
Etats-Unis	3,448,039	424,825
	10,930,351 fr.	5,415,144 fr.

En l'an XI, les importations s'élevèrent à fr. 9,592,761 et les exportations à fr. 5,182,767.

Voici maintenant quelques détails sur l'industrie à Nantes en 1802 :

Les fabriques de pipes, de faïences, de porcelaines occupaient à Nantes, l'an X, 78 ouvriers et fabriquaient 1,000 gr. de pipes, 50,000 pièces porcelaine et pour 75,000 fr. de faïence.

Les clouteries occupaient 240 ouvriers et fabriquaient 1,000 quint.

Les fonderies, 30 ouvriers.

Les manufactures de lin, 240 ouvriers fabriquant 200,000 mètres.

(1) Le prix du fret, pendant la paix, fut de 18, 20 et 24 francs par tonneau pour la mer d'Allemagne, de 25 fr. pour la Méditerranée, de 9 à 18 fr. pour le petit cabotage et de 100 à 149 fr. pour les Antilles. Les assurances pendant la guerre s'élevèrent jusqu'à 60 %.

Les manufactures de coton, 675 ouvriers.

Les manufactures de toiles peintes, 1,300 ouvriers fabriquant 527,472 mètres.

Les raffineries, 144 ouvriers fabriquant 8,000 quintaux.

La fabrique des liqueurs, 50 ouvriers fabriquant 20,000 litres.

Les fabriques d'eau-de-vie produisaient 100.000 veltes.

La chapellerie avait déchu depuis 1790 ; sa fabrication ne s'élevait plus qu'à 16,000 chapeaux. De même les corderies, etc., etc.

Les ardoisières, les tuileries, les briqueteries et les poteries du département occupaient 226 ouvriers fabriquant pour 55,000 fr. de produits. Les houillères de Montrelais et de Nort, 480 ouvriers produisant 108,000 hectolitres. Les mines et les forges du département, 750 ouvriers produisant 45 hectolitres de minerai, 7,250 quintaux de fonte et 9,260 quintaux de fer.

La production des salines était évaluée à 22,432 muids locaux ayant une valeur de 897,280 fr.

A l'année 1802 se rattache un projet de bassin à flot à Saint-Nazaire, dressé par les ingénieurs Groleau et Goury aîné. Les dépenses de ce bassin, destiné à servir au radoub des vaisseaux de guerre étaient estimées par devis 4,000,000. On peut en voir le détail dans les *Archives Curieuses* de Verger, 21 p. 182.

En 1803 (30 ventôse an XI) fut installée la Chambre de Commerce de Nantes.

Les Chambres de Commerce venaient d'être rétablies par un arrêté des consuls du 3 nivôse. L'élection de leurs membres devait se faire par 40 ou 60 négociants les plus recommandables de chaque ville, convoqués par les préfets ou les maires. Les chambres devaient ensuite présenter deux personnes parmi lesquelles le premier consul en choisirait 15 pour former le conseil général du commerce.

A Nantes, 56 négociants furent appelés à nommer les 15 membres qui devaient former la chambre de commerce. Furent élus : MM. Lincoln, Espivent, Bourcard, H. Bouteiller, Mosneron-Dupin, Richard Pivredière, Delaville père, Baudouin, K/végan, Athénas, Dufou, Deurbroucq, Rosier, Foucault et Gullmann.

M. Bouteiller fut d'abord secrétaire de la Chambre, puis ensuite ces fonctions furent remplies par M. P. Athénas.

La même année, M. Dubochet aîné fit construire, à Nantes, une machine à vapeur à double effet avec un seul robinet et sans condensation. M. Dubochet appliqua cette machine à un grand bateau de la Loire, et l'essai en fut fait sur ce fleuve (*Annales de la Société Académique*, année 1838).

De nouveaux projets pour le canal de Nantes à Brest furent fournis en 1805 par l'inspecteur des ponts-et-chaussées, Bouessel. Les travaux approuvés ne commencèrent cependant qu'en 1812, et, après des retards sans nombre, ne furent entièrement achevés que dans les années qui suivirent la Révolution de Juillet.

En 1808, Napoléon Ier visita Nantes. Le 10 août, il s'embarqua dans un superbe yacht resplendissant de dorures que lui avait offert la Chambre de Commerce, et se rendit à Paimbœuf. Ce fut pendant ce voyage que M. Mathurin Crucy, auteur d'un projet qui avait pour but d'établir un bassin à flot à Saint-Nazaire, fut admis à développer devant l'empereur les avantages de son projet que Napoléon approuva complétement.

Quatre ans plus tard, en 1812, au milieu des préoccupations d'une guerre formidable, l'empereur, qui n'avait point oublié son voyage sur la Loire, consignait dans une lettre authentique à Decrès, ses observations, ses desseins touchant l'embouchure de la Loire, et ordonnait à son ministre de faire étudier la question par MM. Tupinier et Cochin.

Pendant son séjour à Nantes, l'empereur ordonna l'achèvement de la Bourse commencée, comme nous l'avons déjà dit, en 1790. Elle fut livrée au public, comme nous l'avons dit encore, en **1812**.

De 1793 à 1815, à l'exception de la courte paix d'Amiens, le commerce maritime fut réduit, pour ainsi dire, à néant en France. L'armement des corsaires donna bien lieu à quelques spéculations heureuses, mais ce n'était pas là du commerce. En revanche, les relations intérieures, et cela se conçoit, eurent une certaine activité. Ce fut une époque de prospérité pour le roulage auquel revenaient les transports que faisait, auparavant la guerre, notre petit cabotage. La paix qui suivit la chute de Napoléon et le retour des Bourbons rouvrit au commerce la route des mers, mais on comprend bien qu'une inactivité presque continue de plus de 20 années devait peser lourdement sur ses développements. Ensuite Saint-Domingue ne nous appartenait plus ; la Louisiane avait été cédée aux États-Unis, et les traités de Paris avaient porté le dernier coup au démembrement de notre ancienne splendeur coloniale. Notre commerce maritime était donc véritablement à constituer. Examinons quels furent les résultats que présenta, pour Nantes, la période qui s'étendit de 1815 à 1830.

II.

Le commerce de Nantes, comme on le pense bien, souffrait particulièrement de la perte de Saint-Domingue. C'était un marché avantageux qui lui était fermé, et il fallait, sous peine de péricliter de longues années, s'en créer d'autres. Pendant les premières années de la Restauration, les Antilles furent encore le centre le plus important des affaires coloniales de Nantes; mais, bientôt après, ces affaires commencèrent à prendre la route des Indes-Orientales, et les relations que cette place lia avec l'île Bourbon notamment, inférieures d'abord à celles qu'elle entretenait avec les Antilles, prirent bientôt un élan que nous avons vu s'accroître ces dernières années d'une façon extraordinaire. Nous aurons occasion d'en parler longuement dans la suite de cet ouvrage.

La paix de 1815, avons-nous dit, ouvrit à notre commerce la route des mers qui lui était fermée depuis tant d'années. Les affaires s'améliorèrent par suite. L'année 1814 avait donné vingt faillites; on n'en compta que trois en 1815 et deux en 1816. Mais dès 1817, les ventes ne correspondant plus à la production et aux importations de denrées coloniales, une crise se déclara. Elle s'annonça par dix faillites en 1817, quatorze en 1818, seize en 1819 et pareil nombre en 1820. Les négociants nantais se préoccupèrent de trouver remède au mal. L'un d'eux, **M. Dobrée**, rédigea à cette occasion un mémoire qui fut adressé à la Chambre des Députés sous forme de pétition. Il demandait : 1° que les colonies fussent autorisées à expédier à l'étranger leurs sucres, tant bruts que terrés, pourvu que l'importation s'en fît par navires français de la métropole ; 2° qu'il fût accordé à ces sucres une prime de fr. 7 50 par 50 kilogrammes de sucre brut, et proportionnée pour les terrés ; 3° que nos colonies fussent contraintes à ne consommer que les produits du sol ou du commerce de la mère patrie ; 4° qu'il fut défendu aux colonies de posséder d'autres navires que les seules embarcations nécessaires à leur cabotage ; 5° que les sucres des colonies fussent soumis, en France, aux mêmes droits que ceux des pays étrangers. Cette pétition, qui consacrait des avantages réels pour la France, n'amena aucun changement. A peu près dans le même temps, **M. Levesque** aîné, négociant et maire de Nantes, publia une brochure qui répondait à celle de M. Dobrée. Emettant comme indubitable cette assertion qu'aux colonies, mille individus consomment plus que dix mille en France, M. Levesque demandait que nos colonies fussent astreintes à recevoir de nous tout ce que nous pouvions leur fournir, et qu'en retour, on accordât à leurs denrées, attendu qu'elles ne peuvent les vendre qu'en France, le privilége de notre consommation.

Née d'un besoin de faciliter l'escompte des valeurs, la Banque de Nantes fut fondée, vers **1820**, par plusieurs négociants de cette ville qui se réunirent en société. On voit dans les statuts que la durée de cette société était fixée à neuf années ; le capital à six cent mille francs divisé en six cents actions de mille francs ; que la Banque ne devait escompter que les valeurs à trois signatures réputées solvables et dont l'échéance n'excédait pas le terme fixé par le conseil d'administration, ou les valeurs revêtues de deux signatures notoirement solvables, avec la certitude qu'elles étaient créées pour fait de marchandises ; qu'enfin elle ne pouvait émettre de billets pour une valeur triple, y compris les sommes dues par elle dans ses comptes courants ou envers les particuliers, du capital de ses actions. En 1827, le capital de la Banque de Nantes fut porté à fr. 900,000. Il reçut successivement diverses autres augmentations, et il était de 8,000,000 quand les banques provinciales furent fondues dans la Banque de France, à la suite de la Révolution de 1848.

Voici quels furent les dividendes versés aux actionnaires dans les dix premières années d'existence, de 1821 à 1831 :

1822.....	36 fr.	50 c.	par action de fr. 1,000	
1823.....	40	»	—	—
1824.....	42	50	—	—
1825.....	65	»	—	—
1826.....	75	75	—	—
1827.....	75	05	—	—
1828.....	75	»	—	—
1829.....	59	05	—	—
1830.....	75	07	—	—
1831.....	55	27	—	—

A l'époque où la Banque de Nantes se fondait,

M. Henri de la Brosse établissait à Nantes une Compagnie d'assurances mutuelles. Les commencements de cette association furent pénibles. Cependant **M.** de la Brosse fut assez heureux pour réunir promptement les 9 millions, minimum fixé par le gouvernement pour la valeur des propriétés qui seraient mutuellement garanties au commencement de la Société. A la fin de 1821, la valeur totale des propriétés assurées s'élevait au-delà de 15 millions de francs. Elle s'accrut successivement, et le 1er janvier 1830, elle montait à fr. 30,279,420. Les pertes de cette société étaient, année commune de 1 sur 10,000, chiffre déjà constaté en Angleterre.

En 1822, les armements faits à Nantes, pour la pêche de la baleine, fixèrent l'attention publique. Ils devinrent, deux ans plus tard, le sujet d'une intéressante communication faite à la Société Académique par M. Thomine. Voici en quelques mots le résumé de ce mémoire plein de faits.

Conduit après la paix en Angleterre pour les affaires de sa maison, M. Dobrée eut occasion de remarquer combien la pêche de la baleine employait de navires et de marins chez nos voisins d'outre-mer. De retour en France, il fit venir de la Grande-Bretagne les hommes et les ustensiles nécessaires pour introduire chez nous cette industrie, et dès 1817, il expédia pour la pêche le trois-mâts le *Nantais*, sous le capitaine Winsloo. Ce navire revint au bout de quartorze mois chargé du produit de vingt-sept baleines, et fut promptement réexpédié pour un second voyage, pour lequel les ustensiles furent fabriqués à Nantes : les harpons, les lances et autres instruments de fer, par M. Babonneau ; les lignes, par M. Chalas; les chaudières, par M. Mesnil, et les pirogues, par M. Boudet. Le second voyage du *Nantais* fut encore plus fructueux que son premier, et le troisième que le second. Des résultats aussi remarquables ne pouvaient passer inaperçus, et bientôt les premières maisons de Nantes suivirent l'exemple de M. Dobrée. Il convient de rapporter à la pêche de la baleine l'introduction à Nantes du feutre à doublage et des câbles en fer, due encore à l'initiative de M. Dobrée.

Comme, de 1821 à 1830, il ne nous reste plus à signaler aucun fait marquant, nous résumerons les résultats du commerce de Nantes sous la Restauration dans le tableau suivant, qui indique la moyenne des chiffres se rapportant au long-cours, à la navigation de concurrence et au cabotage avec les autres ports pour les années 1825, 1826, 1827, 1828, 1829 et 1830.

Entrée.

Colonies et étranger..	511 nav.	52,658 Tx.
Cabotage..........	2,058 —	77,791

Sortie.

Colonies et étranger..	288 nav.	51,360 Tx.
Cabotage....	2,118 —	81,414

Le cabotage en Loire se chiffrait à peu près par 4,000 bateaux, alléges, etc., entrés et sortis chaque année du port de Nantes.

Au tableau qui précède nous ajouterons celui des navires arrivés des colonies françaises à Nantes, en 1828 et 1829.

	1828.	1829.
Sénégal....	5	4
Bourbon ...	28	26
Guadeloupe.	31	25
Martinique..	28	18
Cayenne ...	10	9

102 nav. 25,359 Tx. 82 nav. 21,378 Tx.

Ces navires étaient chargés de gomme, sucre, café, girofle, cacao, poivre, etc. Voici les quantités de sucre et de café arrivées à Nantes de tous pays pendant les années 1828 et 1829 :

1828. —	103,896	sacs	sucre.
	26,852	bques	—
	2,443	quarts	—
	10	caisses	—
	54,353	sacs	café.
	5,389	futailles	—
1829. —	75,142	sacs	sucre.
	13,857	bques	—
	1,336	quarts	—
	12,160	sacs	café.
	3,398	futailles	—

En rapprochant le premier tableau de ceux qui se rapportent aux années antérieures à la Révolution de 1789, on trouve que le mouvement de la navigation avec les colonies et l'étranger était inférieur à ce qu'il était en 1766. Quant au cabotage, il fut très florissant sous la Restauration. On remarque aussi que les retours de Bourbon ne s'élevaient pas encore alors à la moitié de ceux des Antilles.

Parcourons maintenant rapidement les annales industrielles de notre ville de 1815 à 1830.

De **1815** à **1820**, on songea peu à créer de nouvelles fabrications, mais le commerce plus considérable donna une vie nouvelle à celles qui existaient. La traite des noirs surtout, qui se faisait presque publiquement, absorbait beaucoup de leurs produits.

De 1820 à 1825, M. Baudry établit un moulin à vapeur et des bains; M. Dobrée fonda l'établissement de la Basse-Indre et commença ses essais sur le feutre à doublage; M. Fenwick lança sur la Loire les premiers bateaux à vapeur; MM. David et Sébille s'occupèrent du laminage du plomb, etc., etc.

En **1825**, M. Alban de Villeneuve, préfet de la Loire-Inférieure, créa une exposition des produits de notre industrie. A la suite de cette exposition, M. Thomas reçut une médaille d'or pour les forges de la Basse-Indre. MM. Bertrand Fourmand, mécanicien; Guillemet aîné, fabricant de tissus; Blanchard, fabricant de papier; Bouchet, peintre à Clisson, obtinrent des médailles d'argent. Des médailles de bronze furent décernées aux religieux de la Trappe pour leurs travaux agricoles; à MM. Babonneau fils, pour ses ouvrages de forges; Bernard, fabricant de mouchoirs; Bettinger, pour ses cuirs à la jusée; Bouscaren, pour des peaux de veau ciré; Colin, fabricant de conserves alimentaires; Huette, opticien; Laverge, tanneur et corroyeur; Mesnil père, fondeur; Sébille et David, pour plombs laminés; Cholet, dessinateur et graveur ; Molchneth, sculpteur. Des mentions honorables furent obtenues par MM. Baudry et Compagnie pour leurs farines ; Bouchaud, raffineur ; Dezaunay, pour farines étuvées ; Dijon, filateur ; Hortier, fabricant de cordages ; Le Coq, fabricant de chapeaux cirés ; Lelong, pour ses produits chimiques ; Constantin Legrand, tonnelier ; Mellinet, imprimeur et lithographe ; Polo, taillandier ; Vallet, filateur ; Vinet, fabricant de coutils ; Bedert jeune, de Chateaubourg, Mulnier fils, Peytavin, Picou, peintres ; Barème, sculpteur à Ancenis ; Grootaërs, sculpteur à Nantes.

En 1827, eut lieu une seconde exposition de produits de notre industrie. M. Dobrée reçut une médaille d'or pour ses feutres à doublage. Des médailles d'argent furent décernées à MM. Laverge, pour ouvrages de corroierie et de tannerie ; Sébille et David, pour tuyaux de plomb laminé sans soudure ; Bouscaren, pour des peaux de veau ciré, recherchées dans le commerce ; Grootaers, pour divers objets de sculpture. Des médailles de bronze à MM. Blot, armurier ; Pradal, bonnetier ; Geiger, facteur de piano ; Vic, pour de petits ouvrages de fonte très délicatement exécutés ; Charpentier, graveur en taille-douce ; Mellinet, imprimeur ; Caillaud, carrossier ; Polo, taillandier ; Testé, Mulnier, Blondel, peintres ; Guillemet, architecte. Des mentions honorables furent accordées à MM. Galière et Jaunet, armuriers ; Heron et Victor Mangin, pour cartonnage ; Le Coq, pour chapeaux vernis ; Suser, bottier ; Mouniot, pour des instruments de coutellerie et de chirurgie ; Meslet, doreur sur bois ; Bernard, fabricant de tissus ; Luperger, pour un piano elliptique ; Dorgère, ferblantier ; Fortier, filateur ;

Perraud., pour étoffes de laine fabriquées au métier ; Bernard (déjà nommé) pour des procédés inventé par lui pour le blanchiment du lin ; Douillard frères, pour divers plans d'architecture ; Donné, pour divers tableaux.

De 1825 à 1830, il s'établit., à Nantes, des usines nombreuses, mais peu vécurent. Il convient de citer parmi elles six sucreries de betteraves, une amidonnerie, un établissement pour l'éclairage au gaz de la résine, etc., etc.

Notons qu'un recensement fait en 1820, accusa, pour la population de Nantes, 68,427 habitants.

III.

Le premier acte important de la vie commerciale de Nantes, après 1830, fut la fondation d'un comptoir d'escompte créé par ordonnance royale du 26 novembre de cette année. L'Etat avançait 500,000 fr. pour les opérations de comptoir, et ces 500,000 fr. étaient garantis par des souscriptions dont le total atteignit 1,101,000 fr. La Chambre de Commerce avait souscrit pour 30,000 fr. Les opérations de ce comptoir d'escompte, créé surtout en vue de venir en aide au petit commerce, cessèrent en juillet 1832.

A l'année 1831 (*Annales* de la Société Académique) se rattachent les projets de M. Lemierre, ingénieur des ponts-et-chaussées, pour l'amélioration de la haute et de la basse Loire. Pour la haute Loire, M. Lemierre proposait de combiner ensemble les effets connus des digues et des épis, et de diviser, par leur moyen, en grands trapèzes et triangles submersibles où se déposeraient les sables d'alluvion, tous les hauts fonds de la Loire. Les digues et traverses projetées par M. Lemierre devaient être faites en pieux-piquets et clayonnages qu'accompagneraient des enrochements à pierres perdues et des lisières de plantations en osier. Les travaux nécessaires pour obtenir trois pieds à l'étiage entre Nantes et Orléans, étaient estimés par M. Lemierre 15 millions.

Cet ingénieur proposait en outre de creuser un canal du Port-Maillard jusques vis-à-vis le Grand-Blottereau. Ce canal était destiné à sauver à la navigation du haut de la Loire les difficultés continuelles qu'elle éprouvait à l'entrée du canal Saint-Félix et à procurer un abri assuré contre les glaces aux nombreux bateaux de toutes classes obligés en hiver, faute de mieux, de stationner dans l'Erdre et ailleurs.

La longueur de ce canal devait être de 3,350 mètres et la dépense en était évaluée à 500 mille francs.

Pour la basse Loire, M. Lemierre était partisan des digues submersibles et d'un draguage continu. Il estimait la dépense des digues nécessaires à 450,000 fr. (1).

Nantes au XIXe siècle, de MM. Guépin et Bonamy, nous fournit des documents suffisants pour apprécier l'importance des relations commerciales de Nantes et la situation de son industrie vers 1833. Les relations avec les colonies françaises se traduisaient par le chiffre

(1) Depuis la révolution de 1789, la question de la basse Loire n'avait été agitée qu'une seule fois, sous la Restauration, par M. Cormier, ingénieur des ponts-et-chaussées.

de 30,675 Tx. à l'entrée et à la sortie ; celles en concurrence avec l'étranger par 33,386 Tx. à l'entrée et 15,463 Tx. à la sortie ; enfin le cabotage avec les autres ports du royaume par 105,465 Tx. à l'entrée et 84,083 à la sortie. Soit un total, avec 3,766 Tx. pour la grande pêche, de 272,837 Tx. tant à l'entrée qu'à la sortie :

Long-cours	30,675 Tx.
Etranger	48,849
Grand cabotage	3,765
Petit cabotage	189,548
	272,837 Tx.

En comparant ces chiffres avec ceux trouvés pour 1790, on remarque une forte diminution dans la navigation long-courrière (30,675 ton. au lieu de 97,900 ton.). Le grand cabotage est à peu près semblable (48,849 en 1833, contre 42,220 en 1790). Le petit cabotage a bien augmenté (189,548 tonneaux en 1833, 85,927 en 1790), ce qui prouve que les relations de Nantes avec les autres villes de France avaient beaucoup grandi.

Les relations de Nantes avec les colonies, à la suite de la révolution de juillet, se trouvent résumées dans le tableau suivant. Il sert à faire voir l'importance du commerce avec chacune d'elle, et les quantités des principales denrées coloniales importées.

ANNÉES.	NAVIRES ARRIVÉS DE							CHARGÉS DE								
								CAFÉ.		SUCRES.		COTON	POIVRE.	INDIGO	BOIS	
	Bourbon.	Martinique et Guadeloupe.	Cayenne.	Sénégal.	Bresil.	Haïti.	Deux Indes et ailleurs.	Sacs.	Futailles.	Sacs.	Futailles.	Balles.	Kilog.	Caisses.	Billes.	Greniers.
1830	19	26	5	»	»	1	9	9,874	1,002	96,456	16,419	3,574	16,600	45	92,000	7
1831	31	41	6	»	»	2	15	6,996	1,300	168,388	11,236	4,189	602,000	47	16,850	14
1832	32	26	8	1	1	5	9	21,518	1,913	175,114	10,646	2,717	1,081,000	»	4,500	12
1833	22	19	8	»	1	5	24	21,041	2,557	123,188	5,864	2,259	268,000	»	18	18

On remarquera, d'après ce tableau, qu'alors les retours de Bourbon égalaient presque ceux des Antilles.

A cette époque, les exportations pour les colonies françaises consistaient en produits de l'industrie française, salaisons, planches, chaux, etc., et aussi en un grand nombre de mules nécessaires aux habitants pour l'exploitation de leurs plantations. Ce fut le capitaine Cassi, de la place de Nantes, qui introduisit le premier chargement de mules à Bourbon.

Quant à la nature des marchandises importées et exportées alors aux pays étrangers, on peut la résumer en quelques lignes :

En Belgique, nous portions des vins, du vinaigre, du sel et quelques denrées coloniales en entrepôt. Nous en recevions du noir animal, quelques toiles et des charbons de terre.

En Hollande, nous portions de l'ocre, du vin, des pierres à feu, des denrées coloniales, etc. Nous en recevions des fourrages, de l'orge perlé, du noir animal, etc., etc.

A Hambourg, nous portions de l'ocre en pierre, du vinaigre, du vin, etc. Nous recevions du noir, du zinc et du plomb, du suif, de la cire, etc., etc.

Nous recevions du Nord (Prusse, Suède, Russie), du bois, du fer, du noir animal, du chanvre, du suif, des planches, etc., etc.

De l'Angleterre, nous recevions du charbon, du fer, de la fonte, du noir animal, etc. Nous y portions des céréales, du lin, du vinaigre, etc., etc.

Avec l'Espagne, le Portugal et le Levant, les affaires étaient nulles pour ainsi dire.

En **1834**, il existait à Nantes quatre services de bateaux à vapeur : un sur la haute Loire, un sur la basse Loire, deux sur l'Erdre ; et six services de roulage desservant les principales routes et transportant 4,000,000 kilog. de marchandises par an.

L'industrie était dans un état satisfaisant. La construction des navires marchait bien ; la fabrique de conserves alimentaires de M. Colin produisait cent mille boîtes par an ; les salaisons se plaçaient avantageusement ; les forges et fonderies livraient annuellement pour 1,300,000 francs de produits ; dix raffineries écoulaient annuellement 7 millions de kilog. de sucre raffiné; la brosserie, la chapellerie, la tannerie offraient des résultats encourageants ; deux fabriques étaient consacrées à la production de la céruse ; celle du plomb laminé occupait également deux établissements ; celle du coton, seize filatures, etc., etc. En un mot, les industries en activité à Nantes, en **1833**, ne chômaient pas, et leurs produits avaient un écoulement facile.

Dès **1834**, il était question à Nantes d'un chemin de fer de cette ville à Tours. Il était inauguré dix-sept ans après !

En **1837** eut lieu, à Nantes, une exposition de produits de l'industrie. Quinze départements y prirent part. Voici les noms de nos industriels qui obtinrent des récompenses à la suite de cette exposition :

Médailles d'argent : MM. Mesnil, ingénieur mécanicien ; Voruz frères, fondeurs ; Merson fils, imprimeur à Nantes ; Guichard, fabricant de céruse; Gâche, ingénieur mécanicien; Lotz fils, ingénieur mécanicien ; Rocher, poëlier ; Douaud, chamoiseur ; Touchard,

arquebusier ; Beaunez, fabricant de chapeaux de paille ;
Polo, taillandier.

Médailles de bronze : MM. Alliot, ingénieur mécanicien ; Guillemet aîné, filateur ; Blanchard frères,
fabricants de papiers ; Girard frères, fabricants de
papiers ; Aubron, armurier ; Baugé et Denghim, me-
nuisier ; Pineau-Piori, fabricant de cuirs ; Champe-
nois, fabricant de poterie d'étain ; Paul de Baleine,
fondeur et mécanicien ; Krébig, pour ses cristaux tail-
lés ; Cassard aîné, passementier ; Bernard, pour ses
tricots de laine ; Barjolle, fabricant de mouchoirs ;
Merlant, fabricant de cuirs ; Chaperon, fabricant de
futaines ; Bonraisin, Tillaut et Cie, fabricants de fla-
nelles ; Bridon, fabricant de lin et chanvre filés ; Le
Seurre, fabricant de cardes à la mécanique ; Drouault,
fondeur et ingénieur mécanicien à Nantes.

Un certain nombre de mentions honorables furent
également décernées.

Puisque l'occasion s'en offre naturellement, qu'on
nous permette d'exprimer ici un désir. Nous ne com-
prenons pas pourquoi on n'a pas organisé à Nantes
des expositions quinquennales ou décennales des produits de l'industrie auxquelles auraient été appelés à
prendre part tous les départements de l'Ouest. Sous
la Restauration, ce fut Nantes, croyons-nous, qui
donna l'exemple de ces expositions régionales. Depuis
1837, rien n'a plus été fait dans cette direction. On a
créé et organisé des expositions réglées pour les beaux-
arts et pour l'agriculture : l'industrie a été oubliée.
Et cependant, à notre avis et sans méconnaître la
haute portée des expositions générales qui ont lieu à
Paris, rien n'est plus propre à exciter l'émulation et

les efforts des industriels que les expositions locales ou régionales. Nous appelons sur ce sujet l'attention sérieuse de qui de droit.

En 1839, le mouvement général de la navigation dans le port de Nantes (1) se décomposa comme suit :

Entrée.

2,724 nav. français .. ⎫
145 — étrangers . ⎬ jaugeant **161,183 Tx.**

———

2,869

Sortie.

2,624 nav. français . ⎫
121 — étrangers . ⎬ jaugeant **146,072 Tx.**

———

2,745

Sur ces chiffres le cabotage avait employé à l'entrée 1,605 navires jaugeant 58,943 tonneaux et à la sortie 2,046 navires jaugeant 81,317 tonneaux.

Voici maintenant les quantités des principales marchandises importées à toutes destinations à Nantes durant la même année :

Cacao......................	299,830 kil.
Café......................	879,227

(1) Tous les chiffres se rapportant au commerce de Nantes et qui se trouvent dans cet ouvrage, de 1837 à 1842 incluivement, sont empruntés aux publications faites par M. Gallois Mailly, alors directeur des douanes. — Publications éminemment utiles, et dont il est à regretter que l'exemple n'ait pas été ultérieurement suivi.

Coton . . . .   719,345 kil.
Sucre brut colonial 13.746,944
    —   étranger   343,907
Poivre   862,422
Riz   2,408,613
Huile d'olive   653,814
Huile de palme   540,459
Noir animal 10,335,711
Houille 28,005,184
Fonte brute   651,656
Fer en barres 1,290,678
Plomb brut 2,274,405
Bois à construire 8,851,508
Bois de teinture   653,352
Bois d'ébénisterie   419,790

Ces importations avaient une valeur totale de fr. 28,333,008, et les sucres figuraient dans ce chiffre pour 12 millions, c'est-à-dire pour près de moitié. Les quantités de cette denrée introduite dans tous les ports de France ne dépassant pas alors, en valeur, fr. 55,000,000, il est utile de constater que, par suite, Nantes recevait pour sa part plus du cinquième de ces quantités. Aussi conçoit-on que dès cette époque, la question des sucres, quand elle s'agitait, devait causer dans cette ville une profonde et légitime préoccupation.

Les exportations présentèrent, pendant la même année, une valeur totale de **20,704,154** francs.

Les grains entraient dans ce chiffre p^r 9,000,000 fr.
Les tissus 1,549,927

Les viandes salées...............	756,179 fr.
Les monnaies d'or et d'argent....	491,500
Les sels.............	114,832
Les beurres salés...............	105,102
Les vins......................	78,896
Les eaux-de-vie...............	78,059
Savon d'huile de palme...........	17,619

A ces documents nous en joindrons un autre : — c'est le tableau des droits de douane perçus dans la direction de Nantes, de 1852 à 1859, sans y comprendre les droits sur le sel :

1852...................	8,259,344	43
1853...................	7,307,876	59
1854...................	6,959,436	46
1855...................	5,871,241	37
1756...................	5,599,755	40
1857...................	6,185,918	77
1858...................	6,491,726	07
1859...................	6,031,620	66

En 1859, les droits perçus sur les sels s'élevèrent à 5,852,340 fr. 97 c., et les quantités de sel extraites des marais de Noirmoutier, Bourgneuf et Guérande, à 86,186,618 kilog. (1).

______

(1) En 1839, les droits perçus particulièrement à Nantes, s'élevèrent à fr. 10,322,454 13, dont fr. 4,347,772 91 pour les sels ; soit pour les autres droits, 5,974,681 22. Nous donnons ces chiffres pour prouver que les autres ports de la direction entrent pour des sommes réellement minimes dans les chiffres que nous avons cités de 1832 à 1839, et qu'on peut les considérer comme exprimant le montant des droits perçus à Nantes même, en dehors de ceux du sel.

Nantes possédait, en 1839, 539 bâtiments jeaugeant 59,005 Tx. 96.

En 1840, à la nouvelle que le gouvernement avait le projet de créer quatre lignes de paquebots transatlantiques, le commerce de Nantes s'émut justement. Un délégué fut envoyé à Paris, pour plaider auprès de qui de droit, la cause de cette ville. Pour donner une valeur plus positive à ses démarches, la Chambre de Commerce prenant une initiative intelligente, fit un appel à la souscription pour la formation d'une société qui établirait une ligne de trois paquebots à vapeur pour la navigation régulière de Nantes à Rio-Janeiro et retour avec escales à Lisbonne, Gorée et Bahia. Le capital de cette société, anonyme, était fixée à fr. 4,000,000 divisés en 4,000 actions de fr. 1,000. Les souscriptions ne devaient être obligatoires que sous la condition qu'une subvention annuelle de fr. 800,000 par chaque paquebot serait obtenue du gouvernement et lorsque le montant des souscriptions aurait atteint fr. 2,500,000.

La ligne du Brésil fut accordée, en principe, à Nantes, par un vote des chambres (juillet 1840), puis la question en resta là.

Nous avons sous les yeux les considérations que faisait alors valoir la Chambre de Commerce de Nantes, pour démontrer l'utilité d'un prompt établissement des services transatlantiques. Elles seraient encore de mise, puisque cet établissement tant de fois discuté et projeté n'est point, jusqu'à aujourd'hui, arrivé à bonne fin.

Les questions du chemin de fer de Paris à Nantes et d'un bassin à flot de Saint-Nazaire attiraient déjà fortement l'attention des négociants de **Nantes**. **Elles** suscitèrent plusieurs brochures où des avis contraires étaient agités et soutenus.

Nous empruntons aux publications de **M.** **Gallois-Mailly**, auxquelles nous avons déjà rendu des éloges mérités, les chiffres suivants sur le mouvement commercial et maritime de Nantes, pendant l'année **1842**.

La navigation se décomposa comme suit :

Entrée.

	Navires.		Tonneaux.
Navig. en concurrence..	303	franç.	27,900
— — ..	281	étran.	32,311
Colonies françaises.....	55	—	12,439
Grande et petite pêche..	892	—	6,616
Cabotage avec les ports du royaume........	2,622	—	113,821
	4,053		193,087

Sortie.

	Navires.		Tonneaux.
Navig. en concurrence..	134	franç.	14,882
— — ..	272	étran.	30,939
Colonies françaises....	93	—	20,203
Grande et petite pêche..	892	—	6.871
Cabotage avec les ports du royaume.......	2,573	—	113,988
	3,964		186,883

Ajoutons que le cabotage dans la Loire, entre Nantes et le littoral de ce fleuve, s'éleva à 11,851 navires, barques, etc., jaugeant 214,062 tonneaux.

Voici maintenant un tableau résumant les relations de Nantes avec les colonies, pour les années 1840, 1841, 1842.

	NAVIRES ARRIVÉS ET EXPÉDIÉS.					
	1842.		1841.		1840.	
	Navires.	Jaugeant.	Navires.	Jaugeant.	Navires.	Jaugeant.
Bourbon	56	15,936	77	22,011	75	19,794
Guadeloupe.....	27	5,192	36	7,308	23	4,279
Cayenne	19	3,276	16	2,516	16	2,610
Martinique	13	2,562	11	2,336	12	2,732
Sénégal........	9	1,001	10	1,289	14	2,099
Sᵗ-Pierre (Miquelon) .	7	885	3	502	8	1,128
	131	28,652	153	35,962	148	32,642

Ce tableau montre que les relations de Nantes avec Bourbon allaient toujours en grandissant. En 1833, ces relations, égalaient à peine, pour les retours, celles avec les Antilles. En 1842, elles offraient, comme on le voit, un chiffre presque double.

Pendant la même année 1842, les importations générales faites à Nantes se présentèrent comme suit pour le long cours et la navigation de concurrence :

Sucre brut colonial............	11,602,547 kil.
— étranger.....	828,775
Riz......................	429,732
Poivre	555,664
Plomb brut	1,744,002
Noir animal...............	11,823,102
Laine en masse............	62,867
Huile de palme	275,157
Huile d'olives.............	249,555
Houille...................	41,677,034
Fonte brute...............	1,449,884
Fer en barres.............	1,393,409
Coton....................	1,435,317
Café.....................	771,860
Cacao....................	216,516
Bois à construire...........	4,301,819

Plus, quelques marchandises diverses, comme ancres en fer, bois de teinture, câbles, etc., etc.

Le mouvement des marchandises par le cabotage se composa comme suit :

Marchandises arrivées.

Grains	127,790 kil.
Sels	29,472,603
Bois......................	1,555,125
Boissons	15,751,376
Matériaux	14,059,260
Savon	6,578,787
Etc., etc.	

Marchandises expédiées.

Grains	28,290,838 kil.

Sels....................... 46,761 kil.
Boissons................... 6,199,706
Sucres 911,450
Fers.. 8,417,637
Matériaux 51,905,818
    Etc., etc.

Des marchandises arrivées, tant des colonies que d'ailleurs, il fut mis à la consommation dans la principalité de Nantes, en y comprenant celles sorties des entrepôts :

Bois de teinture............ 1,307,628 kil.
  — à construire 4,301,819
Cacao...................... 121,706
Café....................... 1,062,801
Coton en laine............. 1,250,260
Fer en barres.............. 1,016,931
Fonte brute................ 1,425,985
Houille.................... 58,525,122
Noir animal................ 11,825,102
Plomb brut 2,241,142
Poivre 425,093
Riz........................ 438,143
Sucre brut colonial 10,171,398
  —   étranger... 905,882
Marchandises diverses........ 4,217,097

Enfin, les exportations générales, y compris celles avec primes, se composèrent de :

Bois à construire.. .... 299,420 kil.
Beurres salés.... 45,885
Eaux-de-vie 129,560

Grains et farines............. 22,181,019 kil.
Sucre raffiné............... 13,292
Savon d'huile de palme...... 62,276
Tissus de coton 63,871
— de laine 19,571
Viandes salées............. 665,372
Vins ordinaires 424,397
Conserves alimentaires 119,191
Marchandises diverses........ 8,013,833

Les sels extraits des marais salants s'élevèrent à 95,613,812 kil., et les droits de douane perçus à Nantes seulement à 12 millions 654,477 fr., dont 4,769,770 fr. pour les sels.

Nous allons compléter quelques-uns de ces chiffres par de courtes explications.

Le raffinage des sucres prenait, dès cette époque, un développement notable à Nantes. En 1839, il existait dans cette ville quinze établissements auxquels il avait été livré 6,785,076 k. de sucre brut; en 1842, dix raffineries seulement consommèrent 9,411,655 kil. sur 12,431,322 kil. importés.

Les importations de la houille offraient aussi une augmentation croissante considérable.

En 1836 les arrivées en étaient de 11,107,634 kil.
En 1839   —   —   28,005,184
En 1842   —   —   41,677,034

Cette augmentation s'expliquait par : 1° l'importance ascensionnelle de l'établissement d'Indret ; 2° le développement des fonderies à Nantes, où l'on fabriquait tous les ustensiles nécessaires à la marine marchande, et même des machines à vapeur ; 3° la navigation à vapeur, qui s'agrandissait chaque jour ; 4° l'emploi plus fréquent de la houille dans les usages domestiques ; 5° la grande consommation qu'en faisait l'établissement du gaz pour l'éclairage.

Les importations de fonte suivaient le même mouvement, par suite du développement des fonderies.

En 1835 elles s'élevaient à...... 581,575 kil.
En 1839 — 651,656
En 1842 — 1,449,884

Parmi les marchandises d'exportation, nous ne parlons en particulier que des grains. Il nous semble intéressant de résumer leur mouvement dans un tableau spécial.

Quantités exportées de Nantes.

A l'étranger .... 21,813,138 kil.
Aux colonies 367,881
Par le cabotage 28,290,838
                            ____
                            50,471,857 kil.

Quantités importées à Nantes.

Par cabotage................. 127,790 kil.

Il convient de rappporter aussi à l'année 1842, un article remarquable sur Nantes, inséré dans la nouvelle édition du *Dictionnaire* d'Ogée, et dû à M. Guépin. Dans cet article, M. A. Guépin soulevait la question du bassin à flot de Saint-Nazaire et du débarcadère du chemin de fer. Il combattait l'idée du bassin à flot, soutenant qu'il valait mieux, pour les intérêts de Nantes, créer un canal maritime de Nantes à la mer, ou tout au moins mettre en œuvre les plus puissants moyens pour améliorer la navigation de la Loire. Quant au débarcadère du chemin de fer de Tours à Nantes, M. Guépin demandait à ce qu'il fût placé sur la prairie au Duc, parce qu'il se trouverait de la sorte en communication directe avec le port.

M. Guépin demandait aussi la création de deux autres lignes de ponts, l'une en face des cours, l'autre en face de la Douane, appuyant leur utilité sur l'étroitesse de la seule ligne existante, et les difficultés qui en résultaient pour la circulation.

En 1845, il arriva à Nantes trente-sept navires de Bourbon. La même année, les huit raffineries qui existaient dans cette ville consommèrent 9,965 tonneaux de sucre.

Dans son rapport au Conseil Général, en août 1844, le préfet annonçait que la Chambre des Députés venait d'affecter 1,500,000 francs pour le chemin de fer de Paris à Nantes, pour 1844, et 4,000,000 pour 1845.

Au commencement de l'année 1845, l'opinion publique se préoccupait fortement, à Nantes, de la question du bassin à flot de Saint-Nazaire, sur laquelle les Chambres devaient être appelées prochainement à se prononcer. La Chambre de Commerce, le Conseil Municipal et le Conseil Général avaient donné leur assentiment à ce projet. Il s'ensuivit de fort sérieuses discussions dont les éléments, insérés dans les journaux du temps, nous permettent d'apprécier le sens et la portée.

Le projet, on le comprend, avait ses partisans et ses adversaires. Les partisans soutenaient que la création d'un bassin à flot à Saint-Nazaire donnerait une satisfaction légitime à toutes les exigences maritimes que réclamait le port de Nantes, et que ce bassin combiné avec un canal maritime ne pourrait manquer d'avoir une heureuse influence sur les destinées commerciales de Nantes.

Les adversaires du projet, au contraire, faisaient valoir que créer un bassin à flot à Saint-Nazaire, c'était entraîner, dans un temps plus ou moins éloigné, le déplacement presque radical du commerce maritime de Nantes, la mise en activité du bassin devant rendre obligatoire l'établissement, à Saint-Nazaire, d'entrepôts, et d'une foule d'autres intérêts embryonnaires d'abord, mais bientôt capables de lutter vigoureusement contre les intérêts anciens, et de produire, par suite, de violentes perturbations dans la position d'un grand nombre de Nantais. Ils citaient l'exemple de Rouen et du Havre, montrant Nantes réduit, comme la première de ces deux villes, à n'être bientôt plus qu'une place purement industrielle.

Voilà quelles étaient, aussi résumées que possible, les objections élevées contre le projet. On pense bien que nous ne pouvons leur donner une place bien large dans cet ouvrage, en présence du fait acquis : il nous importait seulement de signaler les divergences d'opinions qui se produisirent. Nous traiterons, au reste, amplement cette question dans notre troisième partie.

Le 8 juin 1845, la Chambre des Députés vota 7 millions pour l'établissement du bassin à flot, par 232 voix contre 2, et quelques jours après, dans sa séance du 30 juin, elle adopta le projet du chemin de fer de Tours à Nantes par 246 voix contre 5. Ces deux projets furent confirmés par la Chambre des Pairs, dans sa séance du 18 juillet.

L'établissement du chemin de fer de Tours à Nantes dans notre ville ne soulevait pas des préoccupations moins grandes que le bassin de Saint-Nazaire. Ces préoccupations avaient surtout pour objet l'emplacement à donner à la gare. Quelques avant-projets avaient bien été étudiés : les uns la plaçaient sur la prairie de Mauves, d'autres sur la prairie au Duc, mais aucune décision n'était encore prise. Le vote de la Chambre éveilla l'attention ; les opinions se produisirent et se précisèrent davantage. Enfin, bientôt le débat s'établit nettement.

Trois projets étaient en présence : le premier plaçait la gare où elle est actuellement avec le canal qui la longe ; le second auprès de l'Entrepôt, dans les terrains circonscrits par le quai de la Fosse, la maison Chaurand, la rue du chemin de Couëron et la rue Biaise ; le troisième sur la prairie au Duc, en l'accompagnant d'un vaste développement de quais et de bassins — bassins qu'une compagnie avait déjà essayé d'établir (1).

---

(1) Dès le XVIIe siècle, comme nous l'avons déjà dit, une compagnie hollandaise proposait de transformer la prairie au Duc en un quartier traversé de canaux et disposé en édifices consacrés au commerce.

En 1720, nous avons vu l'intelligente mairie de Gérard Mellier reprendre ce sujet. Quarante ans plus tard, en 1760, on agitait la question de nouvelles lignes de ponts. A ces ponts se liaient et s'enchaînaient des projets de casernes

Le tracé du chemin de fer était approuvé définiti-vement jusqu'à un point situé un peu au-dessus du Blottereau, et auquel se ralliaient comme à un même tronc les trois projets que nous venons de citer.

Le premier suivait le tracé actuel.

Le second partait du point commun, traversait la route de Paris et l'Erdre, la route de Rennes, la route de Vannes, le chemin des Dervallières, la Ché-sine, le chemin de la Ville-en-Bois, le boulevard Saint-Pern, la rue Cuvier et la rue de Launay.

Le troisième traversait la prairie de Mauves, fran-chissait la Loire, coupait la prairie d'Amont et la li-gne des ponts à la boire de Toussaint et enfin aboutissait sur la prairie au Duc.

Des centaines de pages suffiraient à peine pour rassembler toutes les opinions et leurs variantes que faisaient naître ces trois projets. Nous en agirons à leur égard comme pour celles se rapportant au bassin à flot.

Les partisans de la prairie de Mauves mettaient en avant que cet emplacement était merveilleusement propre aux constructions de tous genres que néces-sitait l'emplacement d'une gare, — que les travaux y seraient faciles, — qu'il n'y avait à craindre aucun retard dans l'exécution, aucun mécompte à redou-ter ; avantages qu'ils contestaient aux deux autres

---

sur la prairie de la Madeleine et de magasins sur la prairie au Duc. En 1825 et en 1830, la pensée de la prairie au Duc, avec ses artères de navigation et ses magasins, reprenait faveur. En 1840, l'État faisait construire les chantiers de construction qui en occupent le versant septentrional. Enfin, vers 1842, une compagnie se forma pour réaliser l'idée d'établir des bassins : le capital lui manqua. (M. Ev. Colombel : *Rapport sur la proposition Chérot.*)

projets, disant que la difficulté d'exécution des travaux d'art qu'ils comprenaient devait forcément en rendre la réalisation moins prompte, et par suite priver Nantes pendant longtemps encore d'une voie ferrée à laquelle elle attachait avec raison une énorme importance.

Les adversaires de la prairie de Mauves faisaient ressortir l'éloignement de la gare du centre de la ville, du port maritime et par suite les difficultés qui en résulteraient pour le camionnage et celles analogues pour les voyageurs.

On opposait au projet de l'entrepôt l'alongement de la voie ferrée qu'il nécessitait (5 kilomètres) ; la petitesse de l'emplacement destiné à la gare, etc., etc. Le seul avantage réel qu'il offrait était la facilité de relier cette gare à Saint-Nazaire dans le cas où le chemin de fer se continuerait jusqu'au bassin.

La gare de la prairie au Duc rencontrait à Nantes de vives et nombreuses sympathies. Tous ceux qui jugeaient, avec raison, que la gare du chemin de fer devait être avant tout maritime l'appuyaient fortement. Seulement il était indispensable, pour en rendre les effets possibles, que cette gare fut reliée au bassin à flot par un canal maritime, et à la Fosse par un pont jeté sur l'île Gloriette et de l'île Gloriette à la prairie au Duc.

Les dépenses du premier projet étaient estimées 2,600,000 fr. ; celles du second 5,300,000 fr. ; celles du troisième, en y comprenant l'exécution du pont dont nous venons de parler et des bassins, 9,100,000 fr.

Le Conseil Général se prononça sur ces projets,

dans sa séance du 1er septembre **1845**. Après une discussion animée, dans laquelle plusieurs membres appuyèrent fortement le projet de la prairie au Duc, la résolution suivante fut adoptée :

« Le Conseil est d'avis qu'il y a lieu de donner » la préférence au tracé aboutissant sur la prairie de » Mauves, lequel, moyennant une ligne ferrée des- » servant tous les quais et tous les magasins du port » fluvial et maritime, réunit aux meilleures condi- » tions de tracé, de construction et d'exploitation, » toutes celles véritablement nécessaires à la satisfac- » tion des intérêts commerciaux et maritimes ; ap- » prouve un embranchement simple se dirigeant de » la prairie de Mauves sur la prairie au Duc, dans » le cas où les terrains viendraient à être trans- » formés en docks et bassins importants pour le » commerce. »

La Chambre de Commerce, à la majorité de huit voix contre cinq, donna également son approbation au projet de la prairie de Mauves, à la condition ex- presse de l'établissement d'une ligne de rails sur toute la longueur de nos quais pour desservir les magasins de la Fosse, l'Entrepôt, etc.., etc.

Le 30 octobre **1845**, le Conseil Municipal for- mula également son vœu en adoptant le projet de la prairie de Mauves et celui d'une voie ferrée reliant le port maritime à cette gare avec demande d'études nouvelles à ce sujet.

Puis la question en resta là.

Un autre projet proposé par M. Guépin, demandait

que la gare fut située dans l'emplacement de l'hôpital et des terrains qui l'environnent, disant que cette situation donnerait satisfaction à tous les intérêts en jeu, et aurait en outre l'avantage de hâter la reconstruction de l'Hôtel-Dieu dans un lieu mieux situé au point de vue hygiénique.

En 1846, la discussion relative à l'emplacement de la gare se continuait encore dans les journaux de Nantes.

Au mois de décembre de la même année, une association se forma pour la défense du travail national et la réforme du tarif des douanes. Elle tint une séance dans laquelle on lut un exposé de principes, et à l'issue de laquelle furent nommés vingt-quatre membres qui devaient siéger en commission permanente et convoquer le commerce chaque fois que besoin en serait.

En février 1847, la Compagnie du chemin de fer d'Orléans publia un mémoire sur l'emplacement des gares. Après avoir reproduit, dans ce mémoire, les avantages et les inconvénients inhérents à chacun des projets mis en avant, elle proposait un quatrième tracé d'après lequel la gare des marchandises à destination de la ville et la gare des voyageurs seraient construites dans des terrains avoisinant le cours Saint-André. De ce point, une voie ferrée relierait ces gares à celle projetée à l'Entrepôt pour le service des marchandises maritimes. Les dépenses de ce nouveau projet étaient évaluées à 8,500,000 fr. environ.

Le 20 avril 1847, une enquête publique fut ouverte, par arrêté préfectoral, au sujet des divers projets proposés. Les résultats de l'enquête furent :

Pour la prairie de Mauves, 1,720 voix.

Pour la prairie de Mauves et Ile-Gloriette, 2,489 voix (1).

Pour le cours Saint-André et l'Entrepôt, 2,373 voix.

Le Conseil Municipal, le Conseil Général et la Chambre de Commerce furent appelés à se prononcer sur ce quatrième projet.

Le Conseil Municipal et le Conseil Général demandèrent à ce qu'il y eut à Nantes une double gare : l'une à la prairie de Mauves, pour les ateliers, les voyageurs et un service de marchandises ; l'autre, essentiellement maritime, sur la prairie au Duc, et enfin des rails à fleur de pavé desservis par des chevaux pour les cales et magasins de la Fosse.

A la Chambre de Commerce, la majorité se prononça dans le même sens que la première fois.

On sait aujourd'hui, par ce qui existe sous nos yeux, comment la question fut définitivement résolue et tranchée. Une gare à la prairie de Mauves, des rails à fleur de pavés, une gare maritime bien insuffisante, sur le quai même de la Fosse, voilà les résultats acquis. Les récriminations sont inutiles maintenant. A quoi nous menerait aujourd'hui une longue dissertation, pour prouver les avantages qu'aurait pu présenter l'exécution du projet de la prairie au Duc ou de celui de l'île Gloriette. Les faits étant réalisés dans une autre direction, il vaut mieux employer son papier, son temps et ses peines

(1) Depuis quelques mois, une nouvelle opinion s'était produite qui demandait à ce que la gare de Mauves fût reliée par un pont à l'île Gloriette, sur laquelle serait établie une gare maritime.

à en tirer le parti le plus profitable aux intérêts nantais.

L'agitation soulevée par l'emplacement de la gare était à peine éteinte qu'une nouvelle question non moins grave vint solliciter l'attention du commerce de Nantes. En mai 1847, M. Ducos déposa à la Chambre des Députés son rapport sur les paquebots transatlantiques. Aux termes de ce rapport, la ligne du Brésil était de nouveau donnée à Nantes, celle de la Nouvelle-Orléans à Bordeaux, celle des Antilles françaises à Marseille. La Chambre des Députés, dans sa séance du 5 juillet, adopta ces conclusions.

Comme nous venons de le dire, le commerce de Nantes s'émut justement de ce vote et voulut mettre tout en œuvre pour l'amener à bonne et prompte réalisation. Une Compagnie se forma par souscriptions pour obtenir la concession de la ligne du Brésil. Plus de 600,000 francs furent souscrits, mais malgré les démarches du Conseil Municipal, du Conseil Général, de la Chambre de Commerce et des délégués envoyés à différentes reprises à Paris, l'affaire traîna en longueur et n'aboutit point. Il est de notre devoir de consigner ici que la Chambre de Commerce, pour aider à la formation de cette Compagnie, avait voté, en principe, une garantie d'intérêt de 5 % sur un capital de 1,600,000 fr.

Avant de quitter l'année 1847, nous citerons quelques chiffres se rapportant aux mouvements généraux de la navigation long-courrière, de celle en concurrence et des marchandises à Nantes pendant cette année, — ces chiffres exprimant la limite extrême de la prospérité commerciale de Nantes, sous le gouvernement issu de la Révolution de Juillet.

Long-cours .... 235 nav. 50,312 Tx.
Navigation en concurrence.. 1,231 128,355

Dans les chiffres pour le long-cours, Bourbon entrait pour 77 navires et 21,655 tonneaux, et dans ceux pour la navigation en concurrence, les étrangers étaient compris pour 456 voiles et 84,951 tonneaux.

Marchandises importées à toutes destinations :

Sucre colonial	20,428,580 kil.
— étranger	358,222
Café	2,917,468
Cacao	509,814
Poivre	489,820
Huile de palme	156,676
Noir animal	9,359,504
Houille	65,735,883
Fonte brute	2,774,134
Fer en barres	795,698
Plomb brut	2,782,372
Bois à construire	18,161,215
— de teinture	1,133,899
— d'ébénisterie	718,999
Coton en laine	709,896

En comparant ces chiffres à ceux de même nature se rapportant aux années 1839 et 1842, on remarque des augmentations notables. — Ainsi la navigation coloniale et la navigation en concurrence, qui ne s'élevaient en 1842 qu'à 1,138 navires et 138,674 tonneaux, atteignaient, comme on le voit, en 1847, 1,466 navires et 178,667 tonneaux. Les sucres, au lieu de **12,431,322** kilog., présentaient **20,787,802** kilog., et la houille **65,735,883** au lieu de **41,677,034** kilog. : preuves évidentes que le raffinage des sucres et les usines continuaient de prospérer à **Nantes**. Les autres industries étaient, en général, dans un état satisfaisant.

En **1847**, il se forma à Nantes une association pour la défense des intérêts de l'Ouest et du port de Nantes. Le ministre de l'intérieur lui ayant refusé l'autorisation nécessaire pour tenir ses séances, elle fut obligée de se dissoudre.

```
En 1847, Nantes possédait....  534  navires.
   —       Le Havre..........  503    —
   —       Bordeaux..........  570    —
   —       Marseille.........  645    —
```

En **1847**, commencèrent les travaux préparatoires du bassin à flot de Saint-Nazaire. (Rapport du Préfet au Conseil Général.)

Nous ne saurions non plus omettre de répéter que ce fut dans les années qui suivirent la Révolution de Juillet que le canal de Nantes à Brest, commencé, comme on l'a vu, en **1812**, fut entièrement livré à la navigation. Il est à regretter seulement que le tarif mis en vigueur pour ce canal fût aussi onéreux.

IV.

La Révolution de **1848**, comme toutes les secousses politiques violentes, amena quelque ralentissement dans l'essor commercial de Nantes. La proclamation de l'émancipation des esclaves dans les colonies, sans qu'au préalable il eut été pris quelques précautions pour procurer aux babitants les bras qui allaient leur manquer, jeta les négociants qui avaient des relations suivies avec ces habitants, dans d'assez vives inquiétudes. Il en résulta, nous le répétons, quelque ralentissement dans l'essor commercial de Nantes.

Une assez forte crise financière, dont la source était bien antérieure à la Révolution de **1848**, pesait lourdement sur les transactions. Un comptoir d'escompte fut créé pour venir en aide au petit commerce. Les fonds furent fournis partie par le gouvernement, partie par la ville et partie par des souscriptions particulières. Il rendit des services réels pendant le temps qu'il fonctionna.

En **1849**, le commerce de Nantes présenta les résultats suivants :

Navigation (entrée et sortie réunies).

	Navires.	Tonneaux.
Navig. de concurrence.	1,424 franç.	115,160
— —	342 étran.	47,983
Colonies françaises ...	91 —	23,780
Grande pêche........	5 —	831
Cabotage avec les autres ports	5,331 —	233,645
	7,193 nav.	421.399
Petite pêche.........	1,793 nav.	12,828
Cabotage dans la Loire.	11,871 —	315,437

Principales marchandises importées à toutes destinations.

Sucre colonial...................	8,235,079 kil.
Sucre étranger...................	2,108,036
Café.............................	1,784,384
Cacao...........................	354,949
Poivre..........................	458,482
Riz.............................	813,534
Noir animal.....................	7,124,410
Houille.........................	75,658,128
Fonte brute.....................	1,104,185
Bois à construire...............	13,645,980
Coton en laine..................	715,237
Fer en barres...................	534,533

Principales exportations.

Bois à construire...............	285,000 kil.
Beurres salés...................	62,000
Eau-de-vie......................	247 ton.
Graines et farines..............	61,301
Sucre raffiné...................	29
Tissus de coton.................	125
Viandes salées..................	906
Viandes ordinaires..............	329
Conserves alimentaires..........	140
Marchandises diverses...........	8,196

En mettant les chiffres que nous venons de citer en regard de ceux que nous avons donnés pour l'année 1847, nous remarquons :

1° Que la navigation avec les colonies française

avait bien diminué. — 23,780 ton. au lieu de 50,312 ton.

2º Que la navigation de concurrence avait par contre sensiblement augmenté. — 163,143 ton. au lieu de 128,355 ton.

3º Que les importations des denrées coloniales avaient subi la même décroissance que la navigation de cette nature.

4º Enfin que les importations de l'étranger se présentaient en augmentation pour diverses marchandises : la houille, par exemple.

En comparant aussi le chiffre du cabotage entre Nantes et les ports du royaume pour 1842 et 1849, on voit qu'il avait peu varié (227,809 ton. et 233,645 ton.).

Les marchandises formant l'aliment de ce cabotage n'avaient pas varié non plus : c'étaient toujours les grains, les sels, les bois, les matériaux, le savon, les boissons, etc, etc.

Nous joignons aux renseignements qui précèdent la série des droits de douane perçus dans la direction de Nantes, de 1843 à 1849, en dehors de ceux du sel. On sait que ces chiffres se rapportent presqu'exclusivement à Nantes.

1843	7,757,000 fr.
1844	8,497,000
1845	9,540,000
1846	11,065,206
1847	11,638,179
1848	7,223,559
1849	10,224,046

A l'année **1851**, se rattache l'enquête pour l'amélioration de la basse Loire.

Un projet de cette amélioration avait été mûrement étudié par les ingénieurs du gouvernement et présenté par eux. Cette étude avait été obtenue par les instances incessantes de la Chambre de Commerce, du Conseil Municipal et du Conseil Général. L'autorité préfectorale, lors de sa présentation, nomma une commission (1) chargée de procéder à une enquête sur ses conclusions. Après de longues délibérations et la réunion de tous les renseignements susceptibles de l'éclairer, cette commission adopta presque sans modification le projet des ingénieurs, qui consistait dans un ensemble de digues à construire dans des points déterminés. Ce projet passa ensuite aux mains de l'administration supérieure qui l'approuva en juin 1852 (2). Depuis cette époque, Nantes attend encore le commencement des travaux sollicités vainement à maintes reprises par la Chambre de Commerce, et dont le Conseil Général fait chaque année l'objet de l'un de ses vœux.

En août 1851, eut lieu un fait de premier ordre pour l'avenir commercial et industriel de Nantes : l'inauguration du chemin de fer de Paris à Nantes. Cette solennité se passa le **17** de ce mois, sous la présidence de M. Magne, ministre des travaux publics. Un

(1) Elle était composée de MM. Ev. Colombel, A. Chérot, P. Roy, H. Pelloutier, Y. Berthault, Arnous-Rivière, Dingler, Cornillier, Goupilleau, Riou, Quéral, Dubigeon, Le Boyer.

(2) Voir pour les travaux de cette commission d'enquête, le *Courrier de Nantes*, n° du 14 août 1851.

banquet réunit, le soir, dans la grande salle de la Bourse, cinq cents convives. Des discours furent prononcés par M. Ev. Colombel, maire de Nantes, et par M. Magne. Celui de M. Magne se terminait ainsi :

> « Grâce à la Compagnie qui a su trouver dans
> » son courage, la force de traverser des épreuves
> » difficiles, Nantes et la capitale sont, pour ainsi
> » dire, contiguës. Encore quelque temps, encore
> » quelques efforts ! Votre cité a devant elle de
> » belles destinées qu'elle saura comprendre. Le che-
> » min que nous inaugurons, plus tard (j'en ai l'espoir
> » du moins) la Loire améliorée, le chemin du
> » centre prolongé, la mettront en communication
> » rapide, d'un côté avec Paris et le Nord, de l'autre
> » avec l'Océan et l'Amérique, de l'autre avec Marseille
> » et le Levant.
> » Messieurs, j'exprime la pensée du président de la
> » République et celle du cabinet en vous proposant
> » de boire : A la prospérité de la ville de Nantes ! »

Nous le répétons, l'inauguration du chemin de fer de Paris à Nantes était un fait capital pour l'avenir commercial de cette ville, et nous serons à même, avant peu, de signaler les résultats de son influence favorable.

La mise en activité de ce chemin de fer remit sur le tapis une question agitée déjà, mais non absolue — celle de la jonction du bassin à flot de Saint-Nazaire avec Nantes par une voie ferrée. Une discussion s'engagea dans les journaux. Les arguments élevés contre ce projet pouvaient se réduire à ceci : « Le

» chemin de fer de Nantes à Saint-Nazaire rendra
» cette dernière ville indépendante de Nantes ; elle
» pourra expédier directement pour toute la France
» les marchandises déchargées aux quais de ses bas-
» sins. De là amoindrissement évident dans l'impor-
» tance maritime de Nantes. »

Les partisans de la jonction répondaient : « Le
» bassin à flot de Saint-Nazaire ne sera et ne doit être
» que l'avant-port de Nantes ; il est, par suite, indis-
» pensable que cette ville ait avec lui les commu-
» nications les plus promptes et les plus directes. Ce
» chemin de fer, à la condition expresse qu'il soit
» combiné avec l'amélioration de la Loire, ne peut
» donc être qu'un élément de plus d'agrandissement
» pour Nantes. »

Le Conseil Municipal et la Chambre de Commerce
saisis de la question, la résolurent dans ce dernier
sens. Le Conseil Général émit également une opinion
favorable à la jonction, mais en demandant de même
à ce qu'elle fût combinée avec l'amélioration de la
basse Loire.

Le chemin de fer de Nantes à Saint-Nazaire fut
concédé officiellement à la Compagnie d'Orléans le 17
août 1853.

En 1852, la question de paquebots transatlantiques
fut de rechef agitée. La Chambre de Commerce, sou-
cieuse des intérêts de Nantes, dans cette grave question,
publia presque coup sur coup (nov. 52 et fév. 53) deux
mémoires destinés à plaider, auprès du gouvernement,
la cause de Nantes, et à faire ressortir, auprès de
la haute commission qu'il avait instituée, les avantages
de Saint-Nazaire, comme port d'attache des paquebots,

sur Marseille, Bordeaux, Lorient, Cherbourg et le Havre.

Voici comment, la même année, M. Jégou, ingénieur en chef, en adressant son rapport annuel au Préfet, au moment de la session du Conseil Général, s'exprimait sur la question de l'amélioration de la basse Loire :

« Ce qui importe au plus haut degré à la prospé-
» rité du commerce de Nantes, disait-il, c'est la
» prompte exécution des travaux d'endiguement dont
» l'administration supérieure a récemment approuvé
» les projets.

» Ces travaux, qui auraient pour résultat de rendre
» le port de Nantes accessible aux grands navires et
» qui permettraient d'accomplir, tous les jours de
» l'année, les opérations qui ne peuvent s'effectuer
» aujourd'hui qu'à la faveur des marées de vives
» eaux, exerceraient sur nos relations commerciales,
» sur l'avenir de la cité, une influence incontestable.
» Sans doute aussi, l'exécution d'un chemin de fer
» de Nantes à Saint-Nazaire doit être appelé de tous
» nos vœux ; mais nous verrions avec douleur que ces
» dernières créations fissent perdre de vue l'opération
» capitale de l'amélioration de la basse Loire......
» Les intelligents et heureux efforts de la ville de
» Rouen pour amener les grands navires jusqu'au pied
» de ses quais, tracent clairement la voie à suivre pour
» éviter un déplacement d'intérêts fatal à la ville de
» Nantes, préjudiciable même à la fortune publique.
» Nous demandons que le Conseil Général, dont
» l'amélioration de la basse Loire a constamment

» éveillé la sollicitude, veuille bien réclamer par un
» vœu formel l'exécution des travaux approuvés par la
» décision ministérielle du 12 juin 1852. »

Nous relevons dans ce même rapport, que les sommes jusque là consacrées au bassin à flot de Saint-Nazaire s'élevaient à fr. 2 millions 309,430 60.

En parlant du chemin de fer de Tours à Nantes, M. Jégou annonçait que la seconde voie, dont nous devions rester privés deux ans, avait été posée sans désemparer, par suite d'une convention conclue le 23 août 1851, entre les administrateurs du chemin de fer et le ministre des travaux publics, et livrée à la circulation le 26 avril 1852. Les travaux de prolongement de la voie de fer de la gare de la prairie de Mauves jusqu'au port maritime étaient en pleine activité.

Nous relevons également, dans le rapport adressé à la même époque, par le directeur des douanes au Préfet, quelques considérations utiles à mentionner.

« Si l'on s'en rapporte, disait le directeur des doua-
» nes, à la grandeur de l'installation actuelle des
» ateliers où s'effectuent les conserves alimentaires,
» les machines à vapeur, les objets de fonte, les
» sucres raffinés, le mobilier métallique des navires,
» ainsi que leur construction, on est porté à croire que
» ces produits constitueront plus tard la partie essen-
» tielle de l'industrie nantaise.

» Il se manifeste, en ce moment, à Nantes, un
» mouvement d'idées dont la réalisation serait une
» source de grande prospérité pour la contrée. Après
» une sorte de léthargie, cette ville parait s'éveiller et

» vouloir prendre part aux progrès commerciaux (1).
» Elle possède déjà des services réguliers de bateaux
» à vapeur, qui facilitent ses communications avec
» Lorient, Bordeaux et l'Espagne. Il est sérieusement
» question maintenant d'une nouvelle ligne avec l'An-
» gleterre, et d'une ligne plus importante qui mettrait
» le Brésil à 12 ou 15 jours de Nantes.

» En passant en revue les divers établissements
» industriels que cette ville compte aujourd'hui, on
» trouve que celles qui sont dans l'état le plus floris-
» sant, après les usines de machines, sont les
» raffineries, au nombre de cinq, qui n'ont pas
» acquitté moins de 6,660,600 kil. de sucre dans les
» six premiers mois de cette année. Cette importance
» va s'accroître par suite de la mise en activité d'une
» très-grande usine, arrêtée depuis 1849 et que vient
» d'acheter M. Cézard, riche négociant de Nancy.

» La fabrication des conserves alimentaires et le
» commerce des viandes salées prend également
» chaque jour une extension rapide. »

M. le directeur des douanes, constatait également
l'état florissant des savonneries nantaises et des
constructions navales. Nous relevons dans son rapport,

(1) Voici comment Nantes se classait en 1852, pour la perception des droits de douanes :

	1850.	1851.
Marseille.	32,530,000	30,677,000
Le Havre	26,111,000	26,164,000
Paris.	12,109,000	11,570,000
Bordeaux	12,047,000	11,460,000
Nantes	11,498,000	10,817,000

que durant les six premiers mois de 1852, il▪avait
été mis à l'eau, à Nantes même, 13 navires de diverses
grandeurs, et qu'il en restait un pareil nombre sur
les chantiers.

Nous joindrons aux divers renseignements qui précèdent, les noms des industriels nantais honorés de
médailles à l'exposition universelle de Londres de
1851.

Médailles de 2me classe.

MM. Guihery Deslandelles et Ce, conserves alimentaires.
Rocher, appareils de distillation.
Prin, peaux de veaux.
Suzer, peaux corroyées.
Philippe et Canaud, conserves de fruits.

En juillet 1853, M. Ducos, ministre de la Marine
et des Colonies, visita la ville de Nantes. Un train sur
lequel il monta parcourut, à la vapeur, la voie ferrée
qui reliait la gare de Mauves au port maritime. Peu de
jours après le transport des marchandises commença
sur cette voie et s'est continué depuis sans interruption.

M. Ducos visita également le bassin à flot de Saint-
Nazaire, et put se convaincre, dans son voyage sur
la Loire, combien les travaux d'amélioration réclamés
pour ce fleuve étaient urgents et utiles.

Au commencement de la même année, la Chambre
de Commerce avait publié un exposé de ses travaux
depuis 1848. Cet exposé qui renferme plus de 50 pages,
résumait brièvement et clairement toutes les questions
importantes dont la Chambre de Commerce avait eu à
s'occuper depuis cette époque : libre échange, lois sur
les sucres, paquebots transatlantiques, emplacement de

la gare du chemin de fer, amélioration de la Loire,
bassin à flot de Saint-Nazaire, reliement de Nantes à
ce bassin par un chemin de fer, etc. , etc. Nous avons
fait déjà connaître l'opinion de la Chambre sur la plupart de ces questions, nous ne la redirons pas.

En 1853, Nantes possédait 569 nav. jaug. 66,489 Tx.
      le Havre   —   424   —   75,850
      Bordeaux   —   359   —   64,903
      Marseille   —   698   —   64,859

Dans le rapport adressé en 1854, par M. l'ingénieur
en chef Jégou au préfet, à l'occasion de la session
du Conseil Général, nous trouvons que les crédits
alloués jusqu'à cette année, pour le bassin à flot
de Saint-Nazaire, s'élèvaient à francs 3,509,864 60,
et que ceux nécessaires pour l'achever seraient de fr.
1,990,135 40.

Les travaux d'endiguement de la basse Loire, disait
M. Jégou, dans ce rapport, restent toujours à l'état
de projet approuvé. Arrivant au chemin de fer de Tours
à Nantes, il s'exprimait ainsi :

« Pendant l'année qui vient de s'écouler, l'exploi-
» tation du chemin de fer a été suivie avec activité.
» Des masses considérables de marchandises ont été
» transportées dans les deux sens.... Il importe cepen-
» dant de remarquer que la navigation fluviale n'a
» point fléchi devant la concurrence de la voie ferrée.
» Loin de là, les entreprises de bateaux remorqueurs
» se consolident, augmentent leur matériel, étendent
» leurs opérations. Il est manifeste que la présence du

» chemin de fer a donné naissance à des relations
» nouvelles et que la masse des marchandises impor-
» tées et exportées par la voie de Nantes s'est accrue
» de la totalité du trafic acquis à la ligne de Tours à
» Nantes.

» En ce qui concerne le chemin de fer de Nantes à
» Saint-Nazaire, concédé à la Compagnie d'Orléans,
» nous desirons que l'attention du Conseil Général
» soit appelée spécialement sur sa jonction avec le
» chemin de Tours à Nantes. Deux combinaisons ont
» été présentées. La première, qui a été unanimement
» repoussée à l'enquête, consisterait à contourner
» Nantes par un tracé se rattachant à la gare de
» Mauves par une double courbe de raccordement et
» rejoignant la vallée de la Loire, en aval de la ville,
» au pied du côteau de Saint-Herblain. Cette combi-
» naison aurait pour résultat d'accroître de 5,000
» mètres le trajet de Nantes à Saint-Nazaire, et de
» créer entre ce dernier point et Paris une communi-
» cation directe laissant Nantes à l'écart ; elle froisserait
» à la fois les intérêts de la Compagnie et ceux d'une
» cité populeuse. C'est avec raison que la commission
» d'enquête en a proposé le rejet.

» La seconde combinaison qui a l'assentiment sans
» réserve du Conseil Municipal de Nantes, de la
» Chambre de Commerce et de la commission d'en-
» quête, consisterait à faire de la voie des quais
» prolongée le trait d'union entre les chemins de
» fer de Nantes à Paris et de Nantes à Saint-Na-
» zaire (1). Dans cette hypothèse, le quai d'Aiguillon,

(1) Cette seconde combinaison fut définitivement adoptée en octobre 1855.

» si étroit et si incommode, serait transformé en
» un quai de 35 mètres de largeur, ne le cédant en
» rien aux plus belles parties de l'avenue de la
» Fosse, et dont le mur établi dans une eau pro-
» fonde, sur 500 mètres de longueur, fournirait aux
» grands navires, trop pressés dans les bassins du
» port, une magnifique ligne d'appontements (1)....
» La jonction des chemins de fer par la voie des
» quais donne satisfaction à tous les intérêts en-
» gagés dans la question. Nous n'hésitons pas à
» penser que cette solution recevra l'assentiment du
» Conseil Général. »

Le Conseil Général approuva, en effet, cette seconde solution.

M. Jégou appelait, dans le même rapport, l'attention du Conseil Général sur les avant-projets de plusieurs lignes de chemin de fer devant, les unes sillonner le sol de l'ancienne Bretagne, et l'autre mettre Nantes en communication directe avec Limoges.

Le Conseil émit le vœu que la ligne de Nantes à Redon, qui devait relier la première de ces villes à deux autres lignes, partant de Redon et se dirigeant, l'une vers Rennes, Saint-Malo et la Normandie, et l'autre

---

(1) En mars 1856, la question de la traverse du chemin de fer de Nantes à Saint-Nazaire, sur le quai d'Aiguillon, a donné lieu, dans les journaux locaux, à de vives discussions entre le projet des ingénieurs du gouvernement qui proposaient, comme on vient de le voir, d'élargir le quai d'Aiguillon, en empiétant sur la Loire, et celui des ingénieurs de la Compagnie, qui proposaient d'abattre les maisons bordant le quai d'Aiguillon, et de déblayer ainsi l'espace nécessaire à la pose des voies ferrées. C'est ce second projet dont l'exécution se poursuit actuellement. (Juillet 1857.)

vers Brest, Lorient et Quimper, prît son point de départ à la prairie de Mauves, et passât par la vallée d'Erdre et Blain. Le Conseil donna aussi son adhésion au projet de la ligne de Nantes à Limoges. Cette ligne devait avoir sa tête à la gare de Mauves.

La Chambre de Commerce, dans le rapport qu'elle adressa également en 1854 au préfet, sur la situation commerciale et industrielle de Nantes, signalait les progrès acquis par les nombreuses industries en activité dans cette ville. Elle signalait aussi la situation favorable du mouvement de la navigation et des marchandises et terminait en demandant :

1° Le prompt achèvement du bassin à flot de Saint-Nazaire ;

2° La prompte exécution de la voie ferrée reliant ce bassin à Nantes ;

3° L'exécution des travaux d'amélioration de la basse Loire.

L'année 1854 clôra la première partie de cet ouvrage. Nous donnerons, pour cette année, les chiffres exprimant :

1° Le mouvement de la navigation dans le port de Nantes.

2° Les quantités de marchandises importées.

3° Les quantités de marchandises exportées.

4° Les quantités des marchandises mises à la consommation.

5° Le mouvement des marchandises par le cabotage.

Voici ces chiffres :

1° Mouvement de la navigation dans le port de Nantes.

Entrée.

	Navires.	Tonneaux.
Colonies franç. et grande pêche.	77	21,568
Navigation à l'étranger	662 franç.	60,683
—	183 étran.	29,329
Cabotage de la mer........	2,338	100,701
	3,260	212,281

Sortie.

	Navires.	Tonneaux.
Colonies franç. et grande pêche.	103	28,932
Navigation à l'étranger......	431 franç.	49,621
—	166 étran.	25,540
Cabotage de la mer	2,727	127,843
	3,427	231,936

Le cabotage de Nantes avec la Loire s'éleva à 8,876 navires faisant 138,656 ton.

2° Marchandises principales importées à toutes destinations.

Sucre brut colonial..........	24,748,513 kil.
Sucre brut étranger.........	7,055,024
Café.......................	4,228,574
Cacao....................	604,371
Poivre	607,785
Riz.......................	1,765,918

Huile d'olive	949,594 kil.
Huile de palme.............	46,425
Engrais	5,594,422
Houille....................	81,790,759
Fonte brut	2,975,664
Fer en barres..............	500,128
Plomb brut.	2,158,045
Bois à construire...........	10,426,941
Bois de teinture...........	629,765
Bois d'ébénisterie	554,048
Cotons en laine...........	1,249,214

3° Marchandises principales exportées :

Bois à construire.....	858,155 kil.
Beurres	261,805
Grains et farines...........	4,084,531
Tissus de coton............	254,595
Tissus de laine	41,491
Viandes salées.............	887,584
Vins ordinaires	112,829
Conserves alimentaires	474,610

4° Marchandises principales mises à la consommation :

Bois à construire	10,426,961 kil.
Cacao....................	275,585
Café.....................	2,615,062
Coton	1,016,712
Fer en barres	168,649
Fonte brute...............	2,020,702
Engrais	5,495,422
Plomb brut	2,465,651
Poivre	449,579

Riz.................................. 1,774,508 kil.
Sucre colonial.................... 21,548,444
Sucre étranger.................... 5,717,238
Houille 75,181,066

5° Mouvement des marchandises par le cabotage :

Marchandises principales expédiés.

Grains. 18,105,736
Boissons 2,403,585
Sucres 3,294,207
Fers. 3,606,215
Matériaux 50,399,457
Savon............................ 1,029,252
Etc., etc.

Marchandises principales arrivées.

Grains 9,355,268
Sels 37,886,388
Bois 2,395,194
Boissons......................... 7,994,024
Matériaux. 9,486,528
Savons........................... 3,843,653
Etc., etc.

De plus, la quotité des droits de douane de toute nature perçus à Nantes, en 1854, s'éleva à francs 18,012,443, dont fr. 1,947,535 provenant des droits sur le sel.

DU COMMERCE

DE NANTES.

DEUXIÈME PARTIE.

SON ÉTAT ACTUEL.

I.

Voici comment en 1855, se décomposa le mouvement général de la navigation dans le port de Nantes :

C'est dans le Tableau général du Commerce de la France pour l'année 1855, publié par l'Administration des Douanes, que nous avons puisé les chiffres cités dans cette seconde partie. Comparer ces chiffres à ceux qui se rapportent à des années antérieures nous a paru le moyen le plus rationnel d'arriver à une juste appréciation de l'état actuel du Commerce de Nantes.

ENTRÉE.

Noms des Etats D'OÙ VIENNENT Les Navires.	Navires Français		Navires Etrangers.		Totaux.	
	Nombre.	Tonnage	Nombre.	Tonnage	Nombre.	Tonnage
Suède	1	27	10	2,186	11	2,283
Norwège	»	»	30	6,161	30	6,161
Angleterre ...	707	52,986	63	8,766	770	6,1752
Assoc. allem..	»	»	27	4,833	27	4,833
Villes anséat..	6	527	5	395	11	922
Pays-Bas.....	3	206	26	1,967	29	2,173
Belg'que	6	505	1	112	7	617
Portugal	11	2,134	4	471	15	2,605
Espagne	31	2,770	42	5,817	73	8,587
Autriche, Italie.	7	602	1	164	8	766
Côte occ. d'Afr.	1	188	»	»	1	188
Indes (p. angl.)	16	5,220	»	»	16	5,220
— (p. holl.)	5	1,420	»	»	5	1,420
Philippines ...	1	310	»	»	1	310
Etats-Unis....	1	367	9	3,540	10	3,907
Amériq. mérid.	19	3,631	»	»	19	3,631
Haïti	3	649	»	»	3	649
Pos. esp. d'Am.	18	4,358	»	»	18	4,358
Colonies franç:						
Réunion......	65	22,054	»	»	65	22,054
Guadeloupe...	14	3,633	»	»	14	3,633
Sainte-Marie et Nossi-Bé	1	233	»	»	1	233
Etab. de l'Inde.	1	384	»	»	1	384
Grande pêche..	8	982	»	»	8	982
Cabot. avec les ports de l'emp.	2214	100,920	»	»	2,214	100,920
	3,139	204,176	218	34,412	3,357	238,588

SORTIE.

Noms des États ou ont été Les Navires.	Navires Français.		Navires Étrangers.		Totaux.	
	Nombre.	Tonnage	Nombre.	Tonnage	Nombre.	Tonnage
Suède	1	61	»	»	1	61
Norwège	»	»	16	3,296	16	3,296
Danemarck ...	»	»	1	171	1	171
Angleterre....	124	11,048	64	11,914	188	22,962
Assoc. allem..	»	»	6	1,263	6	1,263
Villes anséat..	»	»	2	167	2	167
Pays-Bas	»	»	11	673	11	673
Portugal......	12	2,328	4	1,018	16	3,346
Espagne	128	11,455	90	10,768	218	22,223
Autriche	1	101	»	»	1	1
Turquie......	6	2,573	2	417	8	101
Côte occ. d'Afr.	4	958	»	»	4	2,990
Indes (p. angl.)	16	5,364	1	401	17	958
— (p. holl.)	3	986	»	»	3	5,765
États-Unis ...	»	»	3	1,182	3	986
Brésil	9	1,595	»	»	9	1,112
Monte-Video..	6	1,895	»	»	6	1,595
Pos. esp. d'Am.	12	2,888	»	»	12	2,888
— dan. —	1	226	»	»	1	126
Colonies franç:						
Réunion	72	26,825	»	»	72	26,825
Guyane franç..	11	2,150	»	»	11	2,150
Martinique . .	2	676	»	»	2	676
Guadeloupe...	25	4,681	»	»	25	6,481
Algérie	2	210	»	»	2	210
Sénégal	1	170	»	»	1	170
S.-Marie, Mayo.	4	986	»	»	4	986
Etab. de l'Inde.	2	965	»	»	2	965
Grande pêche..	7	1,628	»	»	7	1,628
Cabotage	2,724	136,260	»	»	2,724	138,260
	3,173	219,829	200	31,200	3,373	251,029

De plus, le cabotage dans la Loire s'éleva pour Nantes à 4,871 navires et 88,959 tonneaux, et la petite pêche à 533 navires et 3,908 tonneaux.

Les importations générales faites à Nantes présentèrent les chiffres suivants :

Sucre brut colonial.........	30,022,419 kil.
Sucre brut étranger.........	10,639,165
Café	3,918,054
Cacao....................	833,182
Poivre	548,389
Riz......................	445,473
Huile d'olive	475,827
Huile de palme............	340,912
Engrais	4,923,863
Houille...................	110,791,200
Fonte brute..............	5,974,410
Fer en barres	683,370
Plomb brut..............	2,484,066
Bois à construire..........	19,737,784
Bois de teinture...........	764,074
Bois d'ébénisterie..........	63,380
Coton en laine............	1,448,127

Les marchandises principales mises à la consommation à Nantes furent :

Vins.....................	283,762 kil.
Bois à construire...........	19,934,444
Cacao....................	347,790
Café	3,050,859
Coton....................	2,061,472
Fonte brute..............	3,596,000

Houille .... 103,350,371 kil.
Plomb brut 3,547,457
Poivre 476,977
Sucre brut colonial 29,391,868
Sucre brut étranger 8,927,687
Riz 390,964

Les marchandises principales exportées de Nantes furent :

Bois à construire .... 230,868 kil.
Beurre 116,857
Grains et farines 914,600
Sels 48,250
Savon 12,756
Tissus de coton 240,028
Tissus de laine 72,267
Viandes salées 1,187,365
Vins ordinaires 245,821
Conserves alimentaires 292,695
Mules et mulets, nombre 3,965
Matériaux 4,776,514

Enfin, le mouvement des marchandises par le cabotage accusa :

Marchandises importées.

Grains .... 6,487,992 kil.
Sels 54,936,030
Bois 2,253,811
Boissons 8,331,561
Matériaux 4,795,213
Savon 3,939,415
Fers 8,462,615

Marchandises expédiées.

Bois...................... 10,556,209 kil.
Grains 17,482,840
Boissons.................. 1,669,345
Sucre..................... 3,544,832
Fers. 3,002,950
Matériaux................. 45,447,823
Savons.................... 2,727,477

Les droits de douane perçus dans toute la direction de Nantes s'élevèrent pendant l'année 1855 à 25 533,026 fr., dont 3,101,042 fr. pour les sels et 22,431,984 fr pour les autres droits. Dans ce chiffre, Nantes entrait pour 24,674,742 fr. : 2 millions 322,622 fr. pour les sels, et 22,352,120 fr. pour les autres droits.

La quantité de sel extraite dans la direction fut évaluée à 53,862,116 kilog.

II.

Etudions ces chiffres, en les comparant à ceux de même nature se rapportant à des années antérieures. N'est-ce pas là le plus sûr moyen de prendre une idée nette de l'état actuel du commerce de Nantes ?

Mettons tout d'abord en parallèle les chiffres exprimant le mouvement total de la navigation dans le port à diverses époques. (Colonies, étranger, cabotage de la mer.)

	Navires.	Tonneaux.
En 1764, ce mouv^t. s'élevait à	1,429 don^t.	158,543
1790, — —	2,558 —	226,046
1830, — —	4,755 —	263,227
1842, — —	6,253 —	366,583
1855, — —	6,730 —	489,617

On voit que de 1830 à 1855, le chiffre du tonnage a presque doublé, et que de 1842 à 1855, il a grandi de plus de 123,000 tonneaux. C'est là, on l'avoue, un argument péremptoire, sans répliques et qui repousse fort loin ceux qui seraient tentés de crier à la décadence de notre port. Mais pour quelle part entrent dans ces chiffres les colonies françaises ? pour quelle part les pays étrangers ? pour quelle part enfin les autres ports français ? Nous allons le dire.

1° *Colonies françaises.*

Le total de la navigation du port de Nantes avec les colonies françaises est représenté pour l'année 1855 par :

	Navires.	Tonneaux.
Réunion	137	48,879
Guadeloupe...........	39	10,114
Cayenne	11	2,150
Martinique...........	2	676
Etablis^{ts} de Madagascar.	5	1,219
— de l'Inde	3	1,349
Algérie et Sénégal......	3	380
Totaux.........	200	64,767

En 1842, cette navigation présentait un effectif de 140 navires et de 31,514 tonneaux, qui se décomposaient comme suit :

Réunion	75 navires.
Guadeloupe	23 —
Cayenne	16 —
Martinique	12 —
Sénégal........................	14 —
	140 navires.

En 1828, les arrivages des colonies françaises se chiffraient ainsi :

Ile Bourbon	28 navires.
Guadeloupe	31 —
Martinique	28 —
Cayenne	10 —
Sénégal	5 —
	102 navires

jaugeant 25,359 tonneaux.

Avant la Révolution, en 1790, la navigation totale avec les colonies françaises occupa 251 navires faisant 96,070 tonneaux, soit :

Ile de France..................	3 navires.
Cayenne	3 —
Antilles........................	205 —
Afrique........................	40 —
	251 navires.

En suite de ce court résumé, il est facile de se rendre compte des fluctuations et des changements survenus, depuis 1790, dans les relations de Nantes avec les colonies, — fluctuations et changements que nous avons déjà caractérisés.

Durant tout le XVIII⁰ siècle, les relations coloniales de Nantes se circonscrivaient aux Antilles. Nous les avons vu grandir peu à peu et présenter à leur point culminant de prospérité, en 1790, des résultats imposants.

Les évènements de la Révolution, et surtout la perte de Saint-Domingue, le centre principal de ces relations, devaient amener et amenèrent, en effet, des changements forcés dans leur direction. Ces changements, nous les avons signalés déjà. En 1828, ils se traduisaient par une augmentation notable dans les rapports avec la Réunion. Ces rapports atteignirent presque le tiers dans le chiffre des arrivages et se trouvaient, comparativement aux rapports avec les Antilles, dans les proportions de 1 à 2,5. — En 1842, ils dépassaient la moitié du chiffre total de la navigation avec toutes les colonies, et égalaient une fois et demie ceux avec les Antilles. Enfin en 1855, ils ont représenté plus des deux tiers de la navigation totale et se sont trouvés, comparativement aux rapports avec les Antilles, dans les proportions de 2 3/5 à 1.

L'augmentation croissante des rapports de Nantes avec l'île de la Réunion se trouve encore plus nettement accusée dans les chiffres suivants, qui expriment les quantités de sucre importées de cette colonie, à diverses dates, de 1828 à 1855.

En 1828, Nantes reçut de la

Réunion. . . . .   6,753,000 kil. sucre

1833   6,427,000   —

1839.   8,907,000   —

1847 14,970,000   —

Récolte 1853-1854 (1er nov.

1853 au 31 oct. 1854). . 21,602,000   —

Récolte 1854-1855 (1er nov.

1854 au 31 oct. 1855) . 27,632,000   —

Ajoutons que la récolte totale de la Réunion, pour 1854-1855, ayant été de 51,038,000 kilog., on voit que le port de Nantes en reçut à lui seul plus de la moitié.

Les autres ports de France entrèrent dans cette importation pour les quantités suivantes :

Dieppe . . . .   866,000 kilog.

Le Havre   3,699,000   —

Bordeaux. 11,567,000   —

Marseille   7,274,000   —

Par contre, les importations de sucre des Antilles à Nantes ont nécessairement bien diminué. En 1828, elles présentaient 26,853 barriques et 2,443 quarts. En 1855, elles n'ont atteint que 6,808 barriques et 1,294 quarts.

Le tableau de la navigation de Nantes avec les colonies françaises, pour l'année 1855, nous montre aussi qu'il y eut entre ce port et les établissements de l'Inde et de Madagascar un mouvement de huit navires. En 1842, rien de semblable ne s'était offert, mais en revanche le Sénégal n'entre pour rien, on le peut dire, dans les chiffres de 1855, et il était compris dans ceux de 1842 pour quatorze navires. Les relations de Nantes avec la Côte Occidentale d'Afrique ont presque complétement cessé ! Un seul navire est parti, en 1855, pour cette destination.

Les marchandises importées des colonies françaises à Nantes consistent en sucre, café, girofles, tafia, cuirs, bois, etc., etc.

Celles exportées aux mêmes lieux, en mules et chevaux, chaux, planches, farines, conserves alimentaires, salaisons, ardoises, briques, feuillards, produits d'industrie parisienne à fret, etc., etc.

La mise en activité du chemin de fer de Nantes à Tours devait forcément augmenter le passage par notre ville, des colis à fret qui se servaient auparavant, pour y arriver, des entreprises de roulage. Partant de cette base, un jeune et intelligent négociant, M. J. Guimard, eût la pensée profitable de créer une ligne régulière de navires à voiles entre Nantes, Maurice et la Réunion. Son espoir n'a point été déçu : Nantes fait maintenant une rude concurrence au Havre, pour le transport à fret des articles de Paris, et les bâtiments trouvent dans ce transport un aliment d'emploi de plus.

Disons aussi que les navires de Nantes, comme ceux des autres places, s'emploient fréquemment, dans la mer des Indes, à des voyages intermédiaires entre la Réunion et Maurice, d'une part, et la côte Coromandel et Calcutta, de l'autre. Ils emportent, en partant de la Réunion, des espèces ou des traites. En retour, ils importent des riz, du blé, du gram, et,

depúis l'émancipation des esclaves, des engagés in-
diens. Ces voyages se font pour compte des propriétaires des navires ou à fret.

La navigation de Nantes avec l'Algérie n'a employé,
en 1855, qu'un seul navire jaugeant 210 tonneaux ;
mais ce sont des chiffres qui ne peuvent manquer de
grándir en présence des progrès de la colonisation
dans cette vaste et importante possession.

2° Pays étrangers.

La navigation entre Nantes et l'étranger (Europe et
colonies étrangères) a présenté pour 1855 un total de :

1,159 navires français jaugeant... 117,448 Tx.
 418   —   étrangers   —   ...   65,612

Soit 1,577 navires, jaugeant .... 183,060 Tx.

Sur ces chiffres, l'Angleterre seule absorbe 958
navires et 84,714 tonneaux. — L'importance de cette
navigation explique les énormes quantités de houille
introduites chaque année à Nantes, et qui ont atteint,
en 1855, le chiffre de 110,791,200 tonneaux.

En 1764, les relations de Nantes avec les pays étrangers étaient représentées par 568 navires et 69,492
tonneaux ; en 1790, par 279 navires et 44,050 tonneaux ; en 1833, par 48,849 tonneaux ; en 1842, par
990 navires jaugeant 106,032 tonneaux.

En comparant les relations actuelles de Nantes et des
pays étrangers avec ce qu'elles étaient avant la Révolution de 1789, on remarque qu'elles ont beaucoup

augmenté en ce qui regarde l'Espagne, le Portugal et l'Angleterre ; mais qu'elles ont en revanche bien diminué en ce qui regarde la Hollande, l'Allemagne, la Suède, le Danemarck et l'Italie.

Nous mettons en dehors les rapports avec les colonies étrangères qui n'existaient pas avant la Révolution de 1789.

Voici quelques détails sur les marchandises que Nantes reçoit ou exporte actuellement aux divers pays d'Europe.

De l'Angleterre, les importations se composent de houille, de fer, de fonte, de noir animal, etc., etc., et les exportations, de céréales principalement, quand la sortie de France n'en est pas défendue.

Des relations régulières par navires mixtes existent même entre Nantes et ce pays.

Quelquefois des navires long-courriers partant de Nantes, vont en Angleterre chercher du charbon qu'ils transportent soit au Cap de Bonne-Espérance, soit à l'île Maurice, soit à Ceylan, soit à Calcutta.

Des pays du nord (Russie, Suède, Danemarck, Hollande, Belgique, etc., etc.), Nantes reçoit des chanvres, des bois de construction, des fers, des suifs, des fromages, du noir animal, etc., etc. On a dû remarquer que cette navigation se faisait presque entièrement par des navires étrangers.

Nous recevons de l'Espagne et du Portugal des fruits secs, des oranges, du plomb, de la farine, etc., etc. Nous y envoyons des peaux préparées, etc., etc.

Des relations suivies, par bateaux à vapeur, existent entre ces deux pays.

Passons aux pays hors d'Europe.

Des Etats-Unis, Nantes reçoit des riz, des cotons, des merrains, etc., etc. Des possessions anglaises de l'Inde, du sucre, du café, du riz, des peaux, du salpêtre, des sésames, etc., etc. Des possessions hollandaises, du sucre, du riz, des rotins, du café, etc., etc. Enfin, des possessions espagnoles d'Amérique et du Brésil, du sucre principalement.

C'est surtout avec l'île Maurice que les rapports de Nantes ont pris de l'extension dans ces dernières années. Ainsi, en 1855, Nantes a reçu de cette colonie neuf navires important plus de 60,000 sacs de sucre.

De Calcutta, Nantes a aussi reçu cette année (1856), trois chargements directs, composés de riz, café, étain, peaux, poivre, shells-lac, cornes, etc. Que ces articles se placent avantageusement et ces arrivages ne seront sans doute que le prélude de relations plus suivies.

3° *Grande pêche et cabotage.*

La grande pêche a présenté pour 1855 un total de 15 navires jaugeant 2,610 tonneaux. La plupart de ces navires sont revenus chargés de morues de Terre-Neuve. La pêche de la baleine a cessé presqu'entièrement d'être exploitée par les maisons de Nantes. Le Havre a, pour ainsi dire, le monopole de cette industrie.

Le cabotage, avec les autres ports de France, a employé, pendant l'année 1855, 4,938 navires jaugeant 239,180 tonneaux. Le tableau des marchandises importées et expédiées par cette voie, que nous avons donné, indique suffisamment, suivant nous, la nature des transports auxquels cette navigation est employée. Elle n'a pas subi de grands changements, au reste, depuis la Restauration, puisqu'à cette époque elle s'élevait à 4,156 navires jaugeant 159,205 tonneaux : seulement le tonnage des navires a beaucoup augmenté. Avant la Révolution, en 1790, le cabotage de Nantes était bien inférieur à ce qu'il est aujourd'hui, puisqu'il se chiffrait par 2,028 bâtiments faisant 85,927 tonneaux.

Le cabotage semble éprouver déjà un dommage sensible de la concurrence des voies ferrées ; et comme la lutte tend à devenir plus redoutable pour lui, à mesure que les rails-ways prennent de l'extension, il ne pourra la soutenir qu'en réalisant à son tour les perfectionnements que le progrès des arts peut lui suggérer. Ainsi, pour rivaliser avec les voies ferrées, il faut qu'il leur emprunte leur grand agent de transport, la vapeur. Il faut que, substituant l'hélice à la voile, il arrive à se transformer, du moins dans les relations des principaux ports entre eux : transformation qui doit s'opérer avec d'autant plus d'avantage que les échanges entre ces places de commerce sont plus régulières et fournissent un fret plus abondant.

Résumant en quelques mots ce qui précède, on arrive à conclure que les relations commerciales maritimes de Nantes, en 1855, présentent depuis 1830 un accroissement continu remarquable, et que cette augmentation porte principalement sur les rapports avec les colonies françaises et les pays étrangers ; — que cependant les relations avec les colonies françaises sont encore un peu inférieures à ce qu'elles étaient en 1790.

III.

Pour corroborer la conclusion qui précède, nous allons fournir quelques renseignements sur les principales marchandises qui alimentent les affaires de Nantes.

Le sucre se place incontestablement au premier rang. Nantes est déjà accepté comme un marché de premier ordre pour cette denrée. Ce ne sont plus seulement la raffinerie locale et la consommation à l'état brut qui se présentent sur la place : des maisons des autres places de France, de l'étranger même, y font, faire chaque jour, des achats importants. Les débouchés s'étendant, les arrivages ont suivi la même progression. Voici quelques chiffres qui la rendront transparente :

En 1827, les importations de sucre à Nantes
furent de . . . . . .   15,000,000 kil. env.
1835.   10,500,000   —
1839.   14,090,851   —
1845.   16,360,587   —
1847.   20,786,802   —
1851.   15,730,788   —
1853.   21,875,702   —
1854.   31,803,507   —
Enfin en 1855.   40,651,584   —

En 1856, ce dernier chiffre a été dépassé.

Ce tableau sous les yeux, il est facile de suivre les fluctuations des sucres à Nantes depuis trente ans. On remarque que les importations furent, durant les premières années qui suivirent la Révolution de Juillet, inférieures à celles de la Restauration, mais qu'à partir de 1839, elles prirent une augmentation croissante qui ne s'arrêta qu'en 1848. Puis il y eut là un temps d'arrêt ; mais dès 1853, le chiffre des importations dépassa celui de 1847, et en 1855, il fut presque double de celui de 1853.

A ce premier tableau, nous en joindrons un second faisant connaître séparément les quantités de sucre colonial et de sucre étranger qui entrent dans la composition des chiffres du premier.

	Sucre brut colonial.	Sucre brut étranger.
1839	13,746,944	343,907
1843	15,207,150	1,063,437
1847	20,428,680	358,222
1851	13,482,187	2,248,601
1854	24,748,513	7,055,024
1855	50,022,419	10,629,165
1856 (jusqu'au 30 juin)	24,610,586	506,547 [1]

(1) Pour compléter ces chiffres, nous donnerons un tableau présentant les quantités de sucre importées à Nantes en 1855, par nature et pays de provenance.

467,122 sacs et 18 ballotins Réunion.
4,453 sacs et 79 barriques Mayotte.
61,772 sacs Maurice.
94 barriques et 6/4 Martinique.
6,808 barriques 5/3 et 1,294/4 Guadeloupe.
16,560 caisses Havane.
581 boucauts 64/3 et 175 barils Porto-Rico.
10,834 sacs Bahia.
100 barils Para.
159 canastres et 712 paniers Java.

Nous le répétons, Nantes a acquis depuis ces dernières années une importance de premier ordre, comme marché sucrier. En traitant des relations de cette place avec l'île de la Réunion, nous avons eu déjà occasion de faire remarquer qu'elle a reçu a elle seule plus de la moitié de la récolte 1854-1855 de cette colonie. D'après le tableau général du commerce de la France pour 1855, Nantes est au premier rang pour les arrivages de sucres coloniaux, et au troisième pour les arrivages de sucres étrangers. Le Hâvre et Marseille tiennent la tête.

L'augmentation considérable des importations de sucre à Nantes depuis 4 ans tient à deux causes principales : — l'agrandissement des raffineries en activité de cette ville, et le développement de ses débouchés, — développement dont le chemin de fer de Nantes à Paris peut revendiquer l'honneur. Nous aurons occasion de revenir sur la question des raffineries, dans les pages que nous consacrerons à l'examen de l'état actuel de l'industrie à Nantes ; mais nous pouvons, dès à présent, citer quelques chiffres de nature à faire voir combien les expéditions de Nantes pour l'intérieur, en ce qui concerne les sucres bruts ou raffinés, ont augmenté depuis 13 ans.

En 1842, les importations de sucre à Nantes s'élevèrent à 12,431,322 kilog. Sur ce chiffre, 10 raffineries alors en activité consommèrent 9,411,655 kilog. En ajoutant à cette quantité celle nécessaire à l'alimentation de l'épicerie locale, on voit qu'il n'en restait qu'une minime quantité pour l'exportation que Nantes pouvait faire pour le reste de la France.

En 1851, sur les 15,730,788 kilogr. de sucre im-

portés, la raffinerie s'empara de près de **13,000,000**
kilogr. Eh bien, du **1er** décembre 1854 au **30** novembre 1855, sur les **40,421,370** kilogr. importés :

La raffinerie a employé	27,787,340 k'l.
Le dehors...........................	11,431,470
L'épicerie	1,202,560
Parité...............	40,421,370 kil.

Ce court tableau a l'éloquence des plus longs
commentaires. Il dit combien les relations de Nantes
avec l'intérieur de la France se sont développées
depuis l'ouverture du chemin de fer de Paris à Nantes.
— C'est un fait capital sur lequel nous serons en droit
d'établir toute une argumentation ultérieure, touchant
l'agrandissement certain de ces mêmes relations quand
d'autres voies ferrées étendront encore le rayonnement
commercial de Nantes.

On comprend, d'après ce qui précède, que le
commerce de cette place soit toujours justement ému
quand la législation des sucres vient sur le tapis.
Aussi, toutes les fois que la question du remaniement
des droits sur cette denrée s'est agitée, des mémoires
et des députations ont-ils été adressés au gouvernement pour faire valoir les intérêts des ports de mer et
des colonies. On pense bien que nous n'essaierons pas
l'histoire de ces remaniements et de ces démarches:
ce serait outrepasser les limites de cet ouvrage. Nous
nous bornerons à dire que les ports de mer sont
presque unanimes pour demander une diminution des
droits existants comme devant amener une consom-

mation plus grande, et par suite augmenter l'aliment que notre marine trouve dans le transport de cette denrée.

Il nous semble intéressant, avant de clore cet article, de mettre en regard les quantités de sucre importées à Nantes avant la Révolution et celles importées aujourd'hui :

En 1775 il arriva à Nantes. 48,030,443 liv. de sucre.
   1790   —   —   61,022,800   —
   1827   —   —   30,359,800 liv. environ.
   1843   —   —   32,721,174   —
   1853   —   —   43,751,404   —
   1855   —   —   81,303,168   —

Nous nous bornerons pour les autres marchandises qui sont principalement importées à Nantes, à présenter le tableau complet de ces importations depuis 1839 :

	CAFÉ.	CACAO.	POIVRE	RIZ.	HUILE D'OLIVE.	NOIR ANIMAL (engrais).	HOUILLE.	FONTE BRUTE.	FER EN BARRES.	PLOMB DE T.	BOIS A CONSTRUIRE.
1839	866,403	296,910	862,422	2,408,613	653,814	10,335,711	28,005,184	651,656	1,290,678	2,274,405	8,851,508
1840	1,161,625	316,085	144,495	1,534,452	385,114	11,428,927	23,676,583	496,523	855,145	2,936,412	16,851,905
1841	891,930	187,023	310,123	682,611	486,034	11,060,476	36,797,111	1,953,688	1,052,849	2,352,052	11,593,610
1842	771,860	216,516	555,664	429,732	249,555	11,823,102	41,677,034	1,449,884	1,393,409	1,744,002	4,301,819
1843	910,920	385,722	546,560	1,331,913	355,675	11,422,493	31,869,223	1,277,137	1,848,660	1,921,315	19,790,200
1844	1,981,203	62,461	254,293	866,919	610,399	12,624,650	31,009,613	910,983	1,350,645	2,396,553	18,036,582
1845	1,803,066	478,751	482,078	208,505	237,070	9,010,845	50,387,695	530,994	643,777	1,963,782	22,559,373
1846	1,995,784	104,674	430,258	462,677	650 694	7,326,115	59,583,759	2,686,034	1,350,829	3,502,133	23,532,903
1347	2,917,468	509,814	482,820	1,840,977	221,038	9,359,504	65,735,883	2,774,134	795,698	2,782,372	18,161,215
1848	1,532,536	229,283	103,151	1,095,234	171,092	6,843,775	53,952,783	1,577,957	442,802	1,117,142	10,945,576
1849	1,784,384	354,949	458,482	813,534	295,088	7,124,410	75,658,128	1,104,183	534,533	1,313,507	13,645,980
1850	791,634	248,368	906,727	544,209	817,143	5,886,905	68,130,514	1,000,655	462,091	2,262,620	21,452,376
1851	1,382,167	80,526	253,127	330,296	581,251	6,304,899	76,994,536	1,150,513	253,868	1,568,193	22,884,973
1852	2,599,106	466,501	653,776	411,986	759,873	6,682,459	80,046,673	809,803	80,447	1,697,483	17,441,524
1853	1,905,016	742,597	133,555	1,194,263	435,461	6,083,948	93,304,257	983,340	234,534	2,444,361	12,875,304
1854	4,228,574	604,371	607,785	1,765,918	949,594	5,394,422	81,790,759	2,973,664	300,128	2,138,043	10,426,941
1855	3,918,054	833,182	548,389	445,473	475,827	4,923,863	110,791,200	5,974,410	683,370	2,484,066	19,737,784

On remarquera surtout, dans ce tableau, l'augmentation croissante des importations de houille, de fonte, de plomb, de fer, etc., — véritable baromètre des agrandissements de l'industrie à Nantes.

Le sel, les vins, les céréales sont aussi l'objet d'affaires considérables sur la place de Nantes. Ainsi en 1855, il arriva à Nantes, par le cabotage, 35 millions de kil. de sel et 24 millions de kil. de boisson. En 1849, la libre sortie des grains étant permise, Nantes en expédia pour l'étranger près de 61,000 tonneaux.

En jetant un coup d'œil sur le tableau des exportations qui se trouve à la page 299, on s'aperçoit que les salaisons, les matériaux, les conserves alimentaires et les animaux en sont toujours les articles les plus saillants.

Nous terminerons cette nomenclature un peu aride, mais concluante cependant, par un rapprochement entre les droits de douane perçus dans la direction de Nantes en dehors de ceux du sel, à différentes époques, depuis 1832.

On sait, nous l'avons déjà dit, que ces chiffres se rapportent presqu'exclusivement à Nantes :

En 1832, ces droits s'élevaient à	8.259,000 fr.
1837 — —	6,183,000
1843 — —	7,757,000
1847 — —	11,658,000
1849 — —	10,224,000
1854 — —	16,152,000
1855 — —	22,431,000

Qu'il nous soit permis d'ajouter encore quelques chiffres à ceux déjà si nombreux que nous avons cités, et ce, pour établir la position que Nantes occupe dans le tableau général du commerce de la France, comparativement au Havre, à Bordeaux et à Marseille.

Nous prendrons pour cet objet les chiffres exprimant le matériel naval de ces quatre ports au 31 décembre 1855, les droits de douane y perçus et le relevé des marchandises admises en entrepôt en 1855.

Au 31 décembre 1855 :

Nantes posséd.	595 nav. à voiles, j^t	87,440 Tx.	
	20 — à vapeur,	4,124	
			91,564 Tx.
Le Havre posséd.	383 nav. à voiles, j^t	93,248 Tx.	
	28 — à vapeur,	2,728	
			95,976 Tx.
Bordeaux posséd.	426 nav. à voiles, j^t	99,270 Tx.	
	8 — à vapeur,	942	
			100,212 Tx.
Marseille posséd.	822 nav. à voiles, j^t	100,245 Tx.	
	91 — à vapeur,	29,618	
			130,860 Tx.

Au 31 décembre 1854 :

Nantes possédait.......	584 nav. à voiles.		78,229 Tx.
Ont été attachés à ce port pendant l'année......	67	—	16,954
	651	—	95,183 Tx.
Ont changé de port d'attache, naufragé, etc...	58	—	7,743
	593	—	87,440 Tx.

Droits de douanes perçus :

	1854.	1855.
Le Havre....	35,900,000	48,800,000
Marseille	36,100,000	37,800,000
Nantes......	18,012,000	24,600,000
Bordeaux....	13,500,000	18,000,000

D'après ce tableau, notre port si longtemps relegué au quatrième rang, et même au cinquième, occupe à présent le troisième, en attendant que, par des progrès faciles à prévoir, il arrive à rivaliser avec les concurrents qui le précèdent encore aujourd'hui.

Voici maintenant comment ces quatre mêmes ports se trouvent classés, d'après le relevé des marchandises admises dans leurs entrepôts :

Marseille	524,000,000 kil.
Le Havre.................	335,000,000
Bordeaux.................	88,000,000
Nantes...................	83,000,000

IV.

Parler de l'état actuel de l'industrie à Nantes semble peut-être un peu en dehors des limites de cet ouvrage, mais il nous paraît utile de le faire cependant, car nous puiserons dans cet examen des arguments puissants pour des considérations ultérieures.

En tête des industries en activité à Nantes se placent, sans conteste, la construction des navires, le raffinage des sucres, la fabrication des conserves alimentaires, et les différentes branches de l'industrie métallurgique.

La construction des navires a acquis, depuis quelques années, une remarquable activité, activité qui s'est peu ralentie pendant la dernière guerre, malgré le renchérissement considérable de tous les objets qui entrent dans l'armement des navires.

Les constructions sont devenues, non seulement comme nous le disions, de plus en plus nombreuses, mais en même temps le tonnage des bâtiments s'est accru d'une manière notable. Il n'y a encore que peu d'années le port effectif de 500 tonneaux était à peu près la limite extrême du tonnage de nos navires de commerce : aujourd'hui les bâtiments de 6, 7, 800 tonneaux et même plus, sont devenus communs.

Voici une note détaillée contenant l'indication des navires lancés en Loire, du 1er juin 1854 au 31 mai 1855 :

5 nav. en bois, dont 4 de 700 ton. et 1 de 450 ton.
    par . . . . Jollet.
5 nav. en bois, dont 1 de 800 ton., 1 de
    650 ton., 1 de 600 ton., 1 de 400
    ton. et 1 de 350 ton. . . . . Baudet.
4 nav. en bois, dont 2 de 850 ton., 1 de
    750 ton. et 1 de 350 ton. . . . . Guibert.
3 nav. en bois, dont de 2 de 750 ton. et
    1 de 600 ton. . . . . Dubigeon.
25 nav. en bois, de moindres dimensions,
    faisant ensemble 5,500 ton . . . . div. const.
8 nav. à vapeur, ensemble du port de
    6,550 ton. . . . . Guibert.

———

50 navires, ensemble faisant environ 23,000 ton., et

sur lesquels 9 seulement ont été construits en dehors des chantiers de Nantes.

A cette note nous joindrons un tableau comparé des mises à l'eau à Nantes, à Paimbœuf et Méans, pendant les six premiers mois de 1855 et 1856.

1er semestre 1856 : à Nantes, 14 navires à voiles dont 11 trois-mâts, 2 navires à vapeur ; à Paimbœuf et Méans, 8 navires à voiles dont 5 trois-mâts.

1er semestre 1855, 27 navires à voiles, 6 navires à vapeur.

De plus, au 1er juillet dernier (1856), il restait en construction dans les chantiers de Nantes, Paimbœuf et Méans, 26 navires à voiles dont 20 à Nantes ; 15 navires à vapeur et 1 bâtiment en fer pour l'Etat, à Nantes.

Ce sont non-seulement les armateurs nantais dont les demandes alimentent nos chantiers de construction : des compagnies commerciales et des maisons étrangères à notre place, mais pleines de confiance dans l'habileté de nos constructeurs, sont venues et viennent chaque jour aussi leur faire appel. On n'a point oublié ces trois magnifiques clippers qu'on admirait récemment encore aux quais de Nantes, et ces deux gigantesques steamers en fer, le *Jacquart* et le *François-Arago*, que MM. Gauthier frères, de Lyon, ont attachés au port du Havre. — Nantes marche maintenant à la tête de tous les ports français pour cette industrie. La confection des coques en fer est venue créer dans notre ville une nouvelle branche de l'industrie métallurgique, et il n'est pas sans intérêt de remarquer que, grâce aux intelligents efforts de celui de nos constructeurs qui a adopté cette spécialité,

M. Guibert (1), les charpentiers ont pu être utilisés aussi bien que les ouvriers en métaux, au travail du fer, et ont déjà acquis dans ce genre d'industrie une habileté remarquable.

L'activité croissante qui a régné et qui règne dans nos chantiers de constructions navales devait avoir et a eu son contre-coup ; en effet, dans les ateliers qui travaillent pour la marine : forgerons, voiliers, gréeurs, cordiers, tonneliers, poulieurs, mécaniciens et fondeurs, toutes ces industries ont reçu une impulsion favorable qui ne se ralentit point, et peuvent à peine suffire aux demandes qui leur sont faites.

L'occasion s'offre naturellement, par la suite des idées, de passer en revue les diverses industries métallurgiques qui existent à Nantes et dont quelques-unes ont acquis, depuis quinze ans, un développemant considérable.

Parmi ces industries, Nantes peut montrer avec orgueil, à côté de la forgonnerie spéciale aux armements et de la construction des navires en fer, ses ateliers de chaudronnerie pour machines à vapeur, ses fonderies en fer et en cuivre, ses ateliers de confection de machines à vapeur pour la navigation et l'agriculture ; son usine, de création encore récente, pour la fabrication des cuivres à doublage et ses fabriques de plomb. Dans cette direction, quelques-uns de nos industriels ont acquis une renommée justement méritée, en particulier MM. Vincent Gâche, comme constructeur de machines à vapeur pour la

---

(1) A l'Exposition universelle de 1855, M. Guibert a obtenu une médaille d'argent.

navigation, et Voruz aîné, dont l'usine remonte comme fonderie de cuivre à Nantes, à 1785.

La réputation de M. Vincent Gâche est, on le peut dire, européenne. Son établissement date de 1832, et les premières machines d'origine française employées dans les bateaux de la Loire, sont sorties de ses ateliers. Il a installé aussi la navigation de l'Allier, de la Moselle, de la Meurthe et de la Vistule.

A l'exposition de 1844, M. Gâche a obtenu une médaille d'or. Des travaux en cours d'exécution l'ont empêché d'exposer en 1849.

En 1855, une médaille d'honneur lui a été décernée.

L'usine de M. Voruz n'a cessé de prendre, depuis quinze ans, des proportions telles qu'on ne sait véritablement où s'arrêtera son importance. Elle occupe aujourd'hui près de cinq cents ouvriers : monteurs, ajusteurs, tourneurs, modeleurs, mouleurs et forgerons. Naguère, M. Voruz s'est vu dans la nécessité, pour accroître ses ateliers d'ajustage et de montage, de scinder son usine. A cet effet, il a construit, sur la prairie au Duc, l'une des plus spacieuses fonderies de France, dans laquelle il a introduit toutes les conditions de la science moderne. L'ensemble des fourneaux de cette nouvelle fonderie lui permettra de couler des pièces de plus de 30,000 kil.

Depuis 1845, M. Voruz a implanté dans notre ville la construction de tout ce qui constitue le matériel des chemins de fer, sauf les locomotives. Sa bonne exécution, les progrès qu'il a opérés dans certaines parties du matériel fixe, lui ont valu une réputation bien méritée au sein de nos meilleures compagnies.

A l'exposition de Paris de 1844, M. Voruz a obtenu

une médaille d'argent ; à celle de 1855, une médaille de bronze.

Le développement des diverses industries métallurgiques, à Nantes, devra avant peu porter des fruits excellents. Nos industriels commencent même déjà à les recueillir. — Nous voulons parler en particulier de toutes les fournitures relatives aux établissements sucriers de nos colonies, — fournitures que les habitants tiraient entièrement, depuis un certain nombre d'années, des ateliers de Paris. Le courant commence à se détourner un peu, grâce à l'initiative de quelques négociants qui ont confié aux usines de notre place des commandes dont l'excellente exécution ne pouvait manquer d'avoir de bons résultats. Nous sommes convaincu que l'impulsion qui a été donnée et qui s'est continuée, amènera indubitablement dans le portefeuille de nos industriels, les commandes qui allaient auparavant grossir celui des constructeurs mécaniciens de Paris.

La raffinerie des sucres et la fabrication des conserves alimentaires se placent, avons-nous dit, avec les constructions navales et les industries métallurgiques, à la tête de l'inventaire industriel de Nantes. La rafnerie du sucre a pris, en effet, depuis quelques années, des proportions véritablement grandioses. Nous avons déjà donné une idée de ses développements, en traitant de l'augmentation croissante des arrivages de sucre à Nantes. Voici quelques renseignements de nature à compléter ceux exposés à cette occasion.

En 1833, Nantes possédait 10 raffineries livrant à la consommation environ 7 millions de kilogrammes de sucre raffiné. En 1842, le nombre des raffineries était le même, et leur production n'avait guère augmenté. En 1851, quoique moins nombreuses, elles fabriquaient cependant une quantité plus forte de produits, car leurs achats en sucre brut atteignaient 15,000,000 de kilogrammes.

En 1854, au mois d'août, la Chambre de Commerce écrivant au Préfet, lui disait : « Nos usines à sucre » sont au nombre de cinq ; quatre s'occupent exclu- » sivement du raffinage, et la cinquième de la » fabrication des sucres candis. Elles emploient chaque » année environ 15,000,000 kil. de sucre brut. Ce » chiffre sera probablement dépassé, par suite de l'ex- » tension qui vient d'être donnée à l'un de nos » principaux établissements. »

Cette prévision s'est promptement et largement réalisée, car du 1er décembre 1854 au 30 novembre 1855, sur 40,421,570 kil. de sucre brut importés à Nantes, les raffineries locales se sont emparé de 27,787,340 kil., et du 1er décembre 1855 au 15 août 1856, sur 35,247,905 kil. sucre importés, la raffinerie a acheté 31,173,570 kil.

Pour compléter ces chiffres, nous citerons encore un tableau indiquant les quantités de sucres acquittés par les raffineurs de Nantes, pendant les six premiers mois de 1855 et de 1856.

	1er semestre 1856.	1er semestre 1855.
Etienne et Say....	5,836,938	5,693,968
Gouté et Cie......	1,976,843	2,448,033
Glatigny Bouchaud.	353,012	383,711
A reporter..	8,166,793	8,525,712

	1er semestre 1856.	1er semestre 1855.
Report.....	8,166,793	8,525,712
Marais	418,555	356,552
Nicolas Cézard....	9,158,704	4,875,909
Chénard et Thébaud	182,791	171,768
A. Bureau........	44,212	45,642
	17,951,055	13,975,583

Augmentation de 1856 sur 1855 : 3,975,472 kilog.

Ce qu'il faut ajouter aux chiffres qui précèdent et qui prouvent éloquemment l'importance des raffineries de sucre à Nantes, c'est que leurs produits se répandent dans toute la France, jusque sur les marchés de Toulouse, de Montpellier et de Lyon, aux portes du Hâvre, de Bordeaux et de Marseille, pénètrent en Belgique et franchissent la Manche.

La supériorité de nos sucres raffinés peut seule expliquer le placement des produits nantais sur les marchés éloignés, où ils ne peuvent arriver qu'en supportant de grands frais.

L'industrie des conserves alimentaires a pris naissances à Nantes, mais elle y a fait depuis quelques années de notables progrès, tant pour ses moyens de fabrication que pour l'importance de ses expéditions.

L'exportation des sardines à l'huile a pris principalement un développement incroyable. Pour cette dernière fabrication, les différents établissements de notre ville ont tous des succursales sur la côte de Bretagne.

Il y a encore peu d'années que Nantes était, à quelques exceptions près, la seule ville qui s'occupât de la fabrication des conserves alimentaires. Sa production annuelle pouvait être alors de 8 à 900 mille boîtes. Aujourd'hui, bien que Bordeaux, La Rochelle et toute la côte, depuis les Sables jusqu'à Douarnenez, aient entrepris des fabrications identiques, Nantes, pourtant, n'a point vu diminuer l'activité de ses établissements ; au contraire, leur développement a toujours été croissant. Malgré de vives rivalités, on peut estimer que le chiffre des productions nantaises s'élève à plus de trois millions de boîtes, représentant un capital de 5 à 6 millions de francs.

Peu d'industries rendent autant de services au pays. Les pêcheurs de la côte y trouvent une vente certaine et avantageuse. C'est un encouragement donné à l'Inscription Maritime.

L'agriculture rencontre là un actif débouché pour ses bestiaux et pour ses légumes.

L'industrie de la ferblanterie y a découvert une source nouvelle de fortune.

Enfin, les aliments qu'elle permet d'offrir en tous temps et sur tous les points du globe, aux équipages de nos navires, sont un bienfait tellement apprécié aujourd'hui, qu'il serait superflu de s'y arrêter.

Aux expositions de Paris de 1825, de 1839, de 1844, de 1849, à celle de Londres de 1851 et à celle de Paris en 1855, des distinctions flatteuses ont été accordées à divers de nos fabricants de conserves alimentaires : c'était justice.

Au-dessous des industries majeures que nous venons de passer en revue, s'en placent une foule d'autres, importantes aussi, comme la tannerie, la corroierie, la brosserie, la minoterie, la savonnerie, les filatures, la construction des machines à battre et des cuisines

distillatoires, la fabrication du noir animal, les salaisons, etc., etc.

Nous aurons occasion de parler, en particulier, de
quelques-unes de ces industries dans la troisième
partie de cet ouvrage.

V.

La conclusion de tous les chiffres et de toutes les
appréciations qui précèdent est facile à tirer ; elle peut
s'écrire en quelques mots.

Progrès remarquables dans le mouvement général
de la navigation (263,223 ton. en 1830, 489,617
ton. en 1855).

Accroissement continu et considérable dans les importations et exportations des marchandises, et par
suite dans la perception des droits de douanes.

Développements non moins considérables dans toutes
les branches de l'industrie.

Voilà en peu de lignes le bilan actuel du commerce
et de l'Industrie à Nantes. — Progrès ici, progrès là,
progrès partout, et ce n'est pas sans un vrai sentiment
d'orgueil que nous répétons ce mot.

Or, ce progrès, les comparaisons établies le prouvent, s'est nettement et énergiquement prononcé
depuis vingt-cinq ans, et surtout depuis la mise en
activité du chemin de fer de Tours à Nantes, et
l'ouverture, chaque année plus prochaine, du bassin
à flot de Saint-Nazaire. Sous l'influence fertile des
idées que faisaient naître ces nouveaux éléments
auxquels se liait si intimement le développement du

commerce de Nantes, les esprits se tournèrent davantage encore vers les opérations maritimes. Des maisons nouvelles se fondèrent, les relations établies s'agrandirent et les résultats suivirent la même progression. Toutes les questions qui se rattachaient d'une façon directe à l'avenir commercial de Nantes rencontrèrent dans la population de cette ville des défenseurs énergiques et un auditoire attentif : nouvelles voies ferrées se reliant à Nantes, agrandissement de son port, amélioration de la basse Loire, etc., etc., tous ces projets, disons-nous, soulevèrent des discussions profitables dont nous avons résumé quelques-unes — profitables en effet, car c'est de l'expression et du choc des idées que jaillit la lumière.

Donc, l'état actuel du commerce de Nantes présente les meilleurs résultats. A quelles conditions doivent-ils et pourraient-ils grandir encore ? — telle est la question que nous avons à traiter dans la troisième partie.

DU COMMERCE

DE NANTES.

TROISIÈME PARTIE.

SON AVENIR.

I.

Nantes prend chaque année une importance commerciale et maritime plus grande, moins discutable. Les nombreux documents officiels que nous avons cités sont là pour le prouver avec la sévère et irrésistible éloquence de leurs chiffres. Or, que disent ces documents ?

Ils disent que la navigation dans le port de Nantes (colonies, étranger, cabotage de la mer) qui ne s'élevait en 1830, qu'à 263,223 ton., a atteint en 1855, 489,617 ton., et en 1856, 523,144 ton.

Ils disent que la perception, à Nantes, des droits de

douane — véritable baromètre des importations et exportations de marchandises — qui ne produisait en 1832 que 8 millions de francs, non compris les droits sur le sel, a versé en 1855, dans les coffres de l'Etat, plus de 22 millions.

Ils disent enfin (et qu'on excuse toutes ces répétitions) que Nantes, longtemps relégué au quatrième ou cinquième rang dans la liste des grandes places maritimes de France, occupe à présent le troisième, en attendant que, par des progrès faciles à prévoir, elle arrive à rivaliser avec les concurrents, le Hâvre et Marseille, qui la précèdent encore aujourd'hui.

Oui, les progrès du commerce de Nantes sont faciles à prévoir. — Ils sont, on le peut dire, infaillibles. Mais, pour qu'ils atteignent sûrement et promptement aux magnifiques développements qui leur semblent réservés, il importe cependant que certaines conditions soient réalisées, — que l'influence de certaines autres déjà réalisées soit intelligemment conduite. — Or, quelles sont ces conditions ? Quelle doit être leur influence ?

Nous l'avons dit déjà, dans les colonnes du *Courrier de Nantes*, les développements du commerce de Nantes sont liés intimement à une trilogie dont les termes peuvent se formuler ainsi :

Bassin à flot de Saint-Nazaire, chemin de fer de reliement et amélioration de la Basse-Loire.

Agrandissement du port de Nantes.

Jonction à Nantes de nouvelles voies ferrées et développement de l'industrie locale.

Nous allons étudier successivement chacun de ces termes.

II.

BASSIN A FLOT DE SAINT-NAZAIRE,
CHEMIN DE FER DE RELIEMENT ET AMÉLIORATION
DE LA BASSE LOIRE.

Quel aspect offre le bassin à flot de Saint-Nazaire? Qu'on nous en permettre une courte description.

La superficie de flottaison du bassin est de 106,000 mètres carrés (10 hect. 60). Le périmètre de ses quais atteint seize cent cinquante mètres de développement. Aucun bassin ne présente, en France, une aussi grande étendue. Sa contenance surpasse celle du port d'Anvers, et nous ne connaissons qu'un des docks de Londres qui ait une étendue liquide aussi considérable.

La moitié environ du bassin est creusée à six mètres dix-huit centimètres et pourra recevoir tous les navires de commerce presque sans exception. Une zône ayant un peu plus d'un hectare et demi est réservée aux grands bâtiments à voile et à vapeur. Le reste du bassin, qui n'a pas une profondeur moindre de sept mètres à sept mètres cinquante, sera consacré à l'entrée des grands bâtiments de guerre, aux frégates et même aux vaisseaux de **74** canons qui pourront y séjourner avec armement complet.

Il existe deux écluses, l'une de treize mètres pour les bâtiments de commerce, et l'autre de vingt-cinq mètres qui doit servir à l'introduction des plus grandes frégates à vapeur. Cette dernière est la plus vaste des ports d'Europe. Celle du bassin d'Anvers n'a que dix-huit mètres ; celle du port du Havre n'atteint que 21 mètres.

Tous ces travaux ont été faits à l'abri d'une digue de renclôture analogue aux digues des Poldens, de Hollande, et d'un développement de 1200 mètres environ.

Les écluses sont mises en communication avec la rade de Saint-Nazaire par des jetées formant un avant-port et entre lesquelles le chenal sera entretenu à 3 m. 50 au-dessous du niveau de la basse mer.

La contenance du bassin peut être représentée par :

 16 frégates ou steamers de guerre de premier rang.
 15 navires de commerce de 500 à 1200 ton., en charge.
 50 navires de commerce de 300 à 500 ton., en charge.
100 caboteurs en charge.

Tous navires pouvant entrer en Loire et dans le bassin par presque tous les temps, car l'attérage de la Loire est le plus facile et le plus sûr de toutes nos côtes de l'Océan et de la Manche, de jour comme de nuit, grâce aux terres hautes de Belle-Isle magnifiquement éclairées.

Deux passes larges, parfaitement éclairées aussi et indiquées par des marques connues de tous les marins, présentent toutes les facilités désirables pour l'entrée et la sortie.

A peu de distance de la barre, existe un excellent mouillage, même par les forts vents, si les navires sont obligés d'attendre pour donner sur cette barre.

A toutes les marées, l'arrivée jusqu'à St-Nazaire est facile à un tirant d'eau de 7 mètres.

La profondeur de la passe, à son point le moins profond, est de 7 mètres 80 à 8 mètres à pleine mer de morte eau, et de 9 mètres à 9 mètres 60 aux pleines mers de vives eaux.

Dans les plus basses mers possibles, il reste au moins 4 mètres d'eau sur la traverse.

Par les temps les plus sombres et les plus mauvais, à raison de ces profondeurs, de l'admirable éclairage de l'entrée de la Loire par les feux du Four, du Pilier et de celui de la direction du chenal par les phares d'Aiguillon, du Commerce et de St-Nazaire, tout bâtiment peut donner sûrement en Loire.

Au point de vue de l'utilité, la question d'un bassin à flot à l'embouchure de la Loire est depuis longtemps résolue affirmativement. Nous avons signalé, dès le commencement du XVIIIᵉ siècle, une pétition du *général* du commerce de Nantes demandant la création de ce bassin. Nous avons vu ensuite la même idée revenir deux fois sur le tapis dans les premières années de ce siècle; et lors des débats soulevés par le vote des Chambres, en 1845, personne ne songea à contester ce caractère d'utilité, facile au reste à démontrer.

Avant l'établissement du bassin à flot, les grands navires qui ne pouvaient arriver à nos quais, restaient exposés sur les rades mal abritées de Saint-Nazaire ou de Paimbœuf, à une foule de graves inconvénients. Dès que le temps devenait mauvais, l'état de la mer ne permettant pas aux alléges de tenir le long des navires, tous les travaux de chargement et de déchargement étaient suspendus. Les glaces venaient-elles à paraître? tous les bâtiments, que la nature de leur construction ou non en permît l'échouage, étaient forcés, quel que fût leur état de charge, de se jeter sur les vases et d'y séjourner pendant toute la durée des glaces, au risque de graves accidents.

De plus, ces bâtiments étaient continuellement exposés à des abordages pendant l'hiver. Dans les fortes brises de nord et de nord-est, la force de la mer empêchait jusqu'aux travaux de carénage. Un autre inconvénient, résultant de l'état des rades de Paimbœuf et de Saint-Nazaire, était l'obligation d'avoir à bord, pendant tout le temps que les navires y stationnaient, le personnel entier de leurs équipages. On a fréquemment vu des navires arrêtés deux mois et plus par les vents contraires et par les mauvais temps, avoir ainsi à supporter, avant leur mise en mer, de lourdes dépenses de gages et de nourriture, dont les bâtiments partant du Havre, de Marseille et d'autres ports étaient exempts, attendu qu'ils ne prenaient leurs équipages qu'au moment même de leur sortie.

Nous ne saurions dire la somme des pertes que la navigation de notre port a souffertes par suite des suspensions forcées des travaux, par les fatigues des bâtiments, par les échouages, par suite des abordages, ni ce qu'elle a dépensé en frais de nourriture et de gages, en locations de barges, en usure d'amares et même des doublages continuellement exposés aux chocs des embarcations, à l'action du courant, aux frottement des chaînes et des câbles. Si nous sommes impuissants à préciser le chiffre de ces pertes, nos lecteurs comprendront qu'elles ont dû être considérables depuis les quarante années de paix qui viennent de s'écouler.

En regard de ces pertes directes, il y aurait à tracer le tableau des bénéfices perdus par la même cause.

N'est-ce pas en effet au manque d'abri des rades de Paimbœuf et de Saint-Nazaire, aux difficultés journalières qui y arrêtent les travaux, qu'est dû l'éloignement des grands bâtiments de notre fleuve ? Pour ne citer qu'un fait, il y a cinq ou six années, l'iman de Mascate destinait au port de Nantes l'expédition d'un grand bâtiment. Des relations toutes de bienveillance de la part de Sa Hautesse avec un ancien capitaine de notre ville avaient décidé sa préférence. Le navire s'armait, lorsque des renseignements défavorables sur l'état de notre rivière lui furent fournis par un capitaine anglais. L'ordre d'expédition fut changé, et peu de temps après on apprenait son arrivée à Marseille avec une riche cargaison.

Nous citons cet exemple, mais combien d'autres sont passés inaperçus ? Si les grands bâtiments américains, en particulier, avaient pu trouver en Loire les facilités que leur offre le port du Havre, il n'est pas douteux que quelques-uns se fussent détournés pour Nantes, et, appréciant mieux l'avantage d'éviter ies dangers de la navigation de la Manche et de profiter de la bonté de l'attérage, eussent peu à peu pris, de préférence, la direction de notre port.

Nous le répétons, au point de vue des inconvénients nombreux que fait cesser l'établissement du bassin à flot de Saint-Nazaire, tout le monde est d'accord. Or, la cessation de ces inconvénients, mise en regard des facilités d'attérage que présente l'embouchure de la Loire, ne dit-elle pas de prime-abord quelle va être l'influence du bassin à flot de Saint-Nazaire ?

Si depuis vingt-cinq ans, malgré les difficultés de tous genres que nous avons énumérées, le chiffre de la navigation, dans le port de Nantes, a doublé, il ne saurait manquer d'y avoir augmentation dans les arrivages de grands navires surtout, maintenant que le bassin de Saint-Nazaire leur assure à la fois sécurité et facilités de toute nature. Dire que cette augmentation atteindra subitement des proportions élevées, ce serait trop s'avancer. Il est plus naturel et plus rationnel de croire que cette augmentation sera faible d'abord, mais qu'elle grandira indubitablement, dès que les avantages offerts aux grands navires par le bassin à flot auront été mis à l'épreuve et seront, par suite, mieux appréciés. On espère beaucoup, en particulier, sur les cotonniers américains qui, en se dirigeant sur Nantes, éviteront, comme nous l'avons déjà dit, les dangers incessants que présente la navigation de la Manche.

A ce point de vue de l'augmentation assurée des arrivages des navires long-courriers, amenée par le bassin à flot de Saint-Nazaire, l'opinion s'est depuis longtemps, à Nantes, aussi nettement formulée qu'au point de vue des avantages de l'établissement de ce bassin. Mais cette augmentation indubitable a fait naître de fort sérieuses objections, que notre intention n'est point de passer sous silence ; nous voulons, au contraire, les aborder de front pour les combattre vigoureusement.

En résumant les débats qui s'élevèrent en 1845, lors du vote des chambres, nous avons déjà exprimé ces objections. Elles se réduisent à ceci :

« **La mise en service du bassin à flot de Saint-**
» Nazaire rendra obligatoire l'établissement , en
» cette ville, d'une foule d'intérêts embryonnaires
» d'abord , mais capables bientôt de lutter énergi-
» quement contre les intérêts anciens, et de produire
» par suite de violentes perturbations dans la position
» d'un grand nombre de Nantais : Saint-Nazaire finira
» par absorber tout.... Voyez Rouen et le Havre....
» Dans dix ans, le port de Nantes sera un désert. »

Si ces tristes prévisions étaient réellement prophé-
tiques, il faudrait gémir. Quand nous les entendons
se produire, il nous semble qu'on sonne le glas de
nos funérailles commerciales. Si cela était , il faudrait
lutter, lutter encore, lutter jusqu'au bout , pour que
pareils résultats fussent éloignés le plus possible. Il
est des devoirs avec lesquels on ne transige pas.

Mais rassurons-nous. Ces objections ne sont pas la
réalité..... Non, Saint-Nazaire n'absorbera pas tout,
et les arguments doivent sortir ici du domaine des
généralités pour se préciser.

On veut assimiler ce qui se passe en Bretagne à ce
qui se passa jadis en Normandie. — Nous ne saurions
admettre cette équation commerciale. Dans le présent
et dans l'avenir, la rapidité des communications empê-
che et empêchera le déplacement des centres commerciaux. Si la vapeur et l'électricité eussent été appliquées
lors de la fondation du Havre , comme elles le sont
aujourd'hui, il est douteux pour nous que Rouen eût
vu s'évanouir sa splendeur maritime. Quand le Havre
a été ouvert aux navires, Rouen était loin , bien loin
dans les terres ; le voyage était long ; la Seine offrait

des dangers réels de navigation , enfin un négociant de Rouen ne pouvait aller facilement de son domicile au Havre et réciproquement. Mais Saint-Nazaire n'est qu'un port de transbordement, une rade de sûreté ; Nantes seul est un grand marché ! De Saint-Nazaire à Nantes, il y a 13 lieues ; de Rouen au Hâvre, il y en a 30. Enfin Saint-Nazaire est réuni à Nantes par un chemin de fer, c'est-à-dire par une heure de marche ; par un télégraphe électrique, c'est-à-dire l'instantanéité dans la transmission des nouvelles et des dépêches. — Quant à la Loire, elle est sillonnée par les bateaux à vapeur, et n'offre aucun des anciens périls de Quillebeuf. Tout contraignait, on le peut dire, à quitter Rouen, pour aller au Havre ; rien n'oblige à quitter Nantes pour aller à Saint-Nazaire.

Il est au reste, à l'étranger, des exemples concluants dans ce genre. Qu'on voie Brême et Bremerhaven, Stettin et Swinermunde, Kœnisberg et Pillau. Les avant-ports ont-ils donc détruit la propriété des marchés dont ils étaient destinés à agrandir l'importance, à faciliter les transactions ? Bien au contraire ; mais il est juste de dire que cette prospérité a été maintenue au prix de larges et intelligents sacrifices, à l'effet de réaliser toutes les améliorations, tous les progrès qui , de nos jours , constituent la supériorité économique d'un port commercial.

Est-il vrai , comme on l'a prétendu , que le port de Nantes doive devenir un désert ? Nous ne le croyons pas.

Que Saint-Nazaire doive recevoir des navires, cela ne fait pas le moindre doute : le bassin à flot a été créé pour cela. Mais enfin, il faut bien convenir que le bassin n'a été construit principalement que pour attirer les grands navires nationaux ou étrangers, auxquels il offrira, comme nous l'avons vu, la plus grande sécurité et les plus grandes facilités de chargement et de déchargement. Mais tous les navires d'un tonnage permettant la remonte à Nantes, tous ces navires, disons-nous, useront de cette faculté et viendront, comme par le passé, dans notre port; car, en y venant, ils économiseront les frais de transport de leurs marchandises, soit par le chemin de fer, soit par les allèges. De plus, ils continueront d'avoir le même intérêt à y arriver, car Nantes sera toujours à la fois le lieu de marché et de consommation, le port d'affrétement et de direction. Saint-Nazaire ne sera qu'un point où l'on s'arrêtera devant l'impossibilité de pénétrer plus avant dans le fleuve : ce sera en un mot l'Avant-port de Nantes.

Avant-port, telle est la qualification qui, dans l'esprit des Nantais, ne doit jamais se séparer de ces mots : Saint-Nazaire avant-port, c'est-à-dire *un complément indispensable*, eu égard à l'augmentation dans le tonnage des navires, un *adjutorium utile* pour que le magnifique essor commercial et industriel de Nantes ne fût pas entravé.

Mais pour que l'effet d'un *avant-port* soit entier, il faut qu'il soit lié directement et promptement au port principal. Il doit y avoir entre eux un véritable trait-d'union. Ce trait-d'union, le chemin de fer de Nantes à Saint-Nazaire le réalise ; le télégraphe électrique le complète. Quel mobile obligerait donc désormais à quitter Nantes pour Saint-Nazaire ?

Mais si le chemin de fer de Nantes à Saint-Nazaire

doit réaliser ce trait-d'union indispensable entre une grande place maritime et son avant-port , il convient aussi , pour qu'il sorte de cet avant-port tout le bien désirable pour Nantes ; il convient, disons-nous , que la navigation de la Basse-Loire soit rendue aussi facile que possible, — qu'elle soit débarrassée de ces inconvénients qui l'entravent parfois d'un façon regrettable. Pour nous, le bassin à flot, le chemin de fer de reliement et l'amélioration de la Basse-Loire sont des faits connexes, qui ne doivent pas être séparés les uns des autres, dont la réalisation doit être poursuivie simultanément , car ils se complètent l'un par l'autre.

Or, on l'a vu , la question de l'amélioration de la Basse-Loire ne date pas d'hier. Bien des fois mise sur le tapis, elle a été soumise, en particulier, à une enquête solennelle en 1851. De cette enquête est sorti un projet dont les dispositions ont été approuvés ultérieurement par l'administration supérieur (1852). Depuis ce temps qu'a-t-il été fait ? Rien , si ce n'est quelque dragages insuffisants. Et cependant , chaque année , la Chambre de Commerce et le Conseil Général ne cessent de réclamer l'exécution des travaux approuvés ; car ils comprennent qu'il y a là une question capitale pour l'avenir commercial de Nantes et qu'il convient de ne pas la laisser dormir une minute.

Mais l'insuccès de ces réclamations n'est point une raison pour abandonner le terrain. C'en est une au contraire pour revenir sur la brèche avec plus d'énergie et de persistance que jamais. Une opinion s'est produite depuis quelque temps. Elle soutient que demander l'amélioration de la Basse-Loire , c'est courir après un fantôme qu'on ne pourra jamais atteindre. Nous la repoussons de toutes nos forces. A notre avis personnel, un canal maritime, s'il eut été facile de l'exécuter, eut mieux valu sans doute que des travaux d'endiguement dans la Loire ; mais la possibilité en ayant été écartée, il faut travailler de toutes ses forces à la prompte réalisation du projet d'endiguement.

A ceux qui prétendraient que des travaux de ce genre ne sauraient amener de bons résultats, nous citerons deux exemples : celui de la Basse-Seine et celui de la Clyde, en Ecosse.

Voici ce que nous lisions récemment dans le *Moniteur*, touchant la Basse-Seine :

« La partie de la Seine comprise entre Rouen et le Havre a reçu et reçoit encore à l'heure qu'il est, d'importantes améliorations. L'établissement d'un chemin de halage entre Rouen et la Meilleraye, et l'exécution de digues longitudinales entre Villequier et Quillebeuf ont eu pour conséquence de faire disparaître les bancs qui obstruaient les traverses d'Aizier et de Villequier, et de rendre la navigation facile là où elle était auparavant des plus malaisées et souvent dangereuse. De plus, de l'approfondissement du chenal et des atterrissements formés derrière les digues, il est résulté que la barre a cessé de se faire sentir sur la traverse de Villequier, où elle se manifestait naguère avec beaucoup de force. A Villequier, et sur tous les points en amont, la durée du flot a augmenté d'une heure ; à Rouen même on peut constater un accroissement sensible de la durée de la marée moyenne.

» On continue en ce moment jusqu'à Tancarville la digue construite à partir de Villequier. Déjà les bateaux à vapeur peuvent aller prendre le flot à mi-chemin de Quillebeuf à Tancarville pour gagner le Havre, tandis qu'autrefois il leur fallait attendre la marée à Villequier pour franchir la traverse.

» Ce premier résultat des travaux d'endiguement de cette portion du fleuve peut donner une idée des avantages qu'ils procureront à la navigation lorsqu'ils seront complètement terminés, sans compter le bénéfice qui en résultera pour l'agriculture, mise en possession de vastes surfaces conquises sur les eaux. »

Qu'ajouter à ces renseignements ? Ne démontrent-ils pas jusqu'à l'évidence les heureux résultats de l'emploi des digues longitunales ?

Autre exemple.

En 1652, la Clyde avait si peu de profondeur, que les navires à destination de Clascow étaient obligés de s'arrêter à plus de six lieues de cette ville, et là de transborder leurs chargements sur des radeaux ou des barques de six tonneaux au plus. Eh bien, aujourd'hui, grâce aux travaux d'endiguement et d'approfondissement exécutés dans la Clyde depuis 40 ans, les navires de 1,000 tonneaux peuvent remonter jusqu'aux quais de Glascow. Cette ville est devenue une place commerçante et industrielle de premier ordre, et sa population, qui n'était que de 77,000 habitants en 1801, atteignait, en 1851, le chiffre de 377,000 habitants, c'est-à-dire qu'elle avait quintuplé en 50 ans.

Mais aussi, il le faut bien dire, ces résultats merveilleux n'ont été obtenus qu'à force de persévérance, d'initiative et d'énormes sacrifices. En Angleterre, l'Etat n'intervient dans les travaux publics qu'en qualité de prêteur, à moins qu'ils ne se rattachent à de hautes questions de politique intérieure. C'est donc, dans l'exemple que nous citons, le canton de Glascow qui a tout fait, qui a dépensé, en 70 ans, près de 40 millions pour approfondir la Clyde, la border de digues et de quais, et qui ne craint pas, encore aujourd'hui, de sacrifier plus d'un million par an pour entretenir, par des dragages incessants, le chenal créé en bon état de navigation.

Quelle leçon pour les ports de France, où l'esprit de persévérance et d'initiative est en général si peu développé ! Dans notre pays, les villes, pour les travaux qui doivent contribuer sûrement à leur prospérité, sont trop habituées à compter sur le gouvernement : c'est de lui qu'on attend tout, qu'on espère tout. S'il fait défaut, les problèmes à résoudre restent dans un regrettable *statu quo*.

Le système adopté pour améliorer le lit de la Loire est-il le meilleur ? Personnellement nous sommes incompétent pour le déclarer, mais cependant les résultats heureux obtenus dans la basse Seine, dans la Clyde, et dans vingt autres rivières de l'Angleterre, donnent lieu de croire qu'il amènerait, pour la Loire, des conséquences également heureuses. On prétend que la mobilité des sables de ce fleuve est un obstacle qu'il serait difficile de vaincre. Il conviendrait peut-être alors de ne pas se contenter des travaux à exécuter dans la basse Loire et de les combiner avec d'autres applicables à la haute Loire. On n'a pour cela qu'à recourir aux études parfaitement entendues, faites, en 1831, par M. Lemierre, pour fixer les sables de la haute Loire, — autre projet tombé dans l'oubli qu'il ne faut point laisser s'abattre sur la basse Loire.

Mais, nous dira-t-on, comment voulez-vous que la ville, dont le budget est bien grevé déjà, puisse entreprendre à son compte les travaux dont vous parlez ? Voici une combinaison que nous proposerions, mais dont l'idée ne nous appartient pas. Il faut rendre à César ce qui appartient à César, et l'honneur en revient à M. Blaise (des Vosges), qui la préconisa dans un article inséré par le *Courrier de Nantes*, en août 1851.

Un système complet d'endiguement dans la basse Loire aurait pour résultat certain d'enlever au fleuve de vastes terrains qu'il recouvre, dans l'état actuel, d'une façon permanente ou momentanée.

Ces terrains, mis en valeur, représenteraient un capital considérable. Pourquoi donc une Compagnie ne se formerait-elle pas, provoquée par l'initiative intelligente des négociants de Nantes et des propriétaires riverains, — Compagnie qui verserait à l'Etat les **7** millions environ exigés pour l'exécution des travaux projetés à charge par lui de commencer immédiatement ces travaux ; d'abandonner à la Compagnie tous les terrains conquis sur la Loire et qu'il pourrait revendiquer en les exemptant d'impôts pendant un certain nombre d'années, et enfin de garantir aux capitaux avancés un minimum d'intérêt de 5 ou 6 % ? Une pareille combinaison ne saurait manquer d'être avantageuse aux personnes qui s'y engageraient, et nous aimerions même qu'elle fût acceptée et entreprise par les négociants de Nantes et les propriétaires riverains seulement, car eux, plus que qui que ce soit, sont intéressés à la solution prompte de la question.

Quels seraient les résultats de cette combinaison ?
Travaux plus rapidement et plus économiquement
conduits, — amélioration plus prompte de la navigation, — développement plus rapide du port de Nantes,
— augmentation de valeur pour les propriétés rive-
raines, — accroissement ultérieur des revenus du fisc
après la période de franchise d'impôt.

Puisse cette idée prendre faveur et arriver à bonne
fin. Elle ferait cesser des incertitudes qui, en se prolongeant outre mesure, jettent quelques inquiétudes
dans les esprits.

III.

AGRANDISSEMENT DU PORT DE NANTES.

En 1855, le préfet de la Loire-Inférieure disait au
Conseil Général : « L'extension rapide des opérations
commerciales de la place de Nantes fait ressentir plus
vivement chaque jour l'insuffisance du port. Les navires attendent longtemps et souvent en vain place à
quai. Plusieurs fois, il y a eu un véritable encom-
brement, et si le commerce d'exportation des céréales,
suspendu depuis deux ans, eût suivi son cours habituel,
il y eût eu impossibilité manifeste de faire face à tous
les besoins. Cet état de choses a vivement préoccupé la
Chambre de Commerce. Elle a émis le vœu que le
quai d'Aiguillon fût élargi et prolongé jusqu'à l'extrémité de notre ville. En outre elle a vivement insisté
près de M. le Ministre des travaux publics pour obtenir
l'ouverture, dans le sol de la prairie au Duc, de bassins propres à fournir à notre commerce et à nos

constructions navales, l'espace qui leur manque. Nous sommes parfaitement d'accord avec la Chambre de Commerce sur l'utilité des travaux dont elle recommande l'exécution. »

Et, sur cette lucide communication, que faisait la commission des travaux publics ?

Par l'organe de M. de Valori, son rapporteur, elle disait : « Votre commissisn sollicite le vœu du Conseil, en faveur : 1° de l'élargissement et du prolongement du quai d'Aiguillon sur toute la traverse de la ville ; 2° de l'établissement de bassins accessoires sur la prairie au Duc, afin de répondre aux besoins croissants de notre commerce et de nos constructions navales... »

Ces conclusions furent adoptées à l'unanimité par le Conseil.

Ce n'était pas la première fois que cette question de l'agrandissement du port de Nantes était agitée devant le Conseil Général. En 1849, en 1850, en 1854, l'opportunité de cet agrandissement avait été déjà résolue affirmativement. En 1855, le Conseil Municipal en fut lui-même saisi par une proposition de M. A. Chérot (1), sur laquelle M. Ev. Colombel fit

(1) Voici les termes de cette proposition :

1° Agrandir le port de Nantes et les chantiers de constructions navales, par l'enlèvement d'une partie de l'île Lemaire et le creusement de bassins de commerce dans la partie ouest de l'île Videment, conformément à des projets définitifs qui seraient dressés sur les bases des avant-projets annexés à la proposition ;

2° Solliciter de l'Etat la cession *gratuite* des chantiers de constructions navales et des bassins qu'il possède à l'extrémité de l'île Videment ;

3° Solliciter un décret déclaratif d'utilité publique pour acquérir, par voie d'expropriation, tous les terrains nécessaires ;

ultérieurement un lucide et remarquable rapport. En 1856, M. Arnous-Rivière proposa au Conseil de donner suite à l'exécution des travaux énumérés dans la proposition de M. A. Chérot, sans que la ville eût à y contribuer financièrement en quoi que ce soit, sous la reserve seule qu'elle lui prêterait son concours moral en le subrogeant dans les droits que la loi lui permettrait d'obtenir du gouvernement.

Cette proposition de M. Arnous-Rivière fut renvoyée, comme celle de M. A. Chérot, à une commission spéciale, et cette commission, par l'organe de M. Colombel, déposa ses conclusions dans la séance du 50 octobre 1856. Ces conclusions, adoptées par le Conseil, demandaient en substance : « Que les travaux d'agrandissement du port de Nantes fussent exécutés sur la prairie au Duc ; que la ville de Nantes les entreprit et pourvût à la dépense ; que le gouvernement lui vînt en aide par un secours de 2,500,000 francs. » Le Conseil Général, un mois auparavant, avait émis un vœu dans un sens analogue.

Voilà où en est la question (1).

Elle se rattache d'une manière toute particulière à l'avenir commercial et industriel de Nantes. En ce qui

4° Solliciter du ministre des travaux publics le personnel d'ingénieurs nécessaires à l'exécution des travaux ;

5° Affecter à l'acquisition des terrains, de même qu'à l'exécution des travaux, une somme de 2,500,000 fr. ;

6° Solliciter l'autorisation d'emprunter cette somme de 2 millions 500,000 fr., remboursable en 25 ans, pour la première annuité d'amortissement ne courir que de la onzième année, au moyen de 12 centimes additionnels sur les quatre contributions, et des ressources ordinaires de la commune.

(1) Déc. 1856.

regarde le prolongement du quai d'Aiguillon, l'urgence est , on le peut dire , à l'ordre du jour. Il est donc à souhaiter que l'exécution en soit aussi prochaine que possible.

IV.

JONCTION A NANTES DE NOUVELLES VOIES FERRÉES.
DÉVELOPPEMENT DE L'INDUSTRIE LOCALE.

Les voies ferrées projetées qui doivent ou devaient se relier à Nantes sont : (1)

1° Le réseau bas-normand et breton, qui rejoindra le chemin de fer de Nantes à Saint-Nazaire, à la gare de Mauves ou à Savenay, par une ligne partie de Redon. La Chambre de Commerce a demandé avec raison que la jonction se fît à la gare de Mauves. Un décret a concédé à la compagnie d'Orléans le chemin de fer de Nantes à Chateaulin, par Redon, Lorient et Quimper, avec embranchement sur Napoléonville et Quimper ; et c'est cette voie qui mettra Nantes en communication avec le réseau bas-normand et breton.

2° Le chemin de fer dit de *Grande-Jonction*, destiné à relier Nantes et Saint-Nazaire, son avant-port, avec Lyon, Bordeaux et Marseille. Ce chemin, partant de Nantes , se rendrait à Limoges en passant par ou près Napoléon-Vendée, Luçon, Niort et Ruffec, avec embranchement prolongement : 1° de Napoléon-Vendée aux Sables-d'Olonne ; 2° de Limoges à Lyon ; 3° de

____

(1) Ce qui suit a été écrit en 1856.

Limoges à Alais ; 4° de Luçon à Angoulême par La Rochelle , Rochefort et Saintes ; 5° de Saintes à Bordeaux. .

3° La ligne d'Angers au Mans , qui mettra Nantes en communication avec les chemins de fer de l'Ouest.

Cette ligne, comme on le sait, ne pourra, aux termes d'un engagement pris par le gouvernement vis-à-vis de la Compagnie d'Orléans , être exploitée que dans quelques années. — Pénétré cependant de l'importance qu'elle présenterait pour Nantes, le Conseil Général a demandé , dans sa dernière session, qu'un chemin de fer mît cette ville en communication directe avec Laval. Nous ne pouvons qu'applaudir à cette pensée ; nous croyons que la Compagnie des chemins de fer de l'Ouest ferait une excellente affaire, en sollicitant la concession de cette ligne de Nantes à Laval.

Il avait été question aussi d'un chemin de fer de Nantes à Limoges , qui aurait eu sa tête à la gare de la prairie de Mauves. Le réseau dit de *Grande-Jonction* présente un ensemble bien plus complet et beaucoup plus avantageux.

4°La ligne d'Orléans à Troyes et de Troyes à Vitry-le-Français.

Du jour où les lignes que nous venons d'énumérer, ou d'autres qui pourront être projetées, s'exécuteront, le rayonnement commercial de Nantes s'augmentera presque instantanément d'une façon considérable ; car cette ville sera ainsi mise en contact rapide et direct avec la Bretagne, la Normandie, le Perche, le Maine, le Centre, le Midi, l'Est, et par l'Est avec la Suisse et l'Allemagne. Ce qu'a produit le seul chemin de fer de Nantes à Tours dit mieux que ne le feraient les plus belles périodes oratoires, quels résultats amènerait un pareil état de choses.

Il serait possible de discuter à perte de vue sur ce sujet, prenant, par exemple, en détail les relations nouvelles ou plus étendues que ces voies ferrées, dont nous venons de parler, créeraient à Nantes, et cherchant à évaluer approximativement la nature et l'importance des marchandises qu'elles enlèveraient de Nantes et pourraient y amener. Mais, en vérité, nous trouvons que ce serait pousser un peu loin l'hypothèse. Nous le répétons, ce qu'a produit le seul chemin de fer de Nantes à Tours, nous met en droit de conclure que les voies ferrées projetées donneraient une impulsion considérable au mouvement des affaires sur notre place. Si, dans l'état actuel, Nantes envoie les denrées coloniales qu'elle reçoit, les produits de son sol, comme le sel, les vins, les céréales, etc., et ceux de son industrie, comme les articles de fonderie ou de machines, les sucres raffinés, les conserves alimentaires, les savons, etc., etc., dans toutes les directions, alors que les voies et moyens de transport ne sont pas encore complets, n'est-il pas évident au premier chef que ces expéditions s'accroîtront d'une façon constante sous l'action de relations plus directes et plus *entières*, si l'on peut s'exprimer ainsi ? Comme on l'a dit déjà, Lyon et l'Alsace viendront sans doute, un jour, demander à Nantes des cotons et des denrées coloniales. Par le bassin à flot de St-Nazaire, les arrivages de Lyon gagneraient quinze jours sur les ports de la Méditerranée et cinq jours sur le Havre... Par suite, une partie des nombreux colis à fret qui empruntent actuellement la voie du Havre, viendraient

vraisemblablement s'embarquer à Saint-Nazaire. —
L'exemple de ce qui se passe entre Nantes et Paris
depuis l'ouverture du chemin de fer, est là pour faire
de cette supposition presque une certitude...

L'industrie locale est, comme l'ont montré les
chiffres cités dans la seconde partie de cet ouvrage,
en pleine voie d'agrandissement et de progrès. L'extension des relations intérieures et extérieures ne peut
manquer de hâter cette marche ascensionnelle qu'il est
utile, au reste, d'encourager par tous les moyens
possibles. Et ce que nous disons s'applique autant aux
industries en activité déjà, qu'à celles dont la création
serait également utile au point de vue des développements de notre commerce maritime.

N'est-ce pas, par exemple, aux riches fabriques de
la Normandie que le Havre doit d'être devenu l'un des
plus grands marchés de coton de l'Europe? Il serait
donc particulièrement avantageux que les filatures
se développassent à Nantes ou aux environs.

On doit desirer de même la prompte création d'huileries et d'usines à nettoyer le riz. Une huilerie fonc-
tionne déjà, mais ce n'est qu'un point de départ.
Ces huileries auraient l'avantage immédiat d'offrir aux
navires nantais, par le transport des sésames ou autres
graines oléagineuses, des frets de retour qu'ils ne
peuvent obtenir actuellement qu'en chargeant pour
Marseille.

Les usines à riz, de même, attireraient inévita-
blement vers notre port un bon nombre de navires qui,
aujourd'hui, se dirigent de préférence vers Bordeaux
ou le Havre.

Notons encore que la manufacture de tabacs qui

s'installe à Nantes contribuera à l'activité industrielle de cette place.

Tout se lie et s'enchaîne dans l'ordre physique comme dans l'ordre moral. Le bassin à flot de Saint-Nazaire doit amener un grand nombre de navires étrangers ou nationaux à se diriger vers la Loire; l'amélioration de la Basse-Loire et l'agrandissement du port de Nantes doivent également concourir à ce résultat. Mais il ne suffit pas de faire en sorte que les arrivages se multiplient aux quais de Nantes ou dans son avant-port, il faut encore que notre place puisse offrir aux cargaisons apportées des débouchés faciles et avantageux, et aux navires importateurs une prompte expédition. Or, ce double but sera atteint, nous le répétons, par la jonction à Nantes des nouvelles voies ferrées projetées et par les développements de l'industrie locale et avoisinante.

En outre des conditions principales que nous venons d'examiner comme devant agir le plus profondément sur les développements futurs du commerce de Nantes, il en est quelques autres que nous nous contenterons d'énumérer, ainsi :

La suppression complète des droits de navigation sur le canal de Bretagne, — vœu formulé par le Conseil Général de ce département à la suite de sa dernière session et auquel nous nous associons sincèrement.

L'installation, sur la Loire, d'un système complet d'alléges remorquées ou plutôt de bateaux à vapeur porteurs, transportant les marchandises de Saint-Nazaire à Nantes et *vice-versâ*, concurremment avec le chemin de fer.

L'établissement, à Saint-Nazaire, d'un service de

bateaux à vapeur destinés à rendre plus promptes l'entrée et la sortie des navires.

Les encouragements donnés aux efforts des compagnies de transport par eau entre Nantes et le haut pays.

La réduction au *minimum* des frais de transit des marchandises à Nantes, etc., etc.

Viennent aussi la solution heureuse et souhaitée depuis longtemps de la question des lignes transatlantiques ; la révision intelligente de notre tarif de douanes, de nos traités de commerce ; l'agrandissement de nos possessions coloniales, et, sous l'empire de ces faits généraux qui ne sauraient manquer de donner une vive impulsion au commerce du pays tout entier — et des conditions *locales* dont nous croyons avoir suffisamment démontré l'influence future — la ville de Nantes, assise, pour ainsi dire, au milieu des côtes de France ; ouvrant la large et facile embouchure de son fleuve amélioré sur l'Océan, non loin d'une île que viennent reconnaître tous les navires arrivant d'outre-mer ; offrant aux grands navires un abri vaste et commode dans le bassin de Saint-Nazaire, un déchargement prompt, une expédition rapide ; étendant les immenses rayons de ses voies ferrées en Bretagne, en Normandie, à l'Ouest, au Centre, au Midi, à l'Est, et, par l'Est, en Suisse et en Allemagne ; assurant aux marchandises indigènes, coloniales ou étrangères un placement avantageux par l'étendue de ses débouchés et de son industrie, verrait s'ouvrir pour elle les plus splendides destinées.

Or, que faut-il pour que ce but soit atteint ? De l'initiative et de la persévérance, car la réalisation certaine en est écrite dans une direction intelligente des forces puissantes du Présent et des symptômes favorables de l'Avenir.

FIN.

TABLE

DES MATIÈRES.

CHAPITRE II. — DIX-SEPTIÈME SIÈCLE.

CHAPITRE III. — LE DIX-HUITIÈME SIÈCLE DE 1700 A 1766.

CHAPITRE IV. — DE L'EXERCICE DU COMMERCE A NANTES
AU XVIIIᵉ SIÈCLE.

DEUXIÈME PARTIE. — ÉTAT ACTUEL.

TROISIÈME PARTIE. — AVENIR.

FIN DE LA TABLE DES MATIÈRES